徐淑华 ◎ 著

A Comparative Study of
Overseas Zhejiang Businessmen and
Overseas Fujian Businessmen

海外浙商与海外闽商的比较研究

中国社会科学出版社

图书在版编目(CIP)数据

海外浙商与海外闽商的比较研究／徐淑华著.—北京：中国社会科学出版社，2020.7
ISBN 978-7-5203-6657-1

Ⅰ.①海… Ⅱ.①徐… Ⅲ.①华人经济—商业史—对比研究—世界　Ⅳ.①F731

中国版本图书馆 CIP 数据核字（2020）第 097315 号

出 版 人	赵剑英
责任编辑	耿晓明
责任校对	周　昊
责任印制	李寡寡

出　　版	中国社会科学出版社
社　　址	北京鼓楼西大街甲 158 号
邮　　编	100720
网　　址	http://www.csspw.cn
发 行 部	010-84083685
门 市 部	010-84029450
经　　销	新华书店及其他书店
印　　刷	北京明恒达印务有限公司
装　　订	廊坊市广阳区广增装订厂
版　　次	2020 年 7 月第 1 版
印　　次	2020 年 7 月第 1 次印刷
开　　本	710×1000　1/16
印　　张	17.5
插　　页	2
字　　数	276 千字
定　　价	89.00 元

凡购买中国社会科学出版社图书，如有质量问题请与本社营销中心联系调换
电话：010-84083683
版权所有　侵权必究

目　　录

导　论 …………………………………………………………………… (1)

第一章　海外浙商发展脉络与特点 ……………………………… (9)
第一节　海外浙商的发展历史 ……………………………………… (9)
第二节　海外浙商的行业结构和经营特色 ………………………… (50)
第三节　海外浙商的地域文化、特点及存在问题 ………………… (62)

第二章　海外闽商发展脉络与特点 ……………………………… (72)
第一节　海外闽商的发展历史 ……………………………………… (72)
第二节　海外闽商的行业结构和经营特色 ………………………… (126)
第三节　海外闽商的地域文化、特点及存在问题 ………………… (137)

第三章　海外浙商与祖籍地关系 ………………………………… (146)
第一节　海外浙商与祖籍地关系的历史回顾 ……………………… (146)
第二节　改革开放以来海外浙商与祖籍地的建设和发展 ………… (154)
第三节　改革开放以来海外浙商与祖籍地的公益福利事业 ……… (164)
第四节　海外浙商与祖籍地关系的提升与引导 …………………… (185)

第四章　海外闽商与祖籍地关系 ………………………………… (193)
第一节　海外闽商与祖籍地关系的历史回顾 ……………………… (193)
第二节　改革开放以来海外闽商与祖籍地的建设和发展 ………… (212)
第三节　改革开放以来海外闽商与祖籍地的公益福利事业 ……… (220)

第四节　海外闽商与祖籍地关系的提升与引导 …………………（239）

第五章　海外浙商与浙江经济发展展望 ………………………（245）
　　第一节　透视闽商：海外浙商的路径选择和发展目标 …………（245）
　　第二节　海外浙商与浙江经济发展的前景展望 …………………（255）

参考文献 …………………………………………………………………（263）

后　记 ……………………………………………………………………（275）

导 论

一 海外浙商与海外闽商比较研究的现状

学术界关于海外华商的界定，有广义和狭义之分。广义的海外华商，指的是中国大陆以外从事工商业的华人，包括已入外国国籍的华裔商人、侨居外国的华侨商人以及港澳台地区商人。狭义的海外华商指在国外从事工商业的华侨、华人。广义的海外华商之所以包含港澳台地区商人，学者张禹东等认为：一是港澳台地区虽是在中国领土之内，但仍实行资本主义制度，它们的企业制度与东南亚等地海外华商企业的制度没有根本上的区别；二是港澳台具有的殖民地经历使之在政治、经济等方面与大陆有区别；三是在大陆的多种统计数据中，多采用海外华人资本来统称港澳台和海外华侨华人资本。[①] 目前国内学术界较多地使用广义的海外华商概念。本书的研究对象之一为20世纪三四十年代前往港澳台地区发展的浙商，因在允许双重国籍的背景下，"亦港亦侨""亦台亦侨"的情形较多，既具有侨商的身份，又因事业在海外发展的需要，具有外国居民身份或已入籍。因此，本书也使用广义的海外华商概念来对海外浙商与海外闽商展开比较研究。本书的"海外华商"指中国大陆以外的华人商人，包括已入外国国籍的华裔商人、侨居外国的华侨商人以及港澳台地区商人。本书以传统商帮划分为出发点，海外浙商和海外闽商分别指祖籍为浙江和福建的海外华商。

随着中国的崛起，海外华商已然成为国内外学术研究的热点。20世纪

---

① 张禹东：《海外华商网络的构成与特征》，《社会科学》2006年第3期。

80年代以来，国内外学者出版了系列专著，研究内容涉及华侨华人经济史、华人企业集团、地区或国别的华侨华人经济、华人商贸网络、侨乡发展与海外华人经济、著名华人企业家传略、华人资本与中国改革开放等。代表性的著作有郭梁的《东南亚华侨华人经济简史》①，此书第一次系统地论述了东南亚地区华侨华人经济形成和发展的历史，分析、探讨了华侨华人经济的性质、特点和作用。王耀辉、康荣平主编的《世界华商发展报告》②对当代海外华商的发展作一总体的概述。龙登高的《跨越市场的障碍：海外华商在国家、制度与文化之间》③对海外浙商在住在国及祖籍地的经济事业也多有论述。庄国土的《东亚华人社会的形成和发展：华商网络、移民与一体化趋势》④一书，在全面系统地阐述东北亚与东南亚华人社会演进历史的基础上，深入探讨华人在住在国经济与社会发展中的角色、地位与作用，进而研究东亚华人社会经济、社会资源对我国社会主义现代化建设的作用。任贵祥的《海外华侨华人与中国改革开放》⑤和张应龙的《华侨华人与新中国》⑥，都集中探究了海外华商对中国改革开放事业的独特贡献。孙锐等著的《海外华商与中国经济发展》⑦研究探讨了近现代海外华商与中国经济发展之间的交互关系，指出海外华商对于中国经济发展的主要贡献及其局限性，并探究了海外华商与中国未来经济发展的关系。此外，介绍著名华商的传记，数量也颇为可观。港台地区和东南亚的几乎每一位大富豪，都有一部或多部传记。此类书籍偏重文学性与通俗性，但为学术研究提供了丰富的素材。

海外学者对华商的研究，颇具代表性的著作有：康斯坦斯·利弗·特拉西、叶大卫和诺埃尔·特拉西的《中国侨民和中国大陆：一种新兴的经济协调效应》(*The Chinese Diaspora and Mainland China*：*An Emerging*

---

① 郭梁：《东南亚华侨华人经济简史》，经济科学出版社1998年版。
② 王耀辉、康荣平主编：《世界华商发展报告》，中国华侨出版社2017年版。
③ 龙登高：《跨越市场的障碍：海外华商在国家、制度与文化之间》，科学出版社2007年版。
④ 庄国土：《东亚华人社会的形成和发展：华商网络、移民与一体化趋势》，厦门大学出版社2009年版。
⑤ 任贵祥：《海外华侨华人与中国改革开放》，中央党史出版社2009年版。
⑥ 张应龙：《华侨华人与新中国》，暨南大学出版社2009年版。
⑦ 孙锐：《海外华商与中国经济发展》，社会科学文献出版社2018年版。

Economic Synergy)①；托马斯·门霍夫和苏威·格尔克的《中国企业家精神与亚洲商业网络》（Chinese Entrepreneurship and Asian Business Networks）②，这两本专著对海外华商的发展脉络及其与中国的关系作了详尽的分析，尤其在研究海外华商与中国大陆经济互动方面，堪称经典之作。日本学者游仲勋的《华人：他们的经济、政治和文化》（Ethnic Chinese：Their Economy, Politics and Culture），③对各个国家的华商及其地位、作用进行了探讨。澳大利亚学者颜清湟的《东南亚华人之研究》④一书，对东南亚华人经济的发展历史，尤其是东南亚闽商的发展脉络进行了较为清晰的梳理。

海外闽商研究成果较丰。海外闽商多集中在东南亚诸国，因此相关研究成果较多地集中在东南亚或者相应国别的华侨华人通史著作中。朱杰勤的《东南亚华侨史》⑤、吴凤斌的《东南亚华侨通史》⑥、李恩涵的《东南亚华人史》⑦等东南亚华侨历史著作，都述及东南亚海外闽商的经济发展情况。庄国土和陈华岳等合著的《菲律宾华人通史》⑧记述了自16世纪以来至21世纪初的以福建人为主的菲律宾菲华社会的发展历史。杨力和叶小敦合著的《东南亚的福建人》⑨较全面地阐述了东南亚各国福建华侨华人的经济发展历史。《福建省志·华侨志》⑩记述了1990年以前福建华侨在住在国及祖籍地的发展轨迹。《厦门华侨志》⑪、《同安华侨志》⑫、《晋江

---

① Constance Lever-Tracy, David Ip and Noel Tracy, *The Chinese Diaspora and Mainland China*: *An Emerging Economic Synergy*, London: MacMillan Press, 1996.
② Thoms Menkhof and Solvay Gerke, *Chinese Entrepreneurship and Asian Business Networks*, London: RoutlegeCurzons, 2002.
③ Yu Chunghsun, *Ethnic Chinese*: *Their Economy, Politics and Culture*, Tokyo: The Japanese Times, 2000.
④ ［澳］颜清湟：《东南亚华人之研究》，香港社会科学出版社2008年版。
⑤ 朱杰勤：《东南亚华侨史》，高等教育出版社1990年版。
⑥ 吴凤斌主编：《东南亚华侨通史》，福建人民出版社1993年版。
⑦ 李恩涵：《东南亚华人史》，五南图书出版股份有限公司2003年版。
⑧ 庄国土、［菲］陈华岳等：《菲律宾华人通史》，厦门大学出版社2012年版。
⑨ 杨力、叶小敦：《东南亚的福建人》，福建人民出版社1993年版。
⑩ 吴同永主编：《福建省志·华侨志》，福建人民出版社1992年版。
⑪ 曾文健主编：《厦门华侨志》，鹭江出版社1991年版。
⑫ 郭瑞明、蒋才培编：《同安华侨志》，鹭江出版社1992年版。

华侨志》①、《泉州市华侨志》② 以及《南安华侨志》③ 等诸多福建地方华侨志，对当地海外华侨华人的发展历史做一细致的梳理。海外闽商与祖籍地关系方面，也有大量研究成果问世，较具代表性的有：林金枝的《近代华侨投资国内企业史研究》《近代华侨投资国内企业史资料选辑（福建卷）》《华侨华人与中国革命和建设》④ 等著作，对近代以来海外闽商投资祖籍地，参与祖籍地革命和建设情况都做一较为全面的调查研究。庄国土的《华侨华人与中国的关系》⑤ 一书，对改革开放以来海外华资和中国大陆的经济合作进行了深入的论述，而且还以海外华商与福建的经济合作为个案，详细探讨了海外华商在福建侨乡的投资情况及其在福建经济社会发展中的地位。王望波的《改革开放以来东南亚华商对中国大陆的投资研究》⑥ 一书，以东南亚华商对中国大陆的投资作为研究对象，研究探讨东南亚华商在福建经济特区和侨乡的投资现状。李明欢的《福建侨乡调查：侨乡认同、侨乡网络与侨乡文化》⑦ 一书，以个案和专题研究的形式，对福建侨乡进行学理性探讨。对海外闽商展开专题研究的有：徐晓望的《闽商研究》⑧ 对明清时期闽商的海上贸易展开了多个角度的研究；廖大珂、辉明的《闽商发展史（海外卷）》⑨ 在梳理海外闽商发展历史的基础上，以海外不同地区和国别，分述海外闽商的发展、社会经济及社团情况，科学地评价了他们的历史贡献。

除了海外闽商研究外，从商帮视角展开的对海外华商的研究仍嫌薄弱。尤其是海外浙商研究，较为薄弱。关于浙商的研究，绝大多数的成果集中在国内浙商的研究方面，仅有的海外浙商研究，主要散见于部分浙江

---

① 吴泰主编：《晋江华侨志》，上海人民出版社1994年版。
② 卓正明主编：《泉州市华侨志》，中国社会出版社1996年版。
③ 刘安居、陈芳荣主编：《南安华侨志》，中国华侨出版社1998年版。
④ 林金枝：《近代华侨投资国内企业史研究》，福建人民出版社1983年版；《近代华侨投资国内企业史资料选辑（福建卷）》，福建人民出版社1985年版；《华侨华人与中国革命和建设》，福建人民出版社1993年版。
⑤ 庄国土：《华侨华人与中国的关系》，广东高等教育出版社2001年版。
⑥ 王望波：《改革开放以来东南亚华商对中国大陆的投资研究》，厦门大学出版社2004年版。
⑦ 李明欢：《福建侨乡调查：侨乡认同、侨乡网络与侨乡文化》，厦门大学出版社2005年版。
⑧ 徐晓望：《闽商研究》，中国文史出版社2014年版。
⑨ 廖大珂、辉明：《闽商发展史（海外卷）》，厦门大学出版社2016年版。

地方华侨志、华侨史及浙江籍海外名人研究、海外宁波帮研究的著作中，既不系统，又未深入。《温州华侨史》①、《文成华侨志》②、《乐清华侨志》③、《瑞安市华侨志》④ 和《青田华侨史》⑤ 等，是近年来浙江出版的地方华侨志、史的代表作品，介绍了地方华侨在海外创业等方面的历程。《浙江省华侨志》⑥ 则较为系统地记述了1998年之前浙江华侨的发展轨迹。《浙江华侨史》⑦ 将浙江华侨的历史从古至今进行了梳理，并专门述及浙江华侨创业历史及其经济事业的成长发展。徐鹤森的《民国浙江华侨史》⑧ 一书，较为全面地研究了民国时期浙江华侨海外生存创业情况。李明欢的《欧洲华侨华人史》⑨ 及此后对浙江人移民欧洲的系列研究论文中，都涉及海外浙江籍人士在欧洲从事商业的研究。王晓萍主编的《欧洲华侨华人与当地社会关系：社会融合·经济发展·政治参与》⑩ 一书，对欧洲华人与当地社会的关系做了相对全面的阐述，并以海外浙商较多聚居的意大利普拉托等地作为个案展开研究。吴潮的《浙江籍海外人士研究》⑪ 在阐述浙江侨情基本情况的基础上，分析其行业与经济状况演变，并对浙江籍人士与浙江侨乡变迁发展的关系进行研究。吴晶主编的《侨行天下——青田华侨文化研究》⑫ 较为系统、全面、真实地记录了青田华侨的起源、发展历程和脉络轨迹，并从文化角度探讨青田华侨在中外文化交流与融合中的地位和作用。张守广的《宁波商帮史》⑬ 记述了宁波帮在近代产生的社会、历史背景，成长的历程，以及20世纪50年代以来宁波商帮在海外的发展

---

① 章志诚主编：《温州华侨史》，今日中国出版社1999年版。
② 朱礼主编：《文成华侨志》，中国华侨出版社2002年版。
③ 倪德西、叶品波主编：《乐清华侨志》，中国文史出版社2007年版。
④ 王国伟主编：《瑞安市华侨志》，中华书局2011年版。
⑤ 周望森、陈孟林主编：《青田华侨史》，浙江人民出版社2011年版。
⑥ 周望森主编：《浙江省华侨志》，浙江古籍出版社2010年版。
⑦ 周望森：《浙江华侨史》，中国华侨出版社2010年版。
⑧ 徐鹤森：《民国浙江华侨史》，中国社会科学出版社2009年版。
⑨ 李明欢：《欧洲华侨华人史》，中国华侨出版社2002年版。
⑩ 王晓萍主编：《欧洲华侨华人与当地社会关系：社会融合·经济发展·政治参与》，中山大学出版社2011年版。
⑪ 吴潮：《浙江籍海外人士研究》，中国青年出版社2003年版。
⑫ 吴晶主编：《侨行天下——青田华侨文化研究》，大众文艺出版社2006年版。
⑬ 张守广：《宁波商帮史》，宁波出版社2012年版。

概况。海外学者在有关在欧中国移民的著述中也多论及海外浙商在当地的商业发展情况。较早的有英国学者格雷戈尔·本顿和弗兰克·彭轲主编的《欧洲的中国人》(*The Chinese in Europe*)① 一书，收录了十几位研究欧洲中国移民专家的论文，也多提及海外浙商在欧洲的经营状况。意大利学者格雷姆·约翰森（Gramem Johanson）等著的《生活在高墙外：普拉托华人研究》② 展现了温州人在普拉托的商业发展状况及对当地的贡献。范捷平和德国学者贝阿特里斯·克奈尔主编的《走向欧罗巴——中国海外移民研究》③ 考察了欧洲浙商创业背后的文化特性及在住在国的政治参与情况。但这些著作并非对海外浙商的专门研究。

以上学者关于海外华商的研究取得了相当的成果，为本书的系统研究打下了坚实的基础，但对于海外浙商和海外闽商的系统性研究和比较研究，并未以专题形式充分展开。因此，有必要将国内两大重要侨乡，即浙江和福建的海外华商的发展历史和现状进行梳理及比较研究，以进一步完善海外华商的全方位研究。

二 海外浙商与海外闽商比较研究的意义

20世纪70年代以来，海外华商经济实力增长飞快。根据庄国土的估算，截至2009年，海外华商的资产应接近5万亿美元。④ 据不完全统计，截至2017年，世界华商企业资产约4万亿美元，其中海外闽籍侨胞总资产超过1万亿美元。⑤ 海外浙商的资产实力也不容小觑，据浙江省社科院测算，截至2011年，海外浙商拥有的资产在7000亿美元以上，占全球华

---

① Gregor Benton, Frank N. Pieke, *The Chinese in Europe*, New York: St. Martin's Press, INC., 1998.
② ［意］格雷姆·约翰森等：《生活在高墙外：普拉托华人研究》，温州市世界温州人研究中心、温州大学浙江省温州人经济研究中心译，中国社会科学出版社2013年版。
③ 范捷平、［德］贝阿特里斯·克奈尔主编：《走向欧罗巴——中国海外移民研究》，浙江大学出版社2018年版。
④ 庄国土、王望波：《东南亚华商资产的初步估算》，《南洋问题研究》2015年第2期。
⑤ 闫旭：《福建省侨办：引导闽籍侨胞参与"海上丝绸之路"建设》，《福建侨报》2018年4月13日。

商资产的 20% 左右。①

海外浙商的发展主要是在改革开放以后。自民初浙江青田人成批前往欧洲商贩以来，迄改革开放前，海外浙商已在欧洲拥有一定的商业基础，主要从事餐饮业和杂货行业。改革开放以来，通过"家庭团聚""继承财产""餐馆劳工"等方式，浙江居民成批移民，前往欧洲、美洲等经济发达地区，从事传统的餐饮业、皮革业、服装业、房地产业和进出口贸易业等，形成数量颇为壮观的海外浙商。

而海外闽商的历史要悠久许多。早在明清时期，随着海上贸易的开展，大量的福建人移居海外，逐渐形成今日在海外发展成就较为突出的闽商。海外闽商主要分布在东南亚地区，从事房地产业和金融产业，有"海外第一大商帮"之称。在 2018 年《福布斯》全球亿万富豪榜上，上榜的菲律宾、印尼、马来西亚和新加坡四国共计 68 位亿万富豪中，排在首位的亿万富豪皆为海外闽商，上榜的海外闽商有 34 位，② 占 50%。由此，海外闽商的实力可见一斑。作为新移民崛起的海外浙商，当前成就虽然没有闽商突出，但近年来发展速度非常快，大有赶超闽商之势。

不论是海外浙商，还是海外闽商，在经历了一定的发展阶段后，已成为海外华商商帮中颇具影响力和代表性的商帮群体，都有其自身可借鉴的宝贵经验，也存在着不足之处，因此，全面、系统、深入地开展海外浙商和海外闽商的比较研究，具有十分重要的学术意义和现实价值。首先，海外华商作为世界范围内一支活跃而独特的商业力量，在住在国和祖籍地的经济发展中均起着重要的作用。本书通过对海外浙商和海外闽商这两大颇具海外华商代表性的商帮群体进行系统研究，可有助于我们更加明晰这两大海外华商商帮的全貌，对于海外华商的研究，无疑是一种深化。其次，将二者进行比较研究，以海外闽商的发展历程、行业结构和致富路径的系统分析，为海外浙商的境外发展提供参照。同时，对海外浙商的研究也能为海外闽商的发展提供新兴商帮的特色与潜力的借鉴。再次，比较海外浙商和海外闽商与各自祖籍地的关系，分析二者对各自祖籍地发展的贡献及

---

① 陈斯音：《2013 年〈浙江蓝皮书〉扩容发布》，《今日早报》2013 年 1 月 22 日。
② "The World's Billionaires," 2018 list, 2018/03/06, Forbes, https://www.forbes.com/billionaires/list/.

不足之处，进而对全球经济竞争与合作背景下的海外浙商与海外闽商的跨越式发展提出可行性建议。最后，海外华商都是（无论海外浙商还是海外闽商）祖籍地社会经济发展的主要动力，因此，本书还可为浙江省招商引资及侨资企业管理提供学理性建议。

三　研究思路

本书以海外浙商和海外闽商两大海外华商商帮为主题切入。以人数相对集中的欧洲海外浙商和东南亚海外闽商为重点展开论述，兼及世界其他国家与地区的海外浙商和海外闽商，以期全方位地展现海外华商的全貌。第一，通过对海外浙商和海外闽商发展历程的阐述，探寻和比较其各自不同的发展路径；第二，比较海外浙商和海外闽商的经营特色、行业结构，并且互为参照，探讨二者的发展特点及其存在的问题；第三，比较海外浙商和海外闽商与各自祖籍地的关系，分析二者对各自祖籍地发展的贡献及需要改进之处；第四，通过对海外浙商的分析，探讨海外闽商如何借鉴海外浙商作为新兴商帮所具有的特色和经验的同时，透视海外闽商，提出在海外浙商已具备相当优势的前提下，如何学习海外闽商的经营之道，适时创新原有的商业模式，积极拓展新型的发展领域，以提升海外浙商在全球的竞争力，进而实现"海外浙商经济"和"浙江经济"的互动双赢。

第一章 海外浙商发展脉络与特点

根据2014年浙江省侨情调查统计数据,浙江省在海外的华侨、华人及居住在香港、澳门特别行政区的同胞有202.04万人,其中祖籍温州的有60多万,祖籍丽水的有40多万,祖籍宁波的有30多万。分布在世界180个国家和地区,其中欧洲地区占54.2%,为主要分布地区;亚洲次之,占20.8%,北美洲位居第三,占19.6%。此外,在南美洲、大洋洲及非洲也有一定数量的分布,分别为3.6%、1.2%和0.6%。居住人数最多的国家分别为:意大利(约46万人),美国(约26万人),西班牙(约22万人),法国(约13万)。[①] 这些分布于世界各地的浙籍侨胞,绝大多数以从事商业活动为主,构成了实力雄厚的海外浙商的主体。和海外闽商的悠久历史相比,海外浙商的发展虽然可溯及宋元时期,此后也在不断地发展壮大之中,但这种发展壮大由于受到诸多因素的制约,并未如海外闽商般形成规模和群体优势,至改革开放前,海外浙商的人数少,实力薄弱,与海外闽商的差距也甚大,这种实力悬殊的状况在改革开放后伴随着海外浙商的崛起,发生了重大的改变。海外浙商作为海外华商中的后起之秀,正呈现出迅猛发展的势头,逐渐拉近与海外闽商的差距。

第一节 海外浙商的发展历史

一 古代浙江海商发展概况
(一) 7—14世纪前期:浙江海商的产生和发展

浙江海商的出现,与早期海外贸易有着极为密切的关系。浙江地处中

---

① 来自浙江省人民政府外事侨务办公室提供的统计数据。

国东南沿海，自古以来就拥有宁波、杭州、温州、台州、乍浦等众多天然良港。这些良港自然条件得天独厚，具有连接内陆和外海的良好功能，加之浙江丰富的地方特色商品、发达的造船业和手工制造业，与周边的日本、朝鲜半岛海路交通也极为便捷，诸多有利因素，促进浙江海外贸易的发展。可以这样说，自从有海外贸易开始，就出现了出海贸易的商人。早在汉代，在浙江中部沿海兴起了章安古港（位于今台州湾椒江入海处，是今海门港的前身），但此时的章安港，和海外贸易的关联不强，很大程度上是一个军事港口。

唐代经济繁盛，国力强大。与中原经济相比，东南沿海地区的农业和手工业都获得了长足的发展，经济呈现出繁荣的景象。江南已成为著名的丝绸产地。据《新唐书·地理志》记载，明州余姚郡的丝绸土贡有"吴绫、交梭绫"[①]；越州会稽郡的丝绸土贡是"宝花、花纹等罗、白编、交梭、十样花纹等绫"[②]。越州的青瓷闻名全国，浙江湖州、杭州、绍兴、金华等地都以造船业著称，这些都为海外贸易的广泛开展奠定了坚实的物质基础，浙江的海外贸易开始进入发展时期。明州港（今宁波），位于东海之滨，自然条件良好，港域辽阔，水深浪小，是天然的良港，唐代已发展成为全国四大贸易港之一，是驶往新罗和日本的贸易商船的重要起航地，也是日本遣唐使的登陆地。唐初，中日间的官方贸易往来，主要是通过日本派"遣唐使"的形式展开。唐文宗开成三年（838），日本中止派出遣唐使之后，中日民间海上贸易日趋频繁。据统计，在日本停派遣唐使至907年唐亡的70年间，明州港与日本贸易往来船舶37次，其中，确切记载从明州出发到达日本的有7次，199人次。[③]当时浙商赴日贸易，路线并不固定。如唐宪宗元和十四年（819），"大唐越洲人周光轮、言升则等乘新罗人船来"[④]，可见，这批浙商可能是先到新罗，在新罗开展贸易之后，再搭乘新罗人的商船一同赴日贸易。而更多的浙商则是直接驶抵日本。唐宣宗大中二年（848），浙商李处人与张支信、元净等人，一起乘船自明

[①] （宋）欧阳修、宋祁：《新唐书》卷四十一《地理五》，中华书局1975年版，第1061页。
[②] （宋）欧阳修、宋祁：《新唐书》卷四十一《地理五》，第1060页。
[③] 王勇进主编：《宁波市对外经济贸易志（638—1995）》，宁波出版社1997年版，第3页。
[④] ［日］经济杂志社编：《国史大系》第五卷，《日本纪略》，前篇卷十四，《嵯峨天皇》，经济杂志社1897年版，第432页。

州望海镇（今宁波镇海）起航，横渡东海，前往日本进行贸易活动。在唐的对日贸易中，张支信、李延孝、李达、詹景全等浙商多次往返于唐日之间，是9世纪中后期经营对日贸易的大商人。浙商运销日本的商品主要有丝绸、瓷器、各种工艺品、药材、汉文书籍、佛经、佛像等。这些商品中，有相当部分是明州、越州当地的土产，如吴绫、吴绢、越绫、越窑青瓷等。浙商从日本运回的商品主要是：沙金、水银、绵、绢等。

五代吴越国时期（907—978），杭州对外贸易初具规模。日本是浙商出海贸易的主要目的地。也有浙江人前往越南经商的。五代后汉时，浙江人胡兴逸到越南演州经商。后做官居留当地，其十六代孙胡季犛创立越南胡王朝（1400—1407）。

宋代政府继续推行积极的海外贸易政策，科技领域成就也相当突出，这些有利因素都推动着宋代的海外贸易在唐代基础上有了更进一步的发展。据统计，宋代中国商船赴日本约115次，[1] 浙商与日本的贸易往来更为频繁和密切。北宋宋太宗太平兴国八年（983），日本僧人奝然搭乘吴越商人陈仁爽、徐仁满等回国商船在台州登陆，北宋雍熙二年（985），又"随台州宁海县商人郑仁德船归其国。后数年，仁德还，奝然遣其弟子喜因奉表来谢"[2]。端拱元年（988），奝然使弟子嘉因、宋僧祈乾搭乘郑仁德船赴宋；淳化元年（990），浙商周文德赴日贸易；大中祥符八年（1015），周文德赴日贸易；同年，日本天台宗高僧寂昭遣从僧念救，乘周文德商船入宋；天圣四年（1026），台州商客周文裔回国。[3] 浙商诸如此类的频繁往返日本的记录，见诸中日两国诸多文献的记载中，可见，在中日两国的贸易往来中，浙商是非常活跃的一个群体。浙商运往日本的商品，除各种丝织品、汉文书籍、香料，还有之前不曾有过的新商品，如颜料、药品、陶土等物，其中香料是日本宗教活动中的必需品，需求量大。浙商运往日本的香料等商品，主要是从东南亚和西亚地区的来华商人手中购得，之后再转贩与日本，实际上属于中转贸易。从日本贩运回来的商品

---

[1] 夏秀瑞、孙玉琴编：《中国对外贸易史》第一册，对外经济贸易大学出版社2001年版，第165页。
[2] （元）脱脱等撰：《宋史》卷四百九十一《列传第二百五十·外国七》，中华书局1977年版，第14135页。
[3] [日] 木宫泰彦：《日中文化交流史》，胡锡年译，商务印书馆1980年版，第238—240页。

与唐代相差无几，主要是沙金、绢帛和米。在前往日本贸易的过程中，有浙商就在日本居留下来。元丰三年（1080），浙商孙忠携带明州的牒文驶抵日本越前的敦贺港，① 从此在日本侨居。南宋时，临安籍浙商谢国明多次前往日本并长期在福冈等地经商并居留下来，成为福冈富甲一方的富商。

宋代前往高丽的浙商，也不在少数。北宋咸平元年（998），温州人周伫随商船至高丽经商，被高丽王穆宗"留之，初授礼宾省注簿。不数月，除拾遗，遂掌制诰"②。北宋熙宁七年（1074）以后，高丽为了远避契丹，将商船的登陆地点改为明州。从此，明州便成为宋丽两国贸易的主要港口。北宋宝元元年（1038），就有明州商人陈亮、台州商人陈维绩等147人前往高丽经商。③ 皇佑元年（1049），台州商人徐赟等71人前往高丽经商。④ 崇宁二年（1103），又有明州商人杜道济、祝延祚前往，"杜道济等许令任便居住"⑤。因此，当时的浙商不仅成批前往高丽经商，有些还长期居留下来。据《宝庆四明志》记载，浙商在高丽换回的主要商品有：人参、麝香、茯苓、细辛、甘草、白术等药材，以及青器、席等物，⑥ 交易量很大。尤其是运往高丽的越窑青瓷，对高丽陶瓷业的发展产生了极大的影响。大约在11世纪中后期，高丽便产生了极似越窑的青瓷。高丽青瓷不仅模仿越窑的器形、釉色、装饰、花纹等外观特征，而且高丽窑工学到了越窑制作陶瓷的核心技术，掌握了胎釉配方，生产出了质量上乘的青瓷产品。除此之外，香药、沉香、犀角、象牙等，也是浙商运往高丽的商品。

这一时期还有前往东南亚地区贸易的浙商。南宋淳祐年间（1241—1252），永嘉人王德用，因参加科举考试名落孙山，便和其兄王德明，将家中的房屋田地出售，前往交趾（今越南）经商，拜见交趾国王，后交趾

---

① ［日］木宫泰彦：《中日交通史》上卷，陈捷译，上海商务印书馆1931年版，第278页。
② ［朝］郑麟趾：《高丽史》卷九十四《列传七·周伫》，朝鲜科学院1957—1958年版，第88页。
③ ［朝］郑麟趾：《高丽史》卷六《世家卷第六·靖宗》，第85页。
④ ［朝］郑麟趾：《高丽史》卷七《世家第七·文宗一》，第100页。
⑤ ［朝］郑麟趾：《高丽史》卷十五《世家卷第十五·仁宗一》，第221页。
⑥ （宋）胡矩修、方万里、罗浚等纂：《宝庆四明志》卷六《叙赋下·市舶》，北京故宫博物院影印本1950年版，第6—7页。

国王"给厚礼而留之,遣乃兄回"①。德用则侨居该国,成为早期的华侨。从目前已有的史料来看,宋代浙商前往东南亚地区开展贸易的人数极少,依然以和日本及高丽的贸易为主。

元代,在政府积极发展海路贸易政策的推动下,海外贸易获得了空前的发展,商人进行贸易的国家和地区,较前代大为增加。在浙江庆元、澉浦、杭州、温州四处设置了市舶司,还有乍浦、定海两港也同时开港贸易,是历朝海外贸易港口最多的一个王朝。与宋代浙商赴日的繁闹景象相比,元代浙商赴日贸易多是通过日本商船走私进行的,因此,这就在很大程度上打击了浙商的对日贸易。但这并不妨碍浙商转战他地继续贸易。如杭州商人张存,"自元丙子后,流寓泉州,起家贩舶,越六年壬午,回杭"②,成为富商。也有浙商因为资金实力有限,通过借高利贷用作本金,如海盐人陈思恭在泉州经商,"尝贷其友石章钱五千缗"③,浮海去番国贸易,其子陈宝生与泉州籍闽商孙天富到海外贸易十年,所涉异国遍及东西夷。定海人夏仲贤,从事海外贸易数年,"泉余于库,粟余于廪,而定海之言富室者,归夏氏君"④。

元朝在统一全国之后,一改之前宋代禁止官员出海贸易的规定,只禁其漏税,而不禁其经商,官员得以合法地经营海外贸易。元代实行官本船贸易,即商船和本金都由官府提供,并由政府选择商人为其代理人出海从事贸易活动,利润的分成为:"以十分为率,官取其七,所易人得其三。"⑤在这种政策的导向下,浙东形成了以澉浦杨发家族为代表的官僚海商集团。杨氏家族从杨发、杨梓到杨枢,三代人都投身于海外贸易之中,先后在澉浦称雄数十年。杨氏的先祖是福建浦城人,宋代"自闽而越而吴",居于澉浦。"杨氏之先,世有显人。宋之盛时,有自闽而越而吴居澉浦者,

---

① (宋)俞文豹:《吹剑录外集》,《景印文渊阁四库全书》,子部,一七一,杂家类,第865册,台湾商务印书馆1986年版,第484页。

② (明)田汝成:《西湖游览志余》卷十九《术技名家》,浙江人民出版社1980年版,第308页。

③ (明)杨逢春修、方鹏纂:嘉靖《昆山县志》第十三卷《杂记》,上海古籍书店影印本1963年版,第16页。

④ (元)戴良:《九灵山房集》卷二十三《玄逸处士夏君墓志铭》,清同治八年,退补斋。

⑤ (明)宋濂等撰:《元史》卷九十四《食货二·市舶》,中华书局1976年版,第2402页。

累世以材武取贵仕。入国朝，仕益显，最号钜族。今以占籍为嘉兴人。"①杨发，南宋时曾任"右武大夫、利州刺史、殿前司选锋军统制官、枢密院副都统"，入元，"改授明威将军、福建安抚使，领浙东西市舶总司事"②，督理上海、澉浦、宁波三处港口的贸易。此后，杨氏家族便与海外贸易结下了不解之缘。杨发的儿子杨梓继承了父亲的事业，曾任招谕爪哇等处宣慰司官，在处理公务之余，亦贸易往来于爪哇等地。而杨梓之子杨枢，据元代史臣黄溍记述："大德五年，君年甫十九，致用院俾以官本船浮海至西洋。"③曾两次以护送伊利汗国使节为名，开展了大量的海上贸易活动。大德八年（1304），再次远洋航行，大德十一年（1307），"乃至其登陆处曰忽鲁模思。"两次远洋航行，使杨枢由白身成为"昭信校尉，常熟、江阴等处海运副千户"④。元代之所以会产生像杨氏家族这样的官僚海商集团，与元朝政府重视海外贸易是密切相关的，也体现了元代海外贸易事业在宋代的基础上有了一个较大程度的发展。

（二）14 世纪后半期至 17 世纪前半期：浙江海商在曲折中发展

然而，宋元时期繁荣的海外贸易事业，被明朝政府消极的海外贸易政策所扼杀。明初洪武四年（1371），明太祖就下诏"濒海民不得私出海"⑤，之后，更是多次颁布海禁法令严禁商民出海："若奸豪势要及军民人等，擅造二桅以上违式大船，将带违禁货物下海，前往番国买卖，潜通海贼，同谋结聚，及为向导劫掠良民者，正犯比照谋叛已行律处斩，仍枭首示众，全家发边卫充军。"⑥ 其后的海禁政策在此基础上更是不断变本加厉。在如此严厉的海禁政策之下，商民只好犯禁，采取各种方式开展走私贸易。洪武初年，高丽国王应明朝政府之请遣返逗留在朝鲜的明人就达百

---

① （元）黄溍：《金华黄先生文集》卷三五《松江嘉定等处海运千户杨君墓志铭》，顾廷龙主编：《续修四库全书》，1323，集部，别集类，上海古籍出版社 1995 年版，第 452 页。
② （元）陈旅：《安雅堂集》卷十一《杨国材墓志铭》，载《景印摛藻堂四库全书荟要》，407，集部，别集类，第 60 册，世界书局 1988 年版，第 194 页。
③ （元）黄溍：《金华黄先生文集》卷三五《松江嘉定等处海运千户杨君墓志铭》，第 453 页。
④ （元）黄溍：《金华黄先生文集》卷三五《松江嘉定等处海运千户杨君墓志铭》，第 453 页。
⑤ （明）胡广等：《明太祖实录》卷七十，"中研院"史语所 1962 年版，第 1300 页。
⑥ （明）申时行等修、赵用贤等纂：《大明会典》卷一百六十七，《续修四库全书》，789，史部，政书类，上海古籍出版社 1996 年版，第 48 页。

余人之众。而这百余人中据信就有在朝鲜经商的浙江人。① 而这些人又以朝鲜为基地，往贩于各地。嘉靖二十六年（1547），浙江巡抚朱纨就曾提到：出海商民"被执于朝鲜者，九百九十三名，其交通佛郎机、日本、暹罗、彭亨、倭夷"②。

面对纷起的海上走私贸易，明政府采取残酷的武力镇压行为。为对抗政府的镇压，出海走私的人从各自分散独立作业——"各船各认所主，承揽货物，装载而还，各自买卖，未尝为群"③，到之后互相联合组建集团，配备武器装备，在东亚海域从事武装走私。至嘉靖年间（1522—1566），逐渐形成"或五只、或十只、或十数只，成群分党，纷泊各港"的海商武装集团。这些海商武装集团，除了雇用本地船员和水手，"又哄带日本各岛贫穷倭奴，借其强悍以为护翼，亦有纠合富实倭奴，出本附搭买卖"④，前往日本、暹罗、南洋等地展开贸易。如嘉靖二十五年（1546），绍兴人赵七、永安、金世杰等四人，"到双屿港下徽州人方三桥船主船上"，前往日本贸易，其中赵七和永安各携本银一百两。驶抵日本后，因船被风暴打破，方三桥无力修理，乃另雇得"日本国中船一只"。在返程中，该船共搭有"倭夷二十人……广东人六七人、漳州人三四人、徽州人十余人、宁波人十余人、绍兴人四人"⑤。

浙江的双屿、烈港、普陀，福建的走马溪、古雷、大担、旧浯屿、海门、金门、崇武、湄州等地，均为海盗盘踞之地。⑥ 其中浙江双屿港"乃海洋天险"⑦，在嘉靖年间一度成为东亚海域规模最大、贸易最为兴旺的海上自由贸易市场，中外私商齐集于此，进行各类走私贸易。较早前往双屿港从事走私贸易的是闽人。他们先从福建各走私贸易港口出发，将商船驶抵南洋各地，在当地购买诸如胡椒、香料等特色产品，转而开赴双屿港，

---

① ［朝］郑麟趾：《高丽史》卷四十二《世家卷第四十二·恭愍王五》，第637页。
② （明）朱纨：《甓余杂集》卷二《阅视海防事》，载《四库全书存目丛书》，别集类，集部78，齐鲁书社1997年版，第28—29页。
③ （明）万表：《玩鹿亭稿》卷五《海寇议》，四明张氏约园刊本，1938年，第32页。
④ （明）万表：《玩鹿亭稿》卷五《海寇议》，四明张氏约园刊本，1938年，第32页。
⑤ （明）朱纨：《甓余杂集》卷二《议处夷贼以明典刑以消祸患事》，第45页。
⑥ （明）王忬：《王司马奏疏》，载（明）陈子龙等选辑《明经世文编》卷二八三，中华书局1962年版，第2995—2996页。
⑦ （明）朱纨：《甓余杂集》卷四《双屿填港工完事》，第94页。

在此展开交易。因商品交易所获利润极高，"浙以西，造海船，市丝枲之利于诸岛，子母大约数倍"①，使得"三尺童子，亦视海贼如衣食父母，视军门如时代仇雠"②。浙东海边势家也"以丝缎之类与番船交易，久而相习"③。由此，大批浙商出洋贸易往来。"日本诸岛、佛郎机、彭亨、暹罗诸夷，前来宁波双屿港内停泊，内地奸人交通接济，习以为常。"④"海寇勾引各夷，占据双屿相传二十余年"⑤，各路海上势力以此为基地，开展遍及东亚海域的走私贸易，双屿港逐渐发展成为中外海商汇集的重要贸易港口和东亚海域最重要的私人海上贸易基地："十数年来，富商大贾，牟利交通，番船满海间。"⑥

在走私贸易中形成的众多海商武装集团中，出现了一批浙江籍海商首领。如浙江桐乡人叶麻（也叫叶明），从事走私贸易，是浙东沿海实力雄厚的海商集团首领，后并入徐海集团。又如王直海商集团，主要由徽州海商和宁波海商组成。作为王直海商集团最重要首领之一的毛海峰，即宁波鄞县人，一家人以通番闻名。先是毛海峰的哥哥"毛子明通番，逋欠货物，以父往质，而后以弟（即毛海峰）代之"，因其"颇有勇力，善使佛郎机，又善弹射"⑦，被王直收为义子，称王澈。王直海商集团在广东造巨舰，"带硝黄、丝绵等违禁物，抵日本、暹罗、西洋等国，往来互市者五六年，致富不赀"⑧。

随着浙江、福建沿海各港口走私贸易的不断发展，海商和明朝政府之间的冲突和斗争也日渐升级。明朝政府在逐渐丧失对浙江沿海局势控制权的状态下，决定采取武力行动以给海商沉重打击。嘉靖二十七年（1548），

---

① （明）丁元荐：《西山日记》卷上，载［民国］孙毓修等辑：《涵芬楼秘笈》，第七集，上海商务印书馆影印本1916年版。
② （明）朱纨：《甓余杂集》卷三《海洋贼船出没事》，第66页。
③ （明）叶权：《贤博编》，中华书局1987年版，第8页。
④ （明）朱纨：《甓余杂集》卷三《海洋贼船出没事》，第66页。
⑤ （明）朱纨：《甓余杂集》卷四《哨报夷船事》，第88页。
⑥ （明）郑若曾：《筹海图编》卷十一《经略叙寇原》，《中国兵书集成》，第15—16册，解放军出版社、辽沈书社联合出版1990年版，第825页。
⑦ （明）万表：《玩鹿亭稿》卷五《海寇议》，第35页。
⑧ （明）郑若曾：《筹海图编》卷九《大捷考擒获王直》，《中国兵书集成》，第15—16册，解放军出版社、辽沈书社联合出版1990年版，第741页。

浙江、福建海道巡抚朱纨派兵突袭双屿港,"海寇久肆猖獗,见调兵船会剿双屿贼巢","擒斩元凶,荡平巢穴,以靖海道事"①。一举摧毁了中外海商经营二十余年之久的海上自由贸易市场,海商的据点和居留地也一并化为废墟。双屿之战使得浙江海商遭受前所未有的重创,浙商出海贸易商船从此无固定的依托港口,部分海商转往福建沿海开展贸易,大批失去生计的海商加入海盗行列。

虽然浙江海商在双屿之战中遭受重大打击,但经过一段时间的休整后,又有众多私商加入海外贸易的行列。万历三十七年(1609),"闽人揭才甫者久寓于杭,与杭人张玉宇,善出本贩卖绸绢等货……于七月初一日开洋亦到五岛","计各商觅利多至数倍"②。众多中小资本的浙商也多前往日本开展走私贸易。万历四十一年(1613),"浙江嘉兴县民陈仰川、杭州萧府杨志学等百余人,潜通日本,贸易财利"。浙江沿海的"势豪之家",也纷纷"私造双桅沙船,同风越贩"③。因而"自市舶罢而倭不能来,射利之徒率多潜往,倭辄厚结之,欲以诱我"④。康熙初年,清政府捕获的一批前往日本进行走私贸易的海商中,就有浙商在杭州置办商品后前往日本贸易的:吴耀"系处州府庆元县人,去年八月到杭州,有白笋十担,买毡五十条,正月初五日到平阳下船,月尽到东洋,毡是细毛的,每一条卖银一两八钱,共得银九十两。在东洋买黄连五十二斤,海参二挑";李茂,"系杭州人,苏州南廒街原买轻绸一百匹,到东洋卖银二百一十两"⑤。此外,还有浙商前往东南亚开展贸易。如万历三十八年(1610),"杭州通番人犯赵子明","向织造蛤蜊班段匹等货,有周学诗者转贩往海澄贸易,遂搭船开洋往暹罗、吕宋等处发卖,获利颇厚"⑥。也有浙江人前往海外,在当地居留下来后从事海外贸易发家致富的。如时年25岁的浙江萧山人徐敬云,于万历四十五年(1617)搭

---

① (明)朱纨:《甓余杂集》卷四《哨报夷船事》,第88页。
② (明)王在晋:《越镌》卷二十一《通番》,《四库禁毁书丛刊》,明万历三十九年刻本,集部,第104册,北京出版社2000年版,第497页。
③ (明)张惟贤等:《明神宗实录》卷五百十三,"中研院"史语所,1962年,第9689页。
④ (明)张燮:《东西洋考》卷六《外纪考·日本》,中华书局1981年版,第127页。
⑤ 中国科学院编辑:《明清史料》,丁编,第三本,《刑部等衙门尚书觉罗雅布等残题本》,国家图书馆出版社2008年版,第529页。
⑥ (明)王在晋:《越镌》卷二十一《通番》,第498页。

乘浙商的船只到达日本长崎，侨居长崎长达30余年，长期从事中日贸易，成为一代富商，成为长崎徐氏名门的始祖。

当时的文字记述中，所提及的浙商或是与闽商合作，或是作为资本额极为有限的个体贸易商直接将商品运贩海外换取现银回来，因而他们中的大多数是一些谋取微利的小商贩，并没有形成群体和规模优势。

（三）17世纪后半期至18世纪上半期：浙江海商发展的高峰

康熙二十三年（1684），清政府开放海禁，浙江各沿海口岸，呈现出对外贸易的繁盛景象。浙商凭借着政府有利的贸易政策、地利和商品集散优势，在对日贸易中呈现迅速发展的态势。仅康熙二十七年（1688），赴日贸易的中国商人就达9182人。① 这9182人搭乘的194艘赴日商船中，宁波船31艘，普陀山船5艘，温州船1艘，共计37艘，占到总数的将近1/5强。② 如此众多的商人赴日贸易，和开"海禁"后清政府积极的对日贸易政策有关。清初政府缺乏铸造钱币的铜，便鼓励商人往日本采购洋铜，但规定"内地商船止许往东洋贸易，将东洋来船禁止"③。根据此项对日贸易政策，中日贸易往来中，只能是由中国商人赴日开展贸易。对日贸易中，洋铜是清政府亟须采购的最大宗贸易品。对于中国商人采买日本洋铜，清政府有专门的办铜政策。康熙六十年（1721），清政府规定赴日采购洋铜的商船，"俱收江浙二海关"④，江南省之上海和浙江省之乍浦被清政府指定为商船赴日采买洋铜的出航口岸，宁波则被规定为赴日贸易商船归航时进行海关验证的地点，因而赴日办铜商人多集中在江、浙两地。清商赴日购买洋铜，大多以生丝作为交换商品。中国的生丝是日本丝织业的主要原料，"丝，所以为织绢绐之用也。盖彼国自有成式花样，朝会宴享，必自织而后用之，中国绢绐但充里衣而已。若番舶不通，则无丝可织"⑤。

---

① ［日］大庭修编：《唐船进港回棹录·岛原本唐人风说书·割符留帐——近世日中交涉史料集》，关西大学东西学术研究所，1974年，第1页。

② ［日］林春胜、林信笃编：《华夷变态》，东方书店1981年版，上册，总目录，第15—18页，中册，总目录，第19—22页。

③ （清）郝玉麟编：《朱批谕旨》，第四十册，雍正五年二月十七日，李卫折，上海点石斋清光绪十三年，第59页。

④ （清）张廷玉等撰：《清朝文献通考》卷十四《钱币二》，上海商务印书馆1936年版，第4980页。

⑤ （明）李言恭、郝杰编辑：《日本考》，《倭好》，中华书局1983年版，第30页。

17世纪中期以后,生丝价格一路高涨,为此,清政府开始禁止私自贩运生丝出洋,但对于赴日采购洋铜的商人,在生丝的配给上则给予相应的政策倾斜。如乾隆二十四年(1759),"禁止丝斤出洋,惟往日本采办洋铜之额船,许带绸缎丝斤焉"①。五年后,禁丝令虽取消,"如愿照旧携带绸缎者,亦听其便",但仍规定:"其非办铜商船,仍不得援例夹带。"② 浙江是中国生丝的主产地,这就使得浙江以外的商人在对日贸易中携带的生丝数量极为有限。加之日本在1715年颁布"正德新令",实行信牌贸易制度,规定商船须持有信牌方能进出长崎从事贸易。在随后分配信牌的争执中,闽商落了下风,在全数30枚的信牌中只获得了4枚,浙商获得了11枚。③ 地利要素上,浙江距离日本较福建更近,毫无疑问,在诸多因素的影响下,闽商在对日贸易竞争中处于劣势,逐渐丧失了清实行"海禁"时以郑氏海商集团为代表的闽商在对日贸易中的主导地位,而浙商凭借对其有利的政策及地利,开始在对日贸易中居于优势地位。这在同时期赴日贸易的商船数量上便可一览无遗。

从清开"海禁"到18世纪上半期,中国赴日贸易商船总数达2941艘,年平均57艘。其中从浙江起航赴日的商船为666艘,占到赴日贸易商船总数的23%。相对于同时期福建赴日商船数而言,浙江赴日贸易商船在数量上占据明显的优势。具体参见表1—1④。

表1—1　　　1684—1735年中国赴日贸易商船数(单位:艘)

年份	船数	浙江起航	福建起航
1684—1722	2572	557	467
1723—1735	369	109	22

---

① (清)穆彰阿、潘锡恩等纂修:《大清一统志》卷五百五十五《日本》,上海商务印书馆影印本1934—1935年版。
② (清)张廷玉等撰:《清朝文献通考》卷三十三《市籴考二》,第5166页。
③ [日]大庭修:《江户时代日中秘话》,徐世虹译,中华书局1997年版,第25页。
④ [日]林春胜、林信笃编:《华夷变态》,上册,总目录,第6—18页,中册,总目录,第19—40页,下册,总目录,第41—71页;[日]永积洋子编:《唐船输出入品数量一览(1637—1833年)》,东京创文社1987年版,第101—102页;[日]大庭修编:《唐船进港回棹录·岛原本唐人风说书·割符留帐——近世日中交涉史料集》,第77—96页。

每年数十艘赴日商船,每艘商船上又多有数十甚至上百人数不等的商人。很多商人都是长期经营对日贸易的。如宁波商人姚鹏飞及其同族的姚虞山先后参与长崎贸易长达 40 多年。① 像姚鹏飞及其家族常年往返于中日之间,以中日海上贸易为主业的浙商在这一时期数量非常之庞大,与同时期浙江各港口赴日贸易商船数成相应比例。

浙江的乍浦港,因清政府有利的对日贸易政策及独有的港口区位优势,"自禁令既驰,南通闽粤,东达日本,商贾云集,人烟辐辏"②,"通关税额远远超过其他口岸"③,一跃成长为亚洲国际贸易大港,尤其在对日贸易中的地位举足轻重。在长期的海外贸易中,乍浦形成了以陈氏、谢氏、林氏等家族为代表的海上贸易集团。如谢三定家族,"商海外暹罗广口诸国,以智略为其王大臣所重,与为布衣交。每泊舟,抽分之额独宽。其子昆源名瑛,精音律,商日本暹罗广口诸国"④。可见,浙商的实力在清前期海外贸易中得以增强,出现了专营海外贸易的家族集团。

浙商除了在对日本贸易中占据优势地位之外,与东南亚的暹罗、巴达维亚等地的贸易往来也十分频繁。康熙年间,从暹罗运米至宁波可以免税,⑤ 浙商便经过浙海关各口岸把浙江所产运往暹罗,从暹罗运回的主要是大米,此外,还有蔗糖、棉花、靛青、苏木、藤黄、象牙、海参、燕窝等。

虽然在整个清前期,从浙江各港口起航赴日贸易的商船一直保持数量上的相对优势,但日本于 1715 年实行的信牌贸易制度,通过限定赴日中国商船数及贸易额,达到控制铜外流的目的,从而使得蓬勃兴旺的中日贸易受到严重阻碍,开始走向衰落。雍正朝即成为整个清前期中日海上贸易由盛而衰的一个过渡时期。这 13 年中中国赴日贸易商船数年平均 28 艘左右,无疑,浙商赴日商船数量也急剧减少,从浙江起航的商船数年平均仅

---

① [日]松浦章:《清代帆船东亚航运与中国海商海盗研究》,王力等译,上海辞书出版社 2009 年版,第 148 页。
② (清)彭润章修:《平湖县志》卷四《建置下·义产》,光绪十二年(1886 年),第 29 页。
③ [日]松浦章:《清代海外贸易史研究》(下),李晓林译,天津人民出版社 2016 年版,第 588—589 页。
④ 陈甸:《乍浦东陈族谱稿》,1948 年,第 14 页。
⑤ (清)梁廷楠:《海国四说》卷一《暹罗国一》,中华书局 1993 年版,第 181 页。

为 8.4 艘，到乾隆年间，更是递减为年平均 7.5 艘。具体参见表 1—2。①

表 1—2　　　　　　1723—1785 年中国赴日贸易商船数（单位：艘）

年份	船数	浙江起航的船只	年平均数
1723—1735	369	109	8.4
1736—1785	627	374	7.5

因而，在清开"海禁"后受益于有利的对日贸易政策、优越的地理方位而逐渐壮大的浙江海商群体，在雍正朝之后，迅速趋向于衰落。随着日本"锁国"和日本银、铜资源的枯竭，中日贸易繁盛不再，从 18 世纪上半期开始，以对日贸易为主的浙商迅速衰落，逐渐淡出海洋。

（四）小结

浙江虽自宋元以来，也有因海外贸易或政治避难、战争等因素移居海外的，但作为商品经济发达省份，受中原传统文化影响颇深，思想上不像闽商那般开放，深受"安土重迁"思想的影响，在清以前，虽有商人因各种原因定居海外的，但总体而言，只是个别现象，并没有能够形成群体现象。入清之后，浙商虽然获得了在对日贸易中的优势地位，但日本在"锁国"政策的支配下，不断出台政策来限制中国赴日贸易商船的数量。整个清前期，清商赴日贸易的最繁盛时期是在清开"海禁"后至 1715 年日本实行信牌贸易制度为止。在信牌贸易制度实施后，日本根据赴日中国商船的出航地，对各出航地的商船数量和贸易额做了相应的限制。尽管其对浙江各港口出发的商船给予数量上的政策倾斜，使得浙江商船在赴日贸易商船中的比重呈现逐年上升的态势，但依旧未能再现清开"海禁"后空前的对日贸易盛况。再者，日本对赴日贸易华商的居住场所、活动范围等采取种种严格的限制措施，来防范他们可能带来的所谓不利影响。"华人至者，麇聚一地，名唐馆，不得出入与外人接。惟倭官及通事得与谈。凡华货至，悉入将军库，由将军售之……防唐人至严。有犯私禁，偷漏贸易，虽

---

① ［日］大庭修：《唐船进港回棹录·岛原本唐人风说书·割符留帐——近世日中交涉史料集》，第 77—96 页；［日］永积洋子编：《唐船输出入品数量一览（1637—1833 年）》，第 101—102、103—190 页。

丝毫之微，必诛无赦，是以历久无敢犯者。其行法之严，擅利之巨，从可知矣。"① 因此，虽然17世纪后半期到18世纪上半期，赴日贸易的浙商人数众多，但长期居留下来的人数相对于之前则是大为减少，并未如闽商在东南亚般，出现规模移民定居的现象。从18世纪上半期开始，随着对日贸易规模的逐年缩小，浙商也趋向于衰落，并逐渐淡出海上贸易与海外移民。至于东南亚各地，在17世纪以后，并不是浙商海外贸易的重点区域，居留下来的人员更是少之又少。这些因素，都对日后浙商在海外的发展及地区分布产生了极为深远的影响。

二 近代海外浙商发展概况

鸦片战争后，中国的国门被西方列强攻破，清政府也逐渐放开对国人出国的种种限制条件，出洋谋生的人数明显增加。在众多出洋谋生的人员中，为数众多的浙江人加入这个队伍中来。其中有相当部分浙江人，本身就是在国内有较强实力的商人，他们出国后继续从事国际贸易或直接在住在国投资实业，这部分人以浙江宁波、湖州等地为主；还有一部分则是浙江各地的农民和手工业者，迫于国内的生存压力，通过各种方式出国后，在海外以经营小本生意起家，并逐渐扩大经营范围，这部分人以浙江青田和温州各县为多。浙商的贸易范围与之前各代相比，所涉及之地域明显拓宽。据民国《鄞县通志》记载："至五口通商后，邑人足迹遍履全国、南洋、欧美各地，财富日增。"②

（一）籍贯为浙江宁波、湖州等地浙商的发展概况

浙商在鸦片战争后抓住杭州、宁波、温州和上海的开埠时机，在浙江和上海等地迅速崛起，其中尤以从事金融业、商业、航运业、工业的宁波籍浙商和经营生丝贸易的湖州籍浙商的力量最为雄厚。他们在近代中国社会的发展变迁中，积累了雄厚的资本实力，在立足本国商业的基础上，积极开拓海外市场，或将其经营重心直接转移至海外，成为近代浙商中最具实力的一支。贸易范围遍及亚洲、欧洲及美洲。

---

① （清）金安清：《东倭考》，载中国历史研究资料丛书：《倭变事略》，上海书店出版社1982年版，第208页。
② 张传保、汪焕章：《鄞县通志》，序，1935—1951年，第2页。

1. 浙商在东亚及东北亚的经济活动

近代浙商在东亚及东北亚的贸易经营活动，主要是在日本和朝鲜。

由于日本对中国赴日商船数量和贸易额的限定愈来愈严，中日之间的海上贸易到18世纪末便日趋衰微，华商赴日贸易人数锐减。近代随着日本的国门被西方列强攻破，华商又重新活跃起来，纷纷赴日寻找商机。日本历来就是浙商海外贸易经营的重点，追寻这一贸易传统，近代浙商前往日本贸易的人数相当可观，其中相当一部分人从事中日之间的进出口贸易。1866年，浙江宁波籍商人梁某作为长崎德澄号商社的派遣员，与四川人仁某一起在箱馆的海带贸易中获取了丰厚的利润。之后，在上海设立批发店成记号，又相继在长崎和箱馆设立分店，经营集货活动。① 1870年，宁波籍的张尊三也到日本北海道函馆经商，并于1878年开设德新海产号，后改组为裕源成，主要经营海产品的进出口贸易，其经营业绩节节攀升，仅1914年，北海道向上海出口的海产品总额为220万日元，其中张氏联号竟占60%。② 湖州人潘钰于1863年赴日，在函馆开设慎昌荣号，从事海产品的进出口贸易。1873年，其侄子潘延初来到函馆，与潘钰一起进一步开展海产品贸易。潘延初于1892年回国后，其侄子潘莲夫继其职，并和张尊三结成姻亲关系。1917年，潘莲夫在岳父张尊三的资助下，在函馆开设了义记海产号。至此，函馆共有华商经营的海产字号11家，其中张氏家族经营的字号就有4家，计1/3强，③ 可见浙商在日本从事海产品的进出口贸易之实力。浙商除经营日本海产品的进出口贸易外，还从事日本制造商品的进出口业务。浙江鄞县人余芝卿1904年赴日创业，几经挫折，终在1912年于大阪成立了鸿茂祥商行，将日本制造的雨鞋、针织等商品运往中国销售，同时又将中国国内的茶叶、草席、猪鬃等土特产品出口到日本，并兼营国内十几家东洋庄的代办采购日货的业务。鸿茂祥商行业务最繁盛时，每年的营业额为400万—500万日元，按2%回佣收入计算，那

---

① ［日］思波义信：《明治时期旅居日本的华侨》，庄景辉、梅华全译，载姚楠主编《中外关系史译丛》，第4辑，上海译文出版社1988年版，第160—161页。
② 陆志濂：《中日贸易的先驱者张尊三》，载李瑊等主编《创业上海滩》，《宁波人在上海》系列丛书，第一辑，上海科学技术文献出版社2003年版，第97页。
③ 陈守义主编：《鄞县籍宁波帮人士》，中国文史出版社2006年版，第176页。

么每年有 8 万—10 万日元的收入。① 余芝卿在日经营所获利润为其日后创办大中华橡胶厂提供了雄厚的资金实力。中国文化商品的进出口贸易，也在浙商经营范围之内。浙江慈溪人王仁乾在明治初年赴日后，于 1877 年开设"凌云阁"，专售汉籍及文房用具。李筱圃在其《日本纪游》中记载："王惕斋（即王仁乾）、冯蓉塘来，皆浙宁人，在此贸易者。"②

除了大量的浙商从事中日之间的进出口贸易之外，还有浙商在累积一定经济实力后，直接在日本投资设厂，所生产和销售产品种类丰富。如浙江慈溪人吴锦堂，1885 年携银 1000 两资金赴日经商。初在长崎贩卖土布，并与人合伙从事运销业务，赚得一定的资金后，于 1890 年在大阪设立"怡生"商号，对华销售火柴，获利颇丰，仅 1902 年，输出火柴销售额就达 93372 日元。③ 1897 年又在兵库县设立东亚水泥股份有限公司，股金总额为 100 万日元，吴锦堂父子为第一大股东，拥有 90% 以上的股份，掌握着实际的经营权。此后十多年中，其业务范围不断拓宽，除运输业、火柴业、水泥制造业外，还涉足棉针织工业等众多实业领域，成为日本的华侨巨商，被称为"阪神财阀"④。

餐饮业也是浙商在日本投资的主要行业之一，它是随着贸易业的逐渐衰微而发展起来的。1899 年，浙江鄞县人郑余生在日本东京神田创设维新号中国料理店，在东京饮食业中有一定地位。鄞县人李世明于 1927 年随叔父李再和去日本，从料理店学徒做起，积累经验和资金后，1940 年在东京开办了明华料理店，由于经营得当，饭店生意兴隆。⑤ 另一位经营餐饮生意颇有名气的是浙江镇海人周祥庚，1929 年跟随表哥刘挺良抵达日本，后在东京开办中国式面店，并逐渐扩展为东京颇有名气的高级上海料理交通大饭店。⑥ 1945 年，周祥庚的妻舅，同为镇海人的张和祥也到日本，在

---

① 乐承耀：《近代宁波商人与社会经济》，人民出版社 2007 年版，第 275 页。
② （清）李筱圃：《日本纪游》，载罗森等：《早期日本游记五种》，湖南人民出版社 1983 年版，第 100 页。
③ 罗晃潮：《日本华侨史》，广东高等教育出版社 1994 年版，第 215 页。
④ ［日］中村哲夫：《"吴锦堂财阀"与孙中山》，载陈守义主编《吴锦堂研究》，中国文史出版社 2005 年版，第 107—112 页。
⑤ 宁波市政协港澳台侨委员会编：《宁波籍港澳和海外人物录》，2002 年，第 170、180 页。
⑥ 沈雨梧：《日本华侨企业家周祥庚》，载沈雨梧编：《走向世界的宁波帮企业家》，生活·读书·新知三联书店 1990 年版，第 220 页。

东京开小吃店，后获得巨大成功，其创办的饭店，到 20 世纪 80 年代已是东京很有名的山王大饭店，并开办四明商业合作社，成为东京十大华侨财团之一。这一时期赴日浙商所开办的大小餐馆虽没有具体的数据统计，但就华商发展行业而言，应是一重要经营领域。

裁缝业则是近代浙商在日经营的一个特色行业。这源于一次意外。嘉庆年间，鄞县人张尚义，因一次海难，漂流至日本横滨。本是裁缝的他，在横滨看到了制作西服的商机，于是利用给人缝补西服的机会，琢磨出制作西服的技艺，回乡后创立了"同义昌"和"公兴昌"西服店，并在东京和神户开设分号，多次往返中日之间，带领一批又一批的同乡前往日本，经营裁缝生意。在神户，1869 年，宁波人应绍有在局地三十番经营洋服店。[1] 进入 20 世纪以后，又有众多浙江人前往日本开设西服店。1912 年，宁波人吴钟灵在横滨开设西服店。20 世纪 30 年代，宁波人张有福在东京开设福元罗纱店；鄞县人周盛庚在神户开设益泰昌洋服店。[2] 40 年代，奉化人汪和生在神户开设幸昌洋装店。[3]

近代，也有部分浙商在朝鲜经营商业。根据《清季中日韩关系史料》相关数据的统计，1884 年南汉城华侨开设的店铺中，浙江帮开设的大型店铺有三家：叶臣豪的天丰号，从业者 8 人；董维新的新泰号，从业者 5 人，洪介眉的公和号，从业者 4 人。浙江帮开设的中型店铺有胡岐山的宝和堂、李升堂的副生堂、韩正兴的日兴号、程寿山的协兴号、王少帆的公和号、林正兴的同兴福、黄大绪的泰和号，共 7 个店铺，33 人从事营业。小型无字号店铺，由浙商开办的有 4 家，宁波、宁海各 2 家。[4] 大中型店铺多为贸易商行，向小型店铺提供货源，将货物批发给小型店铺，小型店铺多为杂货店。

2. 浙商在东南亚的经济活动

东南亚地区，是浙商除日本之外，又一重点经营区域。浙商在东南亚的经济活动，主要集中在新加坡，其中较有影响的有水阿树父子、董伟

---

[1] 罗晃潮：《日本华侨史》，第 231 页。
[2] 季学源、陈万丰主编：《洪帮服装史》，宁波出版社 2003 年版，第 61—62 页。
[3] 宁波市政协港澳台侨委员会编：《宁波籍港澳台和海外人物录》，第 173 页。
[4] 杨昭全、孙玉梅：《朝鲜华侨史》，中国华侨出版公司 1991 年版，第 151—152 页。

达、胡嘉烈，他们都以从事实业投资为主。浙江镇海人水阿树，曾是海员，后在上海经营洗染店，20 世纪早期前往新加坡后，创办建筑营造厂，经营颇有起色，在其子水铭章经营后，企业获得巨大发展，水铭章也成为新加坡实力雄厚的建筑商。同样经营建筑业的董伟达，浙江慈溪人，出身建筑世家，抗战胜利后侨居南洋，在新加坡等地经营建筑事业，成为当地有名的建筑业巨头。鄞县人胡嘉烈，1935 年在新加坡开设立兴企业公司，主要经营汽灯购销业务，并在上海设立"立兴申庄"，作为立兴企业公司的驻沪采办机构，将上海各厂家生产的汽灯运往南洋市场销售，由于经营得当，获利丰厚。后又成立五金制造厂，生产各种汽油灯、五金制品，在马来西亚、印尼、泰国、加拿大、英国等地设立分公司，成为与陈嘉庚、胡文虎齐名的新加坡巨商。

此外，还有浙商在菲律宾和泰国等地经营实业。余姚人何兆丰，1948 年在菲律宾创办麦赛赛航运公司，任董事长，其船队分布于世界各地，如巴西圣保罗、日本东京、美国纽约、加拿大温哥华等地。① 鄞县人徐长寿在 1936 年到泰国华商企业当学徒，40 年代开设了泰国上海文利木器有限公司，至 70 年代发展成为泰国上海文利木器家具、工程建筑两合有限公司，从事木器制作与工程建筑行业的经营活动。

在东南亚地区，还有浙商投资娱乐业。祖籍浙江宁波镇海的"影视大王"邵逸夫，事业最初的起步就是在新加坡，与其他东南亚浙商不同的是，邵氏兄弟看好电影事业，因此，将经营重点放在开拓南洋电影市场方面。20 世纪 30 年代，邵逸夫为配合影片的播放，专门购买了"讲话机器"，使"无声电影"变为"有声电影"，由此，他们的电影事业在新加坡和马来西亚站稳了脚跟，这为后来邵氏兄弟在影视业的快速发展奠定了重要基础。②

虽然东南亚地区的浙商人数远远少于在日本发展的浙商，实力也有差距，但不可否认的是，东南亚地区的浙商，人数虽少，却以精干见长，也是众多海外浙商中颇具实力的一支。

---

① 乐承耀：《近代宁波商人与社会经济》，第 281 页。
② 沈雨梧：《影业之王邵逸夫成功之路》，载沈雨梧编著《走向世界的宁波帮企业家》，第 103 页。

3. 浙商在欧洲的经济活动

宁波籍和湖州籍浙商前往欧洲开展贸易活动，也是近代以来才出现的。据学者李明欢的考证，在清代赴欧使臣郭嵩焘、曾纪泽等人日记中提及巴黎"华商"王承荣，确定其为宁波人。① 他在19世纪50年代下半期"侨寓"巴黎，其间开设了名为"天顺号"的商铺，"贩卖中华、日本货物"，到70年代末，王承荣在巴黎开店经商至少20余年，当为最早经营于欧洲并且获得成功的华商。② 由此可以推断，王承荣有可能是最早前往欧洲并经营成功的浙商之一。除了王承荣外，在郭嵩焘的《伦敦与巴黎日记》中，提及1878年前往巴黎火车站迎接他并赴展览会"华商六人"，其中孙稼与王承荣均为宁波人③。1880年，赴欧考察工业技术的徐建寅抵达比利时布鲁塞尔时，述及当地的一家商铺时提到："中国宁波人张、李三人，及广东伙计一人，在内出售中国木器、瓷器等物。"④ 进入20世纪，浙商前往欧洲经商的步伐明显加快。出身于湖州南浔丝商巨贾之家的张静江，家族实力雄厚，1902年以使馆随员身份随驻法公使孙宝琦出国，"先设古玩行于巴黎市最宏大之礼拜寺玛玳林前，继辟茶座于城市繁华中心点之意大利箭道"。同为湖州人的罗芹斋在赴法后，"因与张有乡谊，又略知当地情形，不数年间，由茶馆司账，一进而为古玩行之经理，再进而为来往欧美鉴识古器之巨商"⑤。两位浙商在法国的成功经营，成为众多华商群起效仿的榜样，此后，赴法者人数渐增。这部分籍贯为宁波、湖州等地的浙商，资本实力相对雄厚，其中部分人在国内本就拥有较为殷实家底，可以直接投资进入商业领域。但这部分商人数量十分有限，多以个体形式在欧洲从事商业贸易活动，并未形成群体力量，因此，并不构成在欧洲发展的浙商的主体部分。

---

① 1866年赴欧考察的斌椿在《乘槎笔记》中记载："王承荣，江苏常州人，在巴黎贸易有年，与巴黎人甚洽。"[（清）斌椿：《乘槎笔记》卷上，铁香室光绪二十四年，第19页。] 在同期张德彝和郭嵩焘的日记中，都记载王承荣为"宁波人"。李明欢据王承荣与张德彝的亲密关系，加上郭嵩焘的记载，认为其确为宁波人。

② 李明欢：《欧洲华侨华人史》，中国华侨出版社2002年版，第74—76页。

③ （清）郭嵩焘：《伦敦与巴黎日记》，岳麓书社1984年版，第555页。

④ （清）徐建寅：《欧游杂录》，岳麓书社1985年版，第730—731页。

⑤ 吴云：《旅法华人近五十年之奋斗生活》，《东方杂志》1928年第8期。

随着前往欧洲谋生的华人日增，在一些主要港口城市，出现了一批由华商开办的专门接待华人的旅馆，当地华人习惯地称之为华人水手馆。浙商也开始加入这个行业中。当时德国最为有名的"汉堡水手馆"，老板陈纪林是鄞县人，1920年定居德国后开设，负责招募和照料华籍海员。其子陈顺庆接管后，还兴办轮船公司，拥有客轮、货轮和游船50多艘。①

在餐饮业领域，开设中餐馆是众多海外华商也是海外浙商的重要投资方向，浙商在欧洲开设的餐馆大多规模较小，以家庭营业为主。但也有浙商将中国特色食品结合当地民众的喜好，加以改良后推向市场。慈溪人范岁久所研发制作的"春卷"广受欧洲民众的欢迎。在具备一定的经济实力后，范岁久于1940年在丹麦首都附近的纽堡（NYBORG），开办了大龙食品厂，专门生产"大龙春卷"，并根据各国不同的饮食习惯，生产适合不同口味的春卷，产品不仅畅销欧洲，还远销日本、美国及中东各国。

宁波籍浙商还将裁缝业发展到俄国，和赴日浙商一样，他们在当地经营西服店。如奉化人钱三德，与堂兄一起在俄国乌苏里斯克开办"钱德泰"洋服店。②

4. 浙商在美洲的经济活动

宁波籍和湖州籍浙商在近代前往美洲的人数较为有限。他们大多接受过高等教育，早年在中国大陆从事商业活动，有丰富的从商经验，都有二战期间将主要业务转向美洲继续发展的经历，贸易活动基本上集中在资本主义经济发达的美国。如奉化人魏重庆，1936年毕业于上海交通大学电机系，1942年开始经营海运业，在中亚和东亚之间运送石油。二战期间前往美国，并入美国国籍，曾担任联合油轮公司副总裁。后于1962年创办复康轮船公司，任董事长兼总裁，成为美国有名的"船业大王"。另一宁波人应行久，1935年考入上海沪江大学商学院攻读商科。大学毕业后创业所累积的财富都因意外而流失，但他并没有气馁，而是重整旗鼓，于1946年在上海开设合众汽车公司、立人汽车公司，代理美国和法国生产的汽车，随后又开办了化学原料行，经营化学原料的进出口业务。之后为获得

---

① 宁波市政协港澳台侨委员会编：《宁波籍港澳台和海外人物录》，第206—207页。
② 陈守义主编：《宁波帮与中国近现代服装业》，中国文史出版社2005年版，第54页。

更大的发展空间，应行久前往美国开拓事业，创建了美国大中集团，产业涉及美国迪士尼乐园中国馆、航运业、旅游业、连锁餐馆、连锁百货商店、地产开发、投资开发等，成为美国华人十大财团之一。和魏重庆、应行久有相同背景的还有鄞县人翁心梓，早年就读于上海大夏大学。1944年去美国，创办美国万源公司和新泽西矿业有限公司。

湖州籍浙商的情况和宁波籍浙商的情况亦有类似之处。同为南浔人的李佑仁和周君梅都属于丝商巨贾家族的成员，因此他们在国内的贸易与生丝紧密连接。李佑仁，1932年在纽约成立通运生丝贸易公司，担任经理，办理生丝运销业务，生意兴隆，出口营业额逐年上升。但随着二战爆发，贸易也被迫停顿，公司关闭。张静江的女婿周君梅，曾留学美国，抗战期间在昆明办起中国丝绸公司，经营丝绸出口业务，中华人民共和国成立前经香港前往美国经商。

5. 浙商在港台地区的经济活动

中国近代和英国签订的一系列不平等条约，使香港沦为英国的殖民地，宁波也被迫开放为通商口岸，两地开始了经贸往来。浙商一方面将浙江的土产如棉花、水产品、草席等物资运往香港销售，另一方面则有越来越多的浙商赴港开展贸易投资活动。当时赴港贸易的很多浙商原先在内地就有实业投资的基础，为拓展市场和业务，往往将内地已有一定基础的业务延伸至香港，在香港成立分支机构。如慈溪人阮维扬曾在上海开设康元制罐厂，1923年改为股份有限公司，增资100万元，1924年收买香港华益制罐厂，在香港开设分厂。之后，浙商赴港出现了两次高潮。第一次是在全面抗战爆发后，为保证企业的安全生产和减少损失，众多浙商将企业迁至香港或在香港开设分支机构。如鄞县人庄鸿皋于1940年前后，将亨得利钟表行和大明眼镜公司迁往香港。[①] 第二次则是在20世纪40年代后半期，内战爆发，出于对未来中国政治走向的忧虑，又一批浙商从上海等地迁往香港发展，或者是继续从事之前的事业，或是重新创业。大批浙商在这时期选择香港作为未来的发展区域，是和当时的移民环境息息相关的。20世纪40年代后期，东南亚国家出于防止国民党垮台后大量中国居

---

① 乐承耀：《近代宁波商人与社会经济》，第252页。

民涌入的考虑，关闭了移民大门，因此，对于大批浙商而言，以华人为主的香港自由贸易港便是他们继续经营事业的最佳场所。这批赴港浙商人数众多，涉及皮革业、化学工业、火柴业、味精业、贸易业、药材业、纺织业、服装业、建筑业、钟表业、航运业、金融业、影视业等众多领域，可谓关系社会生活的方方面面。他们的入港贸易和投资，不仅给香港输入了巨额的资金，而且带动了新的技术及产业的发展，对促进香港经济的繁荣作出了重要的贡献。有学者曾就浙商在香港经济发展中所起的作用做过如此评价：香港"究其发展的原因，并不是英国殖民当局恩赐的，而是香港同胞所创造的。香港今日的繁荣，与广东商人、浙江商人，特别是与宁波商人所起的重大作用是分不开的"①。

和浙商赴港开展贸易的背景类似，浙商赴台开展贸易很多都是在全面抗战爆发后，在台湾设立企业的分支机构或直接去台湾创办实业。1943年，鄞县人翁敏如在上海开办利泰祥五金商店，后在台北设"华海行"作为分支机构。20世纪40年代后半期，出于对内战及之后前途的担忧，大批浙商直接迁居台湾，并在当地创办实业。如镇海人周梦怀于1946年赴台后，相继创办台湾万国贸易公司、中国联合汽车公司、中国交通企业股份有限公司等。此外，在国民党败退台湾的过程中，约19.3万浙江人退居台湾，②是中国大陆退居台湾人数最多的一个省份。这些人到了台湾后，有相当一部分人开始从事商业活动，加入浙商的行列中来，主要投资化工、纺织、航运、贸易等领域。

可见，近代宁波籍和湖州籍浙商在海外发展的人数虽然不多，但其资产实力、经营规模在当地都是屈指可数的，因而实力不容小觑。这主要和其所处环境有关。宁波、湖州，处于浙东和浙北的优越地理区位，自古以来就是中国的鱼米之乡，经济富庶，交通便捷，拥有众多的有利条件，近代中国又给当地带来了众多的机遇，因而他们外出谋生的意愿并不是很强烈。从这部分海外浙商来看，不排除其中一小部分人出国是为了解决生计

---

① 金普森：《香港的经济繁荣与宁波商人》，载周千军主编《百年辉煌》，宁波出版社2005年版，第68页。

② 浙江省政协文史资料研究委员会编：《浙江籍海外和港澳人物录》，《前言》，1990年，第1页。

问题,就其整体而言,出洋的主体部分,原先在国内都有一定的经济事业基础,出洋后扩大原有的国内经营业务,在具备较强资本实力的基础上,有更多的机会将事业做大做强;或在住在国发现新商机,重新开始创业生涯。

(二) 籍贯为浙江温州、青田等地的近代海外浙商发展概况

与宁波、湖州优越的区位优势相比,地处浙南的温州、青田多为山区,自古以来人多地狭,交通不便,人口生存压力较大,近代西方列强的侵略又在很大程度上破坏了当地自给自足的小农经济,基于生存的角度考虑,当地很多人尝试着通过出洋谋生以寻求新的出路。因而,近代前往世界各地的温州、青田等地民众,他们在出洋前的身份多以农民和手工业者为主,虽然出洋后经商人数不亚于宁波籍和湖州籍人士,但受资金的限制,大多经营小本生意,并没有出现像宁波的张尊三、胡嘉烈之类的资金实力雄厚的商人。此外,与宁波籍和湖州籍浙商分散于世界各地不同的是,温州籍和青田籍浙商除在日本、东南亚和美洲有少量分布之外,主要集中于欧洲。

1. 浙商在日本的经济活动

20世纪初,日本资本主义经济迅速发展,工业的发展使其对劳动力的需求非常迫切,这就给不断遭受西方列强侵略、民不聊生的浙南民众提供了一个谋生机会。在国内本就穷困潦倒的农民和手工业者,到了日本以后,只能依靠微薄的本金从事小商小贩活动。如温州归侨陈崇帆回忆时说的:"我去日本谋生前,全家十几口,仅有二亩山田与1000株番薯藤园,终年劳作,不得温饱。1922年春,闻乡人去日本贩卖纸伞能赚钱,我也跟他们去做小贩了。"[①] 很多当地人听闻在日本贩卖纸伞能赚钱,便三五成群,结伴前往日本从事小贩活动。据统计,民国九年(1920)冬起至十一年(1922)春止,我国行商之赴日卖雨伞、青田石货的,可说是全盛时代,光是温州和处州两地的人,大概在3500人以上。[②]

---

① 章志诚主编:《温州华侨史》,今日中国出版社1999年版,第30页。
② 谢介眉:《王希天君小史》,载温州市政协文史资料委员会、浙江省政协文史资料委员会编:《浙江文史资料》,第五十七辑,《东瀛沉冤:日本关东大地震残杀华工案》,浙江人民出版社1995年版,第40页。

和贩卖纸伞和小商品一样，无须太多本金就可从事的行业，便是开设小饭店。当时前往日本谋生的浙南民众，有了部分积蓄后，便开设中餐馆。青田人林三渔，1914年到日本后，以做苦力和拎卖为生，二战后，积累了一定本金后，便伺机开办了"中华料理店"、游艺场，成为颇有实力的企业家。温州人徐昌星、徐佑仁于1924年赴日谋生，先是以做苦力谋生，后积攒够本金后，开设中餐馆，将生意逐渐做大。

　　这时期，在日本出现了专为旅日华人提供住宿的小客栈。如瑞安人卢恒兴在大阪市南田区田中町开设一家小客栈。同为瑞安人的黄柱生、黄柱禄兄弟在大岛町开设一家合吉客栈。①

　　正当越来越多的浙南民众准备追寻前辈老乡的足迹之时，日本却开始驱逐中国小商贩出境。在1923年关东大地震发生后，更是拿起屠刀屠杀中国小商贩。1923年9月2日晚9时许，日本一般青年团员、在乡军人以及警官军队共300余人，以协同警察维持社会治安为由，拥至大岛町八丁目华人客栈内，将栈里174名温州、处州（丽水的古称）籍商贩及华工驱赶至栈外空地上，以"即将地震，须卧地上"为由，②欺骗毫无心理和思想准备的浙籍商贩，之后将他们击毙。

　　这起事件对青田籍和温州籍商贩的打击很大，幸存的人员纷纷回国，只有极少数人依然冒险赴日开展经营活动。此后，浙南民众为谋生，更多是前往东南亚、欧洲等地。

　　2. 浙商在东南亚的经济活动

　　早在清光绪年间，瑞安人张新栋即跟随福建人赴南洋谋生。起初以帮人做工为生，后累积了一定本金后，开始从事小型的商贩活动，收益不错，"家渐以饶"③。前往东南亚谋生的温州人，基本上都从事木器业，主要集中在新加坡、马来西亚和印度尼西亚等地。据旅居新加坡的陈立明回忆：温州人包括乐清人去新加坡一般都是当木匠，其中大部分幼年学艺，出师后到南洋谋生。先在同乡或亲友的木器工场当工人，稍积累一点资

---

① 章志诚主编：《温州华侨史》，第30页。
② 仲云：《日本大震灾中的暴行》，《东方杂志》1923年第21期。
③ 章志诚主编：《温州华侨史》，第26页。

金，再租赁一个简陋的工场，自己制作家具卖给家具店或酒店。① 二战中，东南亚的经济遭到严重的摧残和破坏，居民的购买力下降，木器业也趋向于萧条。很多经营木器业的温州籍浙商也只能改行从事他业。

青田人前往东南亚的为数不多。他们大多是携带青田石到东南亚销售，之后转道前往欧美地区，仅少数人长期居留下来，以从事小商小贩为主。如青田人周某，到新加坡销售石雕后，就改为以镶牙、卖眼镜为生。②

3. 浙商在欧洲的经济活动

近代，有大量的浙南人前往欧洲从事小型商业活动。大批浙南人前往欧洲，和青田当地的一种特殊石头有关，即青田石。早在十七八世纪就有少数青田人携带青田石进入欧洲境内贩卖，到19世纪下半叶，越来越多的青田人加入贩卖青田石的行列，法国则成为当时青田人较多聚居的国家。1891年和1893年，青田人陈元丰等三人先后两次携带青田石雕工艺品，从上海到越南西贡，在西贡乘船到法国马赛，之后由马赛前往巴黎贩卖。③ 由于获利颇丰，"渐引其同乡以俱去，足迹遂遍欧洲"④，至20世纪30年代，"最多的时候，青田在欧洲的人达二万几千人"⑤，多数在当地从事小型商业活动。与青田相邻的温州地区也受到影响，开始有人前往欧洲从事商业活动。19世纪70年代，永嘉人田氏前往德国经商，其子田合通于1896年在德国经商时，"生意每年多者有十万左右，利息约五六千金左右"⑥。

在欧洲的浙南人只有资本实力相对雄厚的极少数从事进出口贸易，以经营茶叶、生丝、瓷器、古董等商品为主。绝大多数浙南人带着对谋生的期许踏上欧洲的土地，将从国内携带而来的青田石雕、茶叶等物，沿街叫卖。邹韬奋在1934年的《游比杂谈之二》中提及，仅在比利时小城安特

---

① 倪德西、叶品波主编：《乐清华侨志》，中国文史出版社2007年版，第9页。
② 周望森：《浙江华侨史》，中国华侨出版社2010年版，第59页。
③ 陈里特：《巴黎十二区的两条小巷与早期浙籍旅欧华侨的关系》，载浙江省归国华侨联合会侨史研究室：《浙江华侨史料》，第五辑，1991年，第38页。
④ 李长傅：《中国殖民史》，上海书店出版社1984年版，第227页。
⑤ 陈里特：《青田人出国到欧洲的经过》，载中国人民政治协商会议浙江省青田县委员会文史资料委员会编：《青田文史资料》，第六辑，1995年，第4页。
⑥ 胡珠生主编：《宋恕集》，中华书局1993年版，第690页。

卫普一地,"青田小贩来来往往的也有四五十人"①。这些小贩走街串巷贩卖小商品,在国内所携物资出售完毕后,通常面临货源短缺问题,在这样的背景下,专供小商贩批发采购小商品的百货批发商铺就应运而生。巴黎十二区里昂车站附近的白玉洛巷和拉奇诺巷成为众多浙江籍商贩集中经营的区域,在马赛和巴黎三区也都有浙商开设的百货批发商店,商品种类多达百余种,主要销售给当地的浙江华侨商贩。各家商号在经营百货批发生意之外,又多具有自己的经营特色。如20世纪20年代初青田人林茂勋在拉齐诺开设的茂勋号,兼营中国药材、南货,并聘用中医师问诊;20年代后半期永嘉人徐康衡在白玉洛巷开设的康衡号,兼营中国旧戏装行头。②

浙南人通过在欧洲贩卖小商品赚得微薄利润后,从20世纪30年代开始,多以合资的形式进行创业。1933年,瑞安县旅法华侨张岩林、张朝光、林岩甫、张新年等人合伙,在马赛开设了一家20多平方米的小百货批发商店,经销德国、意大利和法国产的数百种小商品。1938年,温州人郑锡楚、程者兴和青田人陈焕章等人合伙在里昂开设皮革工场。③ 1934年赴法谋生的瑞安人林廷横,经过14年的艰苦奋斗,于1948年才与同乡华侨岩生、叶青等三人合办皮革工场,经营数年后,略积资金,便于50年代初自开皮革工场。④ 这些皮革工场都用手工生产皮带、背包、皮夹等物品,自行销售。

餐饮业也是欧洲海外浙商经营的重要行业之一。20世纪20年代初,青田人林洪冠等人在巴黎就以经营中餐馆为业。因资金有限,经营的餐馆规模都较小,但利润尚可。据青田人叶元清口述:"我和我的一个堂兄合伙开了一间小餐馆,一人主厨,一人跑堂。生意非常的好,只半年光景,我们就得雇工才忙得过来。一年过去,我们赚了不少钱。"⑤ 此时浙商经营

---

① 邹韬奋:《游比杂谈之二》,载戴望舒、邹韬奋:《烟水行程 萍踪寄语》,凤凰出版社2009年版,第133页。
② 陈里特:《巴黎十二区的两条小巷与早期浙籍旅欧华侨的关系》,载浙江省归国华侨联合会侨史研究室编:《浙江华侨史料》,第五辑,第37页。
③ 章志诚主编:《温州华侨史》,第93页。
④ 章志诚、周福绵:《浙江省瑞安市白门乡人民移居欧洲历史与现状》,载陈学文主编《浙江省华侨历史研究论丛》,1991年,第164页。
⑤ 李明欢:《欧洲华侨华人史》,第194页。

的餐饮业尚处于起步阶段，数量也较为有限，并未能有进一步的发展。

浙南人在欧洲还从事杂技业和水手馆生意。如青田人陈志彬于1921年随山东人的马戏团到德国，在马戏团耍杂技，后独自创办"中国戏院"，因经营得当，将其发展成西班牙著名戏院，演职员工多达百余人。青田人王志南则在1918年与广东人简谭合资在荷兰阿姆斯特丹开办"五号水手馆"，这在当时是一家规模较大的水手馆，可容纳100多人，到1930年时雇佣华人海员394人。

浙南人在欧洲获利后，通常会将部分积攒下来的资金汇往家乡补贴家用，因此，"钱庄"也随之出现。在欧洲的钱庄，大多为青田华侨创办，业务也非常单一，基本都为办理欧洲和中国之间的侨汇业务。

总之，青田籍、温州籍浙商在欧洲基本上以从事小商小贩和批发业、皮革业、餐饮业为主，其他的如投资实业类的甚少。1939年随着二战的爆发，浙商经营的部分商店、皮革工场相继遭到战争的破坏并关停。但浙商发扬吃苦耐劳的精神，再次创业。

4. 浙商在美洲的经济活动

浙南人前往美洲基本上集中在巴西和美国。有据可考的是，在1910年前后，青田人陈瑞丰、邱仁丰、叶秀明移居巴西，之后在1915年，王益宗、徐志仁抵达巴西。① 此后，青田人陆续抵达巴西。巴西的浙南人主要从事"提包"生意和兴办餐馆。所谓的"提包"，是华人在巴西的一种独特经营方式。即手提一两个大包，包中装有巴西人所需之商品，挨家挨户，到巴西当地居民家中进行销售。这始于1910年前后，陈瑞丰、邱仁丰、叶秀明等人从欧洲转入巴西后，在街上叫卖珠链，之后在保证货源的前提下，尝试成立制作珠链的手工作坊，进而从事珠行的批发生意，进入20世纪30年代，浙商还提包售卖黄金珠宝、台布，售卖的商品范围有所扩大。

餐饮业也是旅居巴西浙商从事的主要行业。1925年，邱仁丰、叶秀明、徐志仁，在里约热内卢合资开办了一间规模很小的、以送餐为主的"平松"饮食店，这是一家没有店面的家庭餐馆，也是青田人在巴西开办

---

① 郭秉强主编：《巴西青田籍华侨纪实》，2005年，第1页。

的第一家餐馆。不久，陈瑞丰也开办了餐馆，名为"瑞丰"，是青田人在当地开办的第二家餐馆。此后，开设餐馆的浙商人数日众。为满足更多的市场需求，浙商在巴西开设的餐馆除经营中餐外，还经营巴西餐。如王益宗1937年开设的"卡蒙"餐馆，兼营中国快餐和巴西便餐，由于物美价廉，很快就成为里约热内卢最有声誉的快餐店。但总体而言，浙商在巴西经营的餐馆大多规模较小。到40年代，因二战爆发，浙商在巴西的餐饮业的经营也日渐惨淡，逐渐被别的行业所取代。

前往美国的浙南人从事的行业也相当集中，除传统的餐饮业、进出口业务外，大多数经营业务集中在开设礼品店上。这和青田人最初赴美销售青田石雕有关，各类礼品经营实际上是石雕销售的扩大经营。1888年，青田山口村石雕艺人林茂祥，携带青田石雕制品前往美国，在旧金山一带销售。1915年青田石雕在美国旧金山举办的"巴拿马太平洋博览会"上获得银牌奖，由此，这种特殊的工艺品为更多的美国人所熟知。受此奖项的激励，青田方山乡龙现村吴乾奎，裘山村裘振珊，山口村周芝山、黄松轩，油竹雅岱村金美斋等人，相继在美国开设石雕商店，盈利颇丰。青田籍浙商礼品店里以销售瓷器、珠宝、古董等东方工艺品为主，店铺大多设在纽约等大都市。

1949年至中国实行改革开放之前，由于国际国内的政治环境因素，中国国内出国人员的数量极为有限。但已在住在国定居下来的海外浙商经过多年的奋斗和努力，从20世纪50年代开始，经营事业的规模、资本额，都有所扩大和增加，经济实力明显增强。

三　现当代海外浙商发展概况

（一）20世纪50年代至1978年海外浙商的发展概况

1. 欧洲海外浙商的发展概况

欧洲的浙商在从事小商小贩积累一定资金的基础上，开始重点投资一些在他们看来所需资本不多，但容易起步的行业。

二战结束后，在前期积累的少量资本基础上，浙商抓住中餐业在欧洲迅速发展的大好势头，开始合资或独资经营中小成本的中餐馆。这时期海外浙商开办的大小中餐馆在西欧、南欧等国均占据一定比例。到20世纪

70年代，仅文成籍浙商"在法国、荷兰、意大利三国开设餐馆酒楼达179家"①。可见浙商在欧洲从事餐饮业的人数之多。二战前由犹太人主导的欧洲皮革业也因二战期间犹太人惨遭德国法西斯的迫害和屠杀陷入技术人员紧缺的困境，原本有皮革加工基础的浙南人抓住这一有利时机，加快步伐进入皮革业，从事皮具的生产加工。凭借着创业时期的执着和努力，终于在意大利和法国这两个欧洲皮革业制造中心的激烈竞争中获得了生存和发展的机会。仅瑞安籍华侨，1965年以前在法国就开设皮革工场27家、皮革商店1家。②但这时期浙商经营的餐馆和皮革工厂的资本额投入都相对有限。据统计，二战后，"以三百五十法郎折合一美元计算，浙籍侨商所开设商店（皮革工厂）平均资金为一万二千美元，餐馆则自一万美元至二万五千美元"③。

2. 美洲海外浙商的发展概况

20世纪50年代，浙商经营的礼品业依然是最具代表性的行业。青田籍浙商是美国从事礼品业的主力军，礼品的范围从之前的青田石雕、瓷器、珠宝等拓宽到日用品、各类观赏性工艺品、化妆品、文具、玩具等，基本上都经营得较为成功。美国最大的礼品店是由镇海籍浙商应行久于1973年在纽约世贸中心第107层摩天大楼顶层开办的幸运礼品公司。巴西的浙商于60年代也开始发展礼品业，发展到70年代，已有60多家浙商开办的礼品店。礼品业也逐渐成为巴西浙商经营的主要行业之一。

浙商在美国发展的餐饮业，出现了规模较大、档次较高的高级中餐馆。如应行久的"大中集团"，20世纪70年代独资收购纽约"丰泽楼"，专营中国菜肴，装修豪华，富有浓郁的东方特色，成为当地著名的高级中餐馆。

从20世纪70年代开始，浙商还进军房地产业。宁波人张济民于1974年在旧金山创办"伟士利企业有限公司"，组建"西湖投资管理公司"，从事房地产业务。余姚人朱艺峰也于1975年在美国从事房地产投资业务，相继创办了长江地产投资有限公司、长发建筑有限公司、海外投资有限公

---

① 朱礼主编：《文成县志》，中华书局1996年版，第229页。
② 周望森主编：《浙江省华侨志》，浙江古籍出版社2010年版，第110页。
③ 徐斌：《欧洲华侨经济》，海外出版社1956年版，第16页。

司，在此基础上，成立了以地产业为主的多元化经营的美华集团。

浙商投资的航运业也获得巨大发展。奉化人魏重庆，20世纪60年代成立美国福尔肯轮船公司，获利丰厚。70年代以来，建造玉凤凰、金凤凰两艘巨轮和得克萨斯之星等三艘巨型油轮，将海运事业推向高峰。

3. 日本和东南亚海外浙商的发展概况

餐饮业是海外浙商在日本经营的传统产业。进入20世纪50年代，浙商不再囿于开办小型饭馆和面店，而是扩大餐饮业的经营规模。如宁波镇海人刘京荣，1948年赴日，先在中餐馆当伙计，后自开小饭店，到70年代已成为成功经营8家"上海饭店"的企业家。

在日浙商还涉足金融业。宁波人张和祥60年代在东京开办名为"四明商业合作社"的金融机构，资金超过400亿日元，吸纳存款达40亿日元，成为东京十大华侨财团之一。①

此外，进出口业务和房地产业务也都成为在日浙商的经营领域。镇海人傅在源，早年留学日本早稻田大学，1951年在日本东京创立三晶实业株式会社，从事进出口业务。1963年起获得日本杂豆进出口配给额首位，在神户、香港及纽约等地设立分公司，是日本华人社会的代表人物。奉化人孙忠利于1966年在日本创立孙氏企业集团，经营光学用品出口贸易业务，1975年，将主要业务转向房地产开发投资方面。

东南亚的浙商人数本就不多，之后也几乎没有多少后续力量进入东南亚，因而他们并没有太大的发展变化，依然以从事之前的木器行业为主。也有浙商经营海运业，如宁波籍浙商包玉星1956年到香港地区，后在新加坡创立"联成航运公司"，拥有货轮20余艘，排水量约70吨。②

4. 非洲海外浙商的发展概况

这一时期的非洲海外浙商，人数极其有限，其中部分为原港台地区的浙商，他们基于发展环境的考虑，将事业从港台地区转向非洲国家。如鄞县人李关弟于1947年在上海创办李昌钢精厂，生产搪瓷铁坯。1949年前往香港发展，继续经营搪瓷业。之后的十年间，业务发展迅速，李关弟获

---

① 周望森：《浙江华侨史》，第188页。
② 沈雨梧：《联成航运公司董事长包玉星》，载沈雨梧编著《走向世界的宁波帮企业家》，第51页。

利颇丰。但50年代中期以后，随着海外市场的变化，香港的搪瓷工业陷入困境，为摆脱困境，李关弟转战尼日利亚，1964年在当地建立尼日利亚华昌搪瓷有限公司。发展至1990年，公司已成为多元化跨国经营的西非光大事业有限公司和香港华昌集团，经营范围由最初的搪瓷业扩展至食品、钢铁、电站、塑料、化工、建材等多个领域，在西非拥有50多家工厂，1万多名员工，净年产值达1亿美元，华昌集团成为西非排名第三的著名华资集团。①

5. 港台地区浙商的发展概况

20世纪三四十年代因各种原因前往港台地区发展的浙商，本身拥有雄厚的经济实力和基础，又有经营和管理企业的经验及能力，因而在当地安定下来之后，凭借有利的资源和条件，很快将企业带上高速发展的轨道，并逐渐形成在贸易业、服装业、纺织业、航运业、电子业等领域的主导和优势地位，到六七十年代，出现了一批实力可以与东南亚闽商相媲美的浙商代表，他们在香港经济中有着举足轻重的地位。

赴台浙商的经济实力虽没有赴港浙商这般雄厚，但也有一定的地位，尤其是在化工行业领域。1947年，鄞县籍浙商朱绣山迁居台湾后，创办台湾台新染织股份有限公司，开始涉足纺织染整行业。由于经营有方，企业发展很快，20世纪50年代又相继创办台湾东南碱业股份有限公司、信诚航业股份有限公司、嘉隆实业股份有限公司、新加坡振兴公司等，经营领域涉及纺织、化工、航运、制衣及贸易业等众多领域，其本人也被誉为"台湾化工巨子"。宁波镇海人张敏钰，1935年在上海创办兆庆染织厂。1949年远赴台湾，1950年创办中国悦新染织股份有限公司。1954年成立台湾第一家民营水泥企业：嘉新水泥股份有限公司，经过近40年的发展，到90年代，嘉新水泥集团已成为多元化的跨国企业集团，资产由最初的0.24亿元累计增加到90亿元，他也因此成为台湾"水泥大王"。在张敏钰创建嘉新水泥公司时，同为慈溪人的翁明昌也参与其中。1973年，翁明昌创建嘉新畜产和义新国际贸易公司，后逐渐发展为颇具规模的义新企业集团。不同于早年都有创办企业经历的这几位浙商，宁波人应昌期早年一

---

① 徐安定：《尼日利亚华人企业家李关弟》，《上海商业》2016年第2期。

直都在银行任职，直到1963年，他47岁这一年，开始独立筹建创办他的首家企业：利华羊毛工业公司，之后数十年间，先后又接办了益华股份有限公司、国泰化工公司，创办了国际票券公司，并逐一推向股市。他还积极拓展海外业务，创办利华澳大利亚公司，该公司成为澳大利亚第一家中国人开的公司。

为数众多的港台地区的浙商，除了立足本地之外，还将贸易活动的范围拓展至世界各地。此类浙商不在少数，当然，这完全是基于开拓市场的角度出发的。上虞人张子培，1947年赴台经商，从20世纪50年代开始，致力于开拓东南亚市场，相继设立中马贸易公司，中菲钢铁公司，中新钢铁公司、中泰钢铁公司，在马来西亚创立太平洋树胶公司，先后在欧美、中东、非洲等50多个国家和地区开展贸易，海外市场成为其庞大的事业帝国的重要组成部分。

经过多年的发展，到70年代末，港台地区浙商已成长为一支重要的经济力量，出现了一些大型的跨国企业集团，如香港幸福企业集团、环球航运集团、东方海外航运公司、南丰集团、永新集团、声宝—乐声有限公司，在相关行业领域涌现出一批实力雄厚的浙商。在航运业领域，有"世界船王"之称的董浩云、包玉刚、何兆丰等；在影视业领域，有"影视大王"邵逸夫；在纺织行业，有厉数雄、陈廷骅、包从兴、王统元、曹光彪、商学鸣、赵安中等。

（二）1978年改革开放以来海外浙商发展概况

1978年中国改革开放以来，中国大陆向外的移民潮也开始涌现，出现了前所未有的出国大军，浙江人在这个移民大潮中可谓数量众多。在202.04万（2014年的侨情统计数据）浙江海外华侨华人中，绝大多数都是改革开放以后的新移民。

1. 欧洲海外浙商的发展概况

浙江人利用前辈在欧洲打下的基础，在20世纪70年代末，以"家庭团聚""继承财产"等理由，成批前往欧洲定居。欧洲成为改革开放后浙江新移民的主要移入地。根据2013年国务院侨办联合外交部共同发函至驻外机构广泛开展调研侨情的相关数据统计，欧洲华侨华人约为255万，其中约有109万的浙江籍华侨华人定居于欧洲，其比例远远高出中国其他省份，多数以经商为主。

进入20世纪80年代，餐饮业已成为浙商在欧洲的支柱产业之一。浙商在欧洲经营餐饮业人数明显增加，加上之前已有的餐饮业经营基础，使得欧洲浙商的餐饮业已发展到非常成熟的阶段，形成了适合不同消费市场的中餐馆。在青田籍海外浙商人数最多的西班牙，有将近11万青田人中，主要以从事餐饮业为主。①

皮革业和纺织服装业是欧洲浙商经营的传统产业，随着浙江新移民的大量移居，皮革业和纺织服装业进入新的发展时期。据相关资料统计，在法国及周边的欧洲国家，市场上销售的皮包、皮夹、皮带之类的皮件产品，约有70%来自温州籍海外浙商所开设的皮件生产加工企业和进出口贸易公司。在俄罗斯，温州籍浙商投资建立的制鞋和纺织企业也具有一定的规模。在乌苏里斯克经贸合作区内，温州籍浙商的制鞋和纺织企业年产值在2016年就达十多亿元。② 20世纪八九十年代以来，意大利浙商经营的服装加工业发展起来。浙商设立的制衣厂因为加工费用低，速度快，质量过关，大受当地服装经销商的欢迎。但浙商的制衣工厂，大多为中小规模，以生产低价服饰或者代工为主，缺乏市场竞争力。

20世纪90年代以来，国人赴欧旅游呈现热潮，与旅游相关的旅游公司、旅游纪念品和旅馆业，发展势头强劲。瑞安人潘仲骞1980年移居意大利后，先是在自家餐馆帮忙，1990年开设"长城饭店"，1996年将经营领域拓展至旅馆业，斥巨资买下三星级的帝苑宾馆，1998年买下一栋房子装修成花园酒店，2002年更是与人合资购买了一家四星级宾馆——新罗马大酒店，在旅馆业领域取得了较为突出的成绩。面对出国旅游购买力日增的国人，海外浙商开始经营旅游免税店。2016年，法国温州籍浙商胡境平在巴黎市中心歌剧院大街开设卢浮免税店，为游客购物提供服务和方便。

依托中国制造的背景，进出口贸易业在20世纪90年代以后兴起，成为近年来欧洲浙商经济最重要的组成部分。仅在罗马尼亚首都布加勒斯特，温州籍浙商开设的贸易公司就有300余家，他们多数是进口、销售温

---

① 陈光龙：《旅西班牙青田华侨的生活片段》，《青田侨报》2018年7月16日。
② 赵琛璋、周琳子：《蔡建林：开创俄罗斯鞋业市场第一人》，2017年12月28日，温州市人民政府外事办公室网，http://wqb.wenzhou.gov.cn/art/2017/12/28/art_1340371_14715356.html。

州服装、鞋革、工艺品和各种日用品。① 欧洲很多著名的批发地如巴黎北郊的赫维特里耶市、西班牙马德里拉瓦别斯区的贸易批发区、俄罗斯莫斯科的吕步里诺市场、沙达窝德市场等,都汇集了大批浙商。也出现了诸如瑞安籍浙商郑国光兄弟开办的"法国北京进出口公司""郑氏兄弟进出口公司""ABC 进出口公司"。荷兰文成籍浙商胡志光开设的"荷兰玉壶国际贸易有限公司"、德国乐清籍浙商冯定献创办的"德国冯氏贸易进出口公司"、瑞安籍浙商刘光华的"意大利罗马光华集团"等众多资本实力雄厚的贸易公司。此外,海外浙商还在欧洲筹建了拥有自主产权的商城。2007 年,由陆元植、张桑榆、王胜锋三位温州籍浙商投资兴建的意大利普拉托欧洲商城一期开业,营业面积达 2 万多平方米,该商城是意大利首家华人拥有物业产权的商城,共有 100 多家华人服装、鞋类、小商品和首饰批发店。在东欧,2011 年 7 月 19 日,由 19 名华商和 2 名土耳其商人共同出资兴建的罗马尼亚布加勒斯特"唐人街"正式开张,项目负责人为罗马尼亚瑞安籍浙商潘继东,19 位华人抱团组成唐人街集团有限公司,控股超 70%,其中 7 位温州人占 30%。该项目是东欧地区第一个由华人管理,且拥有自主产权的综合国际商贸市场,② 现已成为东欧最大的中国商品集散中心。海外浙商在筹建进出口贸易商城时,也注重注入互联网元素。2016 年,由意大利温州籍浙商陈文旭投资的位于意大利米兰附近的"蒙扎"中国城建设完毕。这是意大利首家有华人自主产权品牌的商城项目,建筑面积 5 万多平方米,由批发市场、仓储中心和餐饮休闲三大区块组成。商城为商户开发 B2B 网络批发业务,并与义乌国际商贸城合作,是中国义乌国际商贸城的电子商务门户"义乌购"(http://www.yiwugo.com/)的意大利独家合作伙伴。蒙扎中国商城由此植入"互联网+"的基因,与时代发展紧密相连,提升国际竞争力。正是这样一个集现代化、国际化和信息化于一体的大型商贸批发中心,蒙扎中国城项目于 2016 年获得了意大利 MPS 投资银行 3300 万欧元的高额融资。这也充分证明意大利投资方对该商城发展的良好预期。

随着网络经济的迅速发展,海外浙商也紧跟时代发展,进入跨境电商

---

① 周望森:《浙江华侨史》,第 186 页。
② 郑海华:《罗马尼亚"唐人街"前天开张》,《温州日报》2011 年 7 月 21 日。

行业和物流业领域，从初始的主要将中国制造销往住在国，转变为借助电子商务平台的形式将住在国及周边国家商品销往中国的新型贸易模式。2000年前往意大利发展的青田籍浙商叶建毅，初始从事制衣业，2006年起转向百货零售业，所拥有的意大利你好集团在意大利开出第一家大型卖场，至2016年已发展成为由十家大型连锁品牌超市组成的集团公司，每家面积都在1000—3000平方米，2009年开始在杭州组建电子商务团队，依靠阿里巴巴集团、京东等电子商务平台，从事中国和欧洲之间的跨境电商贸易，将海外制造的产品销往中国，旗下的米兰1号奢侈品项目稳居中国国内同行业先锋。也是在2009年，法国温州籍浙商刘若进创立的麦斯科汀服饰品牌进入电子商务领域，同时创办37VIP跨境电商网及打通中欧物流通道的37速运，在法国和意大利设置数十个37速运的投递点，并在巴黎和米兰开设旗舰店，将37VIP和37速运以实体店的方式展现，打造集物流、展示和销售于一体的O2O社区。

在跨境电子商务带动下，海外浙商进入物流业的人数日增。20世纪90年代中期，意大利温州籍浙商林美银有感于从事国际贸易的华商在货物储存及运输过程中遇到的问题，敏锐地洞察到商品物流环节的重要性，因此创办意大利第一家华人物流公司：罗马天鹰仓储物流有限公司，开启华商在意大利创办正规、大型仓储物流行业的先河。公司从初始为华商仓储货物，之后又与意大利最具实力的聂朵（NIEDDU）物流公司合作，开展跨洋运输、货品空运、担零运输等业务，发展至今已是意大利最大的仓储物流企业。2014年，欧洲飞天股份有限公司总裁：葡萄牙青田籍浙商巫旭清与中资公司"蜜蜂快递"合作，在法国开设"蜜蜂"快递业务，成为首家进入欧洲快递市场的中国民营快递公司。①

为满足海外华人的文化需求，海外浙商也将资本投入文化传媒产业。1983年，祖籍宁波的张晓贝在法国近郊94省维勒瑞夫市创办《欧洲时报》，历经30余年的发展，《欧洲时报》从初始的不定期的对开四版的报纸到现在每天20—28版的中文日报，形成了囊括周报、多媒体网站、视频节目、文化中心、出版社、旅行社和中文学校等多领域经营的欧洲时报传媒集团，在

---

① 孔帆：《中国民营企业抢滩法快递市场　全新模式或改变欧洲行业生态》，2014年12月15日，《欧洲时报》网，http://www.oushinet.com/news/qs/qsnews/20141215/175510.html。

英国、德国及奥地利还建有分支机构，员工近百名，成为当前欧洲最大、最具影响力的综合性传媒集团之一。与张晓贝一开始就专注传媒业不同的是，更多的海外浙商是在前期经济事业获得成功的基础上，因看好传媒产业才进入此领域投资的。如西班牙永嘉籍浙商戴东华在20世纪90年代经营餐饮业、贸易业成功的基础上，2009年进军传媒业，成立西班牙欧亚传媒集团，发行《侨声报》，开通中文新闻网站——西班牙侨网，2015年与人民日报海外网合作并开通西班牙频道，且投入大量资金建设新媒体，目前集团旗下有中文周报《侨声报》（纸媒）、西班牙侨网、侨声报App手机版、西班牙侨声报官方微博、欧柏旅行社、托齐咨询投资（上海）有限公司等，成为在欧洲具有一定影响力的综合性的文化传媒公司。

在欧洲，还出现了一批海外浙商多元化经营的企业。如温州人王寿松1978年去荷兰，在餐馆打工积累资金后开设餐馆，并在1985年成立王氏企业发展集团。成立伊始，就实行多元化、全球化的经营发展战略，发展至今，在中国大陆、荷兰、德国、法国、意大利、西班牙等地都有企业或项目，经营领域已涉及酒店业、旅游业、地产业、高科技农业、医疗设备、新型数码产业及动漫产业等。1985年前往西班牙的温州人王绍基，1991年用经营贸易积攒下来的资金成立了"大西洋个人责任公司"，公司投入巨资成功取得1992年巴塞罗那奥运会头部以上用品全球特许经营权和西班牙的塞维亚世界博览会在全球促销品上的经营专利权，从此，事业开启一个新的发展阶段，于1996年组建了西班牙3E集团公司。3E集团旗下目前拥有近十家股份公司，业务涉及物流、机械工程、媒体、风力发电、太阳能利用、垃圾发电、水处理、城市改造等多个行业，横跨亚、欧、北美三个大洲。1990年移民意大利的温州人陈朝霞，从餐馆打工起步，到拥有属于自己的餐馆，并于2005年创办意大利灵达地产公司，2011年又投资文化产业，与人合作创办意大利侨网，2012年被授予"全球华人杰出创新企业家"称号。如王寿松、王绍基、陈朝霞这些实行多元化经营的海外浙商，已逐渐摆脱老一辈海外浙商单一从事某一行业的经营状况，从准入门槛较低的行业起家，进而在资金日渐丰厚的背景下，开展多元化、跨国化经营，并组建企业集团，这已成为当今海外浙商经营事业发展的一种常态。

2. 美洲海外浙商的发展概况

浙江新移民在美洲的移居地仍以美国和巴西为主。美国的浙商主要从事百货礼品业、房地产投资、超市业、服装业及高新技术产业领域的经营活动。

百货礼品业是浙商在美国和巴西经营的重要产业,在此基础上,百货业发展起来。如青田人郭胜华,1976 年前往法国海外省法属圭亚那,在积累丰富的创业经验的基础上,于 1981 年在卡宴市开办了专门经销中国商品的友谊百货商店,经营业绩突出,组建法国亚美杰国际投资集团,目前已发展成以商贸为主,兼营房地产、旅游业、能源等诸多行业的多元化跨国企业集团。

超市业成为很多浙江新移民赴美后的选择,尤其是温州籍浙商开设的超市迅速崛起。1992 年赴美的张利惠以在法拉盛摆地摊卖菜起家,1996 年创办"中国城"食品超市,经过二十余年的努力,发展为"大中华超市集团",至 2016 年,整个集团包含了 17 家超市、两个物流中心、进出口贸易公司和地产公司,有 1000 多名员工,超市遍布美国东部 6 个州,年营业额达 3 亿美元,成为美国东部较具影响力的华人超市。

进出口批发贸易也成为美洲浙商的重要经营领域。美国著名的小商品批发市场位于曼哈顿第 26 街和第 30 街之间,东到第五大道,西至第六大道,百老汇大道贯穿其中。1995 年这里仅有两三家温州籍浙商经营批发业务,此后,浙商的人数迅速增加,到 2007 年,从事批发业务的浙商已达 200 家,占据市场的半壁江山,实力不容小觑。① 温州人孙华凯,1967 年移民巴西,在里约经济大学毕业后,专做礼品生意,从 1993 年开始,成立进出口公司,从事国际贸易,从中国进口轴承和节能灯,被人誉为巴西"中国轴承老大""中国节能灯大王"。2000 年后,经营巴西矿产开采进出口企业和农场。

美洲浙商从 20 世纪 70 年代后期进入服装业的生产和销售领域。在美国,杭州籍浙商毛昭寰 1977 年涉足服装业,成立了号角男孩服装公司,

---

① 韩杰:《美刊撰文披露温州人在纽约创造经济奇迹》,2007 年 5 月 29 日,浙江在线网,http://china.zjol.com.cn/05china/system/2007/05/29/008475601.shtml。

1992年其公司营业额达5亿美元。① 1976年，黄岩籍浙商王禄威在孟菲斯成立全威国际公司，主要经营儿童成衣生产及产品零售，经过十几年的发展，成长为跨国企业集团。80年代中期，青田籍浙商也相继在巴西开设服装店，到1994年年底，仅圣保罗一地，就有青田服装店37家。

房地产业也是美洲浙商从事的行业之一。祖籍浙江义乌的王恒，1978年成立美国泛太平洋控股有限公司，从事房地产开发和酒店经营业务。20世纪80年代，青田籍浙商在巴西也开始进入这一领域。1982年，青田籍浙商季福仁进军房地产业，创办"新兴亚东房地产公司"，是里约热内卢青田籍浙商中唯一的、拥有相当资产的房地产商。

进入20世纪80年代，高新技术产业成为浙商投资的一个重点领域。原籍青田的杜纪川，曾留学德国，后从台湾移民美国后，于1988年在南加州芳泉谷创立金士顿公司，目前已发展成为全球最大的内存模块制造企业。在2018年《福布斯》全球亿万富豪榜上，杜纪川以净资产57亿美元位列第315位。② 此外，像祖籍宁波的朱敏创办的ebEx公司、庄思浩1995年与人合作创办的BEA系统有限公司，都是海外浙商投资于信息高新技术产业成功的典范。在生物工程高科技产业领域，也出现了浙商的身影。1999年，留学美国的乐清人周青山，经过多年的积累后，与其他四位美国企业家共同创建了medennium医疗器械公司，虽然属于中小型企业，但公司生产的产品在全球眼科行业具有一定的知名度。

3. 日本、东南亚和西亚海外浙商的发展概况

在日浙商人数不多，主要从事的行业集中在餐饮、娱乐、贸易、房地产等领域。所经营企业多属中小规模，整体实力不强，但也有极少数开展多元化经营的跨国企业集团。如孙忠利的孙氏企业集团，在经营光学仪器出口业务和房地产业的同时，还经营跨国酒店业务，拥有包括日本东京"美格罗酒店"、新加坡"大宾酒店"、新西兰"诺亚酒店"在内的多家企业。

中小规模的企业经营是在日浙商的发展常态。据时任日本温州总商会秘书长王平介绍，在日温州商人近2000名，其中，10%从事外贸行业，

---

① 麦子编：《美国华人群英录》，中山大学出版社2009年版，第80页。
② "The World's Billionaires," 2018 list, 2018/03/06, Forbes, https：//www.forbes.com/billionaires/list/.

30%从事餐饮业。① 温州人林立，1999 年赴日创办兴和国际株式会社，从事鞋包的生产加工及国际贸易。经过十余年发展，已拥有 Kanzan、Arukouka、Bizart 等自主品牌，在东京有 7 家品牌连锁店。2009 年，又开始投资日本的不动产。在日浙商也从事涉及高科技领域的行业。如温州人吴晓斌，90 年代中期前往日本，在打工同时，敏锐地察觉到开发手机天线是个巨大的商机，于是在 1998 年创办"日本忠成贸易有限会社"，集中所有资金研发出手机闪光天线，到 1999 年年底，公司生产的手机闪光天线占据 70%的日本市场份额，获利丰厚。2001 年，吴晓斌成立 ZOX 株式会社，主要以生产小尺寸液晶显示器等小家电为主，并逐步打开在日本市场的销路，发展至今，其所经营的高科技电子产业产品已覆盖视听、数码、通信、电子电器、网络等领域，并实现产品设计、生产、贸易的一体化。

改革开放后浙江人移居东南亚和西亚的人数极少，但随着中国和东南亚、西亚各国贸易往来的日益频繁，海外浙商的人数也日增，较多地集中在越南、柬埔寨、印尼等国。他们除了经营传统的国际贸易业之外，还从事资源开发以及与民生相关的制造业。如在柬埔寨，截至 2015 年，浙商约有 2 万人，② 以经营国际贸易业、制衣业和房地产为主业。在西亚，浙商多集中在阿联酋。20 世纪 90 年代前往阿联酋的浙商多以浙江制造的输出为主，进入 2000 年以来，浙商开始在当地从事制造业。如温州人姜捷，从迪拜的家具外贸公司的搬运工、安装工做起，逐渐积累起自己的客户，2003 年，尝试开出自己的第一家家具店，之后适时建立迪拜首家家具厂，并将制造领域拓展至铝塑建材，2012 年，创办阿联酋阿鲁克邦铝塑板厂，是目前中东地区规模最大的铝塑板生产厂。

4. 非洲海外浙商的发展概况

浙商大多是在 2000 年以后进入非洲开拓市场的，经营范围有进出口贸易、实业投资和矿产开采等。

经营进出口业务的浙商，和其他地方经营进出口贸易的浙商并无二

---

① 华晓露：《我一直处于创业中——访日本温州总商会秘书长王平》，《温州日报》2011 年 4 月 14 日。

② 谢庆：《柬埔寨浙江总商会二届理事会成立 施永平任会长》，2016 年 3 月 18 日，世界浙商网，http://www.wzs.org.cn/zshw/201603/t20160318_168747.shtml。

致，通常将浙江生产和制造的服装、鞋帽、箱包、眼镜、布料、纱窗、灯具、五金等商品，组成集装箱，运到非洲市场批发销售，如莱索托、莫桑比克、博茨瓦纳、纳米比亚、津巴布韦等。① 随着浙商进入非洲人数的日增，部分浙商开始打造贸易批发的场所和平台。1999 年，瑞安籍浙商吴建海离开经营数年的欧洲市场，在喀麦隆独资建立"中国商城"；2004 年，温州籍浙商南非胡氏国际贸易集团董事长胡李明在南非约翰内斯堡建立"中国温州商城"，进驻的商家多为浙商，以经营小商品为主营业务，商城成为南非"浙江制造"销售和批发的重要基地。其中部分浙商依靠这种经营模式积累了丰厚的资金，进而将资本投向制造业和矿产开发等领域。

从事实业投资的浙商生产诸如鞋子、纸、纺织品等轻工业产品。台州籍浙商李传法 2002 年由捷克转入埃及，创办中国兄弟（埃及）股份有限公司，总投资 300 万美元，第二年便开始盈利，年产鞋 300 万双，全部在当地销售，由于产品价廉物美，深受埃及百姓喜爱。② 到 2006 年，公司销售额达 3000 万美元，销售各类皮鞋 600 万双，占据了埃及国内旅游鞋市场的半壁江山。③ 埃塞俄比亚的丽水籍浙商邹海波于 2009 年在当地做起服装贸易，积累一定资本后便开办了服装厂，生产"海波"牌服装，工厂的员工多为当地人，接近千人，年销量在 1 亿到 2 亿元人民币。④ 截至 2017 年，温州籍浙商已在非洲 15 个国家投资开办企业。

5. 港台地区浙商的发展概况

港台地区的浙商在发展初期便因雄厚的资金实力和经营者自身的高文化素养，经营企业多较为成功，在此良好开局的基础上，到 20 世纪六七十年代，企业为寻求更大的发展空间，纷纷开拓海外市场，从而呈现出规模化、集团化、跨国化的特征。宁波人包从兴，1948 年赴港创业，经营电子、纺织等行业，之后将业务拓展到非洲，1960 年在加纳开办纺织厂，至 90 年代发展为大型企业集团，成为非洲大陆纺织业之冠，并在东南亚等地拥有实业投资。鄞县籍浙商李达三，1949 年赴港后相继取得了声宝牌

---

① 李萍：《非洲的华人华侨》，《今日中国》2005 年第 1 期。
② 欧亚非：《埃及华侨华人经济发展现状》，载吕伟雄主编《海外华人社会新透视》，岭南学术出版社 2005 年版，第 124—125 页。
③ 刘华：《"埃及鞋王"李传法：出乡要随俗》，《21 世纪经济报道》2007 年 6 月 20 日。
④ 徐建国、徐健：《勇闯非洲 浙商眼里处处是商机》，《钱江晚报》2018 年 7 月 18 日。

(SHARP)电器产品香港地区、新加坡和马来西亚的总代理权,并和日本声宝公司合资成立声宝—乐声(香港)有限公司,在马来西亚建立了庞大的生产基地,生产电视机、音响器材、录像机、数码摄像机、高科技组合件等电器产品。80年代后期,又进军海外酒店业,成立卡尔顿酒店集团,不到十年时间内,在世界各地新建和收购了7家高水平的酒店,李达三一跃成为闻名遐迩的酒店业巨子。

1990年,香港十大富豪中浙商就占了三位,分别是包玉刚、邵逸夫、陈廷骅,这也足以说明浙商在香港经济中举足轻重的地位。祖籍宁波的包玉刚,1949年前往香港后筹集资金投向航运业,发展至70年代后期,其经营的环球航运集团已成为一家拥有载重达1377万吨的大型企业集团,其本人因此成为"世界船王"。祖籍浙江慈溪的吴光正,作为包玉刚的女婿,也是其事业上得力的助手,在1981年协助包玉刚成功收购九龙仓集团后,于1986年成为包玉刚事业的接班人,出任隆丰国际和九龙仓集团主席,主要业务为地产投资、通信、媒体及娱乐、物流和投资,在2018年《福布斯》全球亿万富豪榜上,吴光正以净资产122亿美元排在第122位。[①]邵逸夫在20世纪80年代以后继续其影视事业的同时,还投资房产物业。陈廷骅的南丰集团在20世纪80年代纺织业不景气的情况下,大举投资地产业,大获成功,2012年净资产达到26亿美元。[②]陈廷骅女儿陈慧慧接手南丰集团后,发展态势良好,在2018年《福布斯》全球亿万富豪榜上,陈慧慧以24亿美元的净资产位居第1020位。[③]

在2018年《福布斯》全球亿万富豪榜上,上榜的香港浙商还有董建华、董建成兄弟。董建华、董建成兄弟经营的"东方海外"由他们的父亲、祖籍舟山的董浩云于1947年创建,70年代在香港上市,至70年代末,董浩云已成为世界"船王"之一。然而,1985年,东方海外因经营策略失误陷入财务危机,董建华对公司进行重组,在其努力下,到90年

[①] "The World's Billionaires," 2018 list, 2018/03/06, Forbes, https://www.forbes.com/billionaires/list/.
[②] 2012年福布斯全球富豪榜榜单,2012年3月6日,网易,http://money.163.com/special/forbes2012/.
[③] "The World's Billionaires," 2018 list, 2018/03/06, Forbes, https://www.forbes.com/billionaires/list/.

代初，终于扭亏为盈。1997 年，董建华弟弟董建成接掌东方海外，在他领导下，业绩从 2003 年起开始有大的增长，并将资本投向地产、航空、交通、金融等领域，东方海外以非凡的实力再度崛起。在 2018 年《福布斯》全球亿万富豪榜上，董建成以 28 亿美元的净资产位居第 859 位，董建华以净资产 22 亿美元位居第 1103 位。①

也有浙商在积累公司管理经验的基础上进行创业。1949 年，赴美留学的宁波人张忠谋，毕业后在美国的德州仪器（Texas Instruments，TI）任职，一直做到公司副总裁职务。1985 年辞去职务返回台湾地区，于 1987 年在新竹科技园创建台湾积体电路制造股份有限公司（台积电），并迅速发展为台湾半导体业的领头羊。

第二节　海外浙商的行业结构和经营特色

一　海外浙商的行业结构

20 世纪 70 年代之前，海外浙商资本主要集中在餐饮业、皮革业、零售杂货业、纺织服装业、航运业等领域。随着老一代海外浙商资本额的累积及新一代海外浙商的崛起，为谋求更大的发展空间，不断进入新的产业领域，到 20 世纪 90 年代，海外浙商资本已经遍及消费品制造业、休闲娱乐业、商业服务业、房地产业、进出口贸易业、电子及信息产业等诸多领域。由于各个国家或地区经营环境、政策及经济发展水平的差异，浙商所从事的行业结构又呈现出对不同领域的倚重。欧洲的浙商虽仍以餐饮业、皮革和服装制造业、进出口贸易业等行业为主，但经营领域已明显拓宽，已有资本进入房地产、旅游业、跨境电子商务、物流、传媒业等领域；美洲的浙商中，高新技术产业领域发展得较快；非洲的浙商除了大力发展进出口贸易外，投资从事消费品制造业也是增长最快的；亚洲的浙商相对而言人数较少，主要还是以从事进出口贸易业和轻工业商品的制造业为主。

---

① "The World's Billionaires," 2018 list, 2018/03/06, Forbes, https：//www.forbes.com/billionaires/list/.

（一）餐饮业

海外浙商从事餐饮业的历史最早可追溯到 20 世纪初期，发展到今天，可谓形成行业方面的规模优势和效应，且依然是海外浙商从事的支柱性产业。根据浙江省侨办统计，海外浙商从事的行业，分布比重最大的便是餐饮业，加上住宿业，比重达 32.67%。根据中国社科院《中国餐饮产业发展报告（2015）》的估算，海外浙商经营的餐馆在 5 万家左右。可见，餐饮业在海外浙商经济中所占分量之重。

海外浙商经营的餐饮业大体上分为以下几种类型：第一种即开设小型快餐店，以向华人和少数当地人提供快餐和外卖为主。这类餐馆所需启动资金少，入行门槛低，很受新移民的欢迎，因而成为众多以新移民身份出去的资金有限的浙商投资的首选。为获得有限的生存空间，他们通常采取低价促销和竞争的形式，利润空间不大。其中不排除一部分餐馆处于惨淡经营的状况，但也不可否认，很多浙江新移民正是从自己经营的餐馆中攫取了日后发展的第一桶金。

第二种类型即提升餐馆的层次，将餐馆定位为中高端客户人群，走高端消费路线，并最终走向餐饮企业的集团化和国际化。如 1974 年前往西班牙的青田人陈建欣，先是在荷兰开设中餐馆，1986 年在西班牙又开设了"京城酒家"，并于 1990 年创立了以"禅"命名的餐饮集团，开创一条精致化、高端化、连锁化的餐饮之路。该餐饮集团精选中国及东南亚国家的有名菜肴，菜品精致可口，餐厅装修将中西文化有机地融合，既融入传统中国文化的元素，又符合西方现代的审美标准，整体显得雅致高档。由于集团定位准确，追求特色经营，并且勇于开拓，在陈建欣和儿子陈海晓的管理下，已发展成为西班牙颇具盛名的餐饮集团，旗下拥有各种特色亚洲餐厅十几家，其中最著名的是皇马马德里伯纳乌主场的"禅"餐厅和维斯顿五星级酒店（Westin Palace）的"亚洲画廊"（Asia Gallery）。客人中除了普通民众之外，西班牙皇室、上层人士、世界级足球队员和皇家马德里队队员也都是经常光顾餐馆的座上嘉宾。陈建欣同时还经营旅行社业务，将旅游与餐饮有机结合。

与陈建欣的餐馆经营理念相类似，西班牙永嘉籍浙商戴东华则一直尝试提升中餐的地位和层次。戴东华于 1987 年旅居西班牙，1991 年开始经营中餐馆，经营过程中意识到中餐在当地并未能够获得它应有的地位，在实践中从中餐的技艺和餐馆的硬件设施等方面提升中餐的地位和层次。他一方面通过和西班牙名厨交流和切磋技艺，不时前往当地知名餐厅品尝观摩，有机地将传统中餐与当地菜系结合并创新，形成独具特色的新菜系；另一方面，在餐馆的硬件方面通过赋予文化意蕴的精心装修，于2000年将饭店的经营面积扩大为500平方米的庭院式饭店：凯悦饭店2号，同时创设网站宣传中餐，由此，饭店赢得大批的客户。凯悦饭店2号在获得当地各种媒体广泛关注和报道后，影响力更是进一步扩大，甚至连邻国安道尔的客人也慕名而来。2005年，"凯悦饭店2号"入选为世界中国烹饪协会会员单位，同年被加泰罗尼亚厨师专业协会评为加泰罗尼亚地区唯一的"最佳亚洲餐厅"；2007年加泰罗尼亚餐饮业年度颁奖典礼上，"凯悦饭店2号"再一次获奖——"最佳年度融合菜奖"。2012年开始，"凯悦饭店2号"为西班牙电视5台的娱乐节目（SALVAME）提供美食赞助，以期通过电视媒体让更多的西班牙人认识到中餐的价值所在。

随着中国公民出境游的兴起，很多浙商开设的中高档餐馆将来自大陆的游客纳入他们的业务范围，并做起旅游团队餐生意。由此带动浙商进入相关的旅馆业、旅游公司之类等与旅游相关的行业，从而形成餐饮、旅馆、旅游一条龙的服务。

当然，浙商从事的餐饮行业多数虽以经营中餐为主，但经过多年的市场探索，其本身早已不再局限于中餐的领域，而是结合住在国当地居民的口味，或者是将纯正中餐进行适合当地居民口味的改良，或是直接经营诸如日本料理、西餐等其他国家的饮食。如20世纪80年代前往德国的青田人金岳祺，从在中餐馆打工做起，经过三十多年的奋斗，至今已在德国哈尔茨商区开设了十多家中餐馆，经营的中餐融入德国人的口味，很受当地人的喜爱。可见，浙商从事的餐饮业已非开设中餐馆的代名词，而是根据住在国的不同市场需求，进行了相应的改动和调整，以更好地运作自己的餐饮事业。

（二）皮革业

皮革业是海外浙商占据主导优势的产业。20世纪80年代末，随着浙江新移民大量移居欧洲，欧洲华人的皮革业也迎来了一个新的飞跃发展时期，尤其是在法国、意大利两国。原先犹太人在皮革业中的优势地位被温州人取而代之。在法国，从事皮革业的几乎全是温州人，他们大多集中在巴黎3区的庙街（Rue de Temple），目前从事皮革批发生意的华商有600多家。① 在意大利，从20世纪90年代开始，佛罗伦萨的皮革制造业发展非常迅速，在佛罗伦萨市郊普拉托形成了以温州籍浙商为主导的规模庞大的"中国皮包城"，并有上千家温州人开办的皮革、箱包工场。其中从事箱包生产的华商工场就有上千家之多，这些箱包工场的老板，均为温州籍浙商。据意大利《欧洲侨报》编译报道，意大利佛罗伦萨的皮革业世界闻名，但来自有关部门的统计数字显示，真正由意大利人掌管的皮革企业只占1/3，而55％的皮革企业由华人掌管，② 基本上都是温州籍和青田籍浙商。

浙商开设的皮革工场多数还是以家庭为单位的小作坊，少则三五台缝纫机，多则数十台缝纫机，生产的也都是中低端产品，因其成本低廉，因而也具有一定的竞争力。但受生产技术和规模的限制，多数工场只能接到中低档工件。也有部分浙商通过聘请高级技工、车工来为意大利的世界知名品牌厂商进行加工。

（三）纺织服装业

浙商在世界各地尤其是欧洲的纺织服装行业中具有较为明显的优势。浙商在欧洲经营纺织服装行业是从20世纪80年代末开始的，之后发展非常迅猛，由单一的服装加工发展到现今包括服装面料研发、印染、设计及相关饰品的配套，构建了一个庞大综合的服装产业集群。以意大利为例，普拉托市是意大利的纺织工业中心。90年代之前，普拉托的伊欧拉和达沃拉工业区都是意大利著名的服装生产批发基地。但进入90年代后，这里的工厂相继被温州籍海外浙商收购。他们买下工厂后，聘请意大利本土设计师负责专业的设计、打样，制作成衣，工厂的工作人员除了设计师外，聘用的都是华人，生产面料多半从中国进口，因而款式新潮时尚，价格便

---

① 杨圣祺：《法国华人经济的特点及发展趋势》，载吕伟雄主编《海外华人社会新观察》，岭南美术出版社2004年版，第46页。
② 林夕：《华人涉足佛罗伦萨特色产业 掌管55％皮革企业》，2009年5月18日，中国新闻网，http://www.chinanews.com/hr/hr-ozhrxw/news/2009/05-18/1695859.shtml。

宜，很受欧洲市场的欢迎，订单一路看涨，有的服装甚至再卖回中国大陆或亚洲，从而形成良性的市场循环。到 2008 年，据普拉托工商行政管理部门和商标注册机构的统计，伊欧拉和达沃拉两大服装中心有 70% 的企业主为华侨华人（其中绝大部分又为温州籍浙商），这些企业不仅承担该地区 95% 以上的服装加工，且打破来料加工的格局，还分别拥有自己的品牌，他们完全替代了老牌的意大利企业，成为意大利服装市场的新秀。仅伊欧拉工业区内，3500 家企业中的 3000 家左右均为以浙商为主的华商所控制。① 可以说，海外浙商基本上控制了这里的低端服装生产。当然，其中不乏浙商具有长远的发展眼光和品牌意识。如在意大利企业界拥有较高知名度和影响力的 GIUPEL S. P. A. 集团公司，就是由 80 年代末到意大利的温州籍浙商徐秋林在普拉托创办的服装企业，主要生产高级皮装、时装及品牌服装，产品远销世界各地，并在欧洲众多国家和美国有产品代理商，在上海、杭州也设有公司的办事机构。徐秋林也是普拉托地区第一位在"意大利工业家联合会"登记注册的华人企业家。

在欧洲以外的地区，也有海外浙商经营纺织服装业，但规模和数量都没有形成优势。

（四）进出口贸易业

依托中国制造的背景，进出口贸易业在 20 世纪 80 年代中后期开始兴起，可谓近年来海外浙商经济最重要的组成部分。浙商的进出口贸易可以毫不夸张地说，遍及世界各个角落，在北美、南美、中南美洲、大洋洲、欧洲及非洲众多国家都有海外浙商从事进出口贸易的足迹。截至 2010 年，仅青田一地，就有 5 万多人从事进出口贸易，每年的贸易额达 100 多亿美元。② 他们实行"前店后厂"（前店就是在欧洲设置自己的设计批发转运中心，后厂就是在青田或在国内其他地区自己投资办厂，组织生产）方式，形成最佳组合，在中国的义乌、晋江、广州和欧洲、非洲、南美洲的批发市场上，快速地编织起一条条贸易通道，③"把中国国内产品生产和国

---

① 徐华炳：《意大利普拉托的中国移民社会调查》，《八桂侨刊》2009 年第 2 期。
② 《华侨之乡青田迎来 1300 岁生日》，《钱江晚报》2011 年 7 月 10 日。
③ 郭剑波：《青田籍新华侨华人研究初步报告》，第 369 页。

际贸易链接成一体"①。他们将中国制造的服装、鞋子、纺织品、小商品等大量出口到住在国，或零售或批发，虽然贸易风险远远高于餐饮业，但因所获利润颇丰，吸引了众多海外浙商纷纷投资经营。温州籍浙商李欣瑜于1996年用其在洪都拉斯经商所积攒的资金，在西班牙购买下一个面积达3000多平方米的仓库成立了"西班牙安达贸易公司"，从事进出口贸易业务。其经营的以家庭日用品为主的商品大多在中国采购，因此与国内300多家工厂有合作关系，涉及3000多个品种，经销的商品由于品种齐全，经营战略得当，在整个南欧市场占有一定的份额。像李欣瑜这般从事进出口贸易的浙商，在东欧、南欧、西亚、美洲及大洋洲、非洲等地可谓形成了一道独到的风景线，在这些地方聚集了大量的进出口贸易公司。据不完全统计，仅在南非，从事进出口贸易的浙商就超过5000人，大部分小商品来自浙江，80%的产品"Made in China"②。在意大利，海外浙商开办的国际贸易进出口批发公司达3000多家。③

如果说20世纪90年代浙商从事进出口贸易的重点区域在传统的欧洲、美洲等地的话，那么，进入21世纪，浙商的进出口贸易范围扩大至中东、大洋洲。陈志远即为其中的经典代表人物，以在地摊上贩卖温州小商品起家的他，在2000年筹建了迪拜的第一个中国商品城，吸引了上百家温州籍浙商入驻，专门从事中国商品的经销。在经营中国商品城大获成功后，陈志远还建立了中国轻工城和志远鞋城等大型贸易市场。商品也主要以浙江制造为主，涉及五金电器、皮鞋、箱包、打火机、灯具等各类轻工业产品。截至2010年，在迪拜的海外浙商人数达1万人左右，④其中多数以从事贸易为主，从义乌小商品市场每年发往迪拜等地的商品货值超过2亿美元。⑤在迪拜"龙城"商品市场的4000多个商铺中，有700多个是浙商的

---

① [美]赵小建：《从纽约到罗马——海外温州人经商理念、创业模式和运作特点探析》，《华侨华人历史研究》2016年第1期。
② 张妍婷：《五千浙商闯南非，捅破中国制造低价"天花板"》，《钱江晚报》2012年8月9日。
③ 叶积正：《温州侨商争做"一带一路"领航人》，《中华工商时报》2017年6月5日。
④ 《陈志远：温州人在迪拜大有可为》，《温州商报》2010年6月25日。
⑤ 李冰峰：《金融危机如浪潮般涌来 迪拜市场还值得坚守吗？》，《金华日报》2009年5月12日。

商铺。①

海外浙商从事的进出口贸易业大多倚赖住在国或者自主建立的贸易商城作为其经营销售的平台，因此，自20世纪90年代以来，在世界各地出现了诸多知名的销售中国制造的商品贸易城，这种进出口贸易经营的模式至今仍为海外浙商在不同的国家复制和发展着，虽然这种传统的贸易经营模式面临电子商务的竞争和冲击，但海外浙商也紧跟时代步伐，不断地在传统的贸易经营模式中注入互联网因素，以期寻求新的突破。

（五）高新技术产业

进入20世纪80年代，伴随着新移民教育程度的提高，出现了一批高学历、高素质的浙商，他们抛开浙商传统的投资领域，适应住在国科技发展的潮流和形势，应用知识创业，高新技术产业遂成为浙商投资的另一重要行业。祖籍浙江丽水的李宗南在台湾地区接受高等教育后，留学美国并获得博士学位，即进入美国高科技产业界工作。1981年创办美国最早的通信专业创业投资公司：Lee & Satterlee高科技创业投资公司，1985年，创办第一个由华人成立的创业投资基金Abacus Ventures，该基金专注于电信业和信息产业的投资。宁波人朱敏1984年留学美国后，开始了在美国的创业生涯，其投资领域均为软件、信息等高新科技产业，是美国最大的风险投资公司之一——NEA公司的合伙人，迄今为止已投资了500多家高科技公司。其在1996年创建的WebEx（网讯）公司于2000年在纳斯达克成功上市，市值高达十几亿美元。美国温州籍浙商王珏于2000年创立S&L航空金属公司，成功进入航空领域，为美国的军用飞机提供起落架及配件，2006年获得当年度美国"50杰出亚裔企业家"称号。新加坡乐清籍浙商张虔生，和弟弟张洪本于1984年成立日月光集团，主营半导体封测产业，企业相继在中国台湾和美国上市，经过系列并购，2003年超越韩国安靠成为全球最大的半导体封装测试公司，约占全球7%的市场份额，在2018年《福布斯》全球亿万富豪榜上，张虔生以29亿美元的资产位居第822位。② 张虔生在大陆的子公司环旭电子于2012年在上海证交所上市。

---

① 裘一伦：《浙商抱团下沙漠奇迹》，《人民日报·海外版》2017年4月20日。
② "The World's Billionaires," 2018 list, 2018/03/06, Forbes, https://www.forbes.com/billionaires/list/.

由于高新科技行业对浙商的综合素养要求相当高,风险系数也大,投资门槛很高,这就将大多数浙商拒之门外。但随着新移民中海外留学人员的日益增多,整体知识素养得到提升,将会有更多的浙商跳出之前固有的传统投资领域,转向技术含量高的投资领域。

(六) 超市业、房地产业等其他行业

新移民由于受资金制约的影响,初到异国时,有相当一部分人士以流动商贩的形式销售小商品,在积累一定资金后,转而经营超市业。在纽约,温州籍浙商经营的超市在华人社区处于主导地位。从曼哈顿华埠到皇后区法拉盛、布鲁克林第八大道,随处可见海外浙商开设的大型超市。尤其是在法拉盛和布鲁克林第八大道,超市老板几乎清一色是温州人。其中规模较大的中美超市集团、大丰超市、金丰超市,因为价廉物美,吸引了各族裔的顾客前来购买。2017年,张利惠已开出大中华超市的第17家分店。在前期成功经营的基础上,浙商在近几年来开始将超市开进纽约长岛地区,新泽西州爱迪生、普林斯顿地区,还有康涅狄格州纽黑文地区等这些以中产阶级为主的居住区,针对这些人士品位高、购买力强的特点,开设适合他们需求的大型超市。因此,浙商所从事的超市业已逐渐走出之前华商零售杂货的情形,将现代化的企业管理运作模式运用到超市的经营管理中,并朝着企业化、集团化、连锁经营和多元化的方向前进。

海外浙商从20世纪70年代开始涉足房地产业。较早进入该领域、发展较为成功的有美国宁波籍浙商张济民的西湖投资管理公司,日本奉化籍浙商孙忠利的孙氏企业集团等,这是海外浙商中为数不多的以投资房地产业为主,且经营规模较大、获利丰厚的代表。还有部分资本实力雄厚的浙商,在庞大的多元化经营中,将房地产业作为其重要的投资领域之一。如张虔生在台湾拥有上市房地产开发公司宏璟建设之外,还在大陆成立鼎固房地产控股有限公司,涉足商业地产及住宅业。

更多海外浙商进入房地产业,是在20世纪90年代中后期,伴随着他们原先从事产业所带来的收益,将闲置资金投入房地产业。在欧洲和美洲、大洋洲,均有海外浙商涉足房地产业。如在温州人超市业聚集的纽约皇后区法拉盛,很多人购置双拼别墅或价值百万美元以上的豪宅别墅以进行投资获利。除了购买住宅外,还涉足商业楼盘。由于投资房产所需资金庞大，且风险系数高，因此，并未成为海外浙商投资的主流行业。

二 海外浙商的经营特色

（一）资本高度集中于劳动密集型、技术含量低的传统产业

早在 20 世纪二三十年代，海外浙商所从事的行业就以餐饮业、皮革加工业为主。历经大半个世纪的发展，餐饮业、纺织服装业和皮革加工业依然是海外浙商赖以生存和发展的支柱性产业。无论是在美洲还是在欧洲，餐饮业都是浙商参与最多的行业。这既有传统的影响，也与餐饮业的入行门槛低、风险小密切相关。无须多少资本，只要租下店面，一户移民家庭便可撑起一家小餐馆。因此，餐饮业成为众多奔赴海外首次创业的浙江新移民的首选。在前期经营餐饮业较为成功的基础上，部分海外浙商多会选择扩大经营，从餐馆选址、内部装修、原料采购配送、食品品质及服务等方面全方位提升餐馆层次，以融入住在国的主流餐饮业中。就从事餐饮业的海外浙商群体而言，绝大多数餐馆都停留在中小规模、各自分散独立经营的状态，走集团化、国际化连锁经营的海外浙商还是极少数。

与餐饮业的经营状况相类似，海外浙商的另外两大支柱产业：纺织服装业和皮革加工业，也都属于劳动密集型且无须多少技术含量的行业。海外浙商胜在雇佣的劳动力，多为通过移民网络源源不断到来的同乡，成本较为低廉；加上经常超负荷地赶工，以"价格优势"取胜。在南欧，海外浙商在这三个传统行业中都具有明显的竞争优势，但从事的行业过于同质化，使得浙商内部的竞争又异常激烈，而且这种劳动密集型且技术含量低的行业不利于海外浙商的长远发展和经营风险的分散。

除了传统行业外，海外浙商在 20 世纪 90 年代以来投资经营领域也呈现多元化的趋势，在进出口贸易业和超市业的表现令人瞩目。由于浙江本就拥有众多民营企业和小商品市场，众多海外浙商先是将浙江制造的产品大量出口到住在国，依托在住在国成立的中国商品销售市场开展批发或零售业务。由于超市业对语言和资金的要求都不高，陆续进入超市业发展的海外浙商成绩斐然，依靠整洁、干净和高性价比的商品优势赢得了众多客户，因而在美国、巴西、南欧等地，超市数量和规模都在不断地增加中，品质也日渐提升。

虽然海外浙商所从事的行业已从传统的餐饮业、纺织服装业和皮革加工业扩展至进出口贸易业、超市业、旅游业、装饰维修业、物流运输业、房地产业和电子信息业、传媒业等产业领域，但以技术含量低、劳动密集型为特征的行业依然是海外浙商从事的主流产业，而对知识技术要求甚高的高新技术产业领域，海外浙商由于自身所受教育程度制约，从业人员极为有限。这就在很大程度上限制和制约了海外浙商资本的跨越式发展。

（二）以传统的家族企业经营模式为主

早期海外浙商大多从夫妻、父子或兄弟起家，经过多年的创业奋斗，经济形式由原先的小商贩向工商实业过渡，通过侨乡特有的移民网络，陆续将其家人、亲戚、朋友迁移至其住在国，共同经营已有的事业，在管理方式上，海外浙商大多实行传统的家族企业经营模式，倾向于通过华人商贸网络来开展经济活动。海外浙商所从事的主要行业，决定了其所创办的纺织服装、皮革制造加工等主体企业大多为粗放型的中小企业。为节约成本、方便管理及华商囿于自身商贸网络的特点，企业招收员工多为华人，由此形成以家族为核心的华人企业。浙商在创业初始，一切从节约费用出发，所有的管理工作都由家族企业内部成员完成，很少再另聘他人，"与其他法国人或犹太人不同，他们不会请外人做会计或员工，所有管理都是夫妻俩加上孩子来完成。正是基于这种需要，温州人的到来都是滚雪球似的，生意不断扩大，他们不断从家乡找来兄弟姐妹一起做，所以很多人出来的时候孑然一身，回乡探亲时已经是妻儿亲戚十几口人"[①]。企业在扩大经营后，虽然员工的数量不断地增加，但决策成员依然是之前的家族核心成员。

浙江文成籍人士胡允迪的胡氏家族便是众多海外浙商家族经济集团中的一员。胡允迪于1933年前往意大利，从摆地摊谋生到创办皮革加工厂，攒下一定基业后，从1958年开始陆续将家眷带往意大利。在他的帮助下，家族直系四代共计47人分居在意大利、荷兰、法国，从事餐饮业和进出口贸易等行业，旅居海外的胡氏本家族成员也已多达500余人。至90年代中期，胡氏家族成员在米兰创办了胡氏集团，旗下有：米兰意达食品贸

---

① 陈东：《中国浙商在巴黎》，《大陆桥视野》2006年第10期。

易公司、罗马胡氏贸易公司、米兰门市部和都灵东方贸易公司，构建了一个以胡氏家族为核心的经济集团，内部的商业运作也以家族企业的经营模式展开运营。

胡氏家族经济集团代表了当下众多海外浙商的生存状态，依托固有的移民链展开的移民，多以亲戚、乡邻关系为纽带，在先期海外浙商的示范下，以家族成员为核心，开展各种商业贸易活动。海外浙商经过多年发展形成的家族经济集团，在很大程度上象征着经济实力的大幅提升。企业所采用的所有权和经营权未分离的家族企业经营管理模式，在海外浙商创业初始阶段，对于降低企业成本、提高效率方面是功不可没的，但海外浙商所形成的家族经济集团，大多属于中小规模，在经营权和所有权并未分离的前提下，企业负责人的决策非常关键，一旦他们决策出现失误，企业之前打下的基业可能就会瞬间流失，这在很大程度上会影响海外浙商企业朝着现代化规范大公司发展。随着企业经营的规模化和集团化趋势的出现，部分海外浙商开始摆脱这种传统的经营方式，引入股份制，尝试以现代企业制度来提升和改革创新企业，从而实现企业更为广阔的发展前景。这正如以家族企业为主的海外闽商般，在企业发展至一定规模时，虽然仍以家族企业为其主要经营模式，但因引入现代企业制度实现经营权和所有权的分离，使得企业的经营管理更具科学性，为企业的可持续发展奠定良好的基础。新加坡丰隆集团的郭令明（福建籍），在经营企业的理念上，就坚持决策人必须懂得将生意交给专业人士管理，而不能只掌握在家族成员手中，因此，在丰隆集团，大多数高级管理人员都是郭氏家族成员之外的专业人士。

（三）以"中国制造"为其重要依托，跨国化经营成为常态

早期的海外浙商，尤其是在 20 世纪 40 年代中后期前往港台地区发展的浙商，因良好的发展根基、雄厚的资本实力及本身较高的文化素养，到六七十年代后，企业获得了空前的发展，原有的市场已无法满足他们进一步发展的需求，于是努力开拓和寻求更大的海外市场，在港台地区以外的国家和地区设立分厂和机构，开始跨国化的经营。如果说这时期可以实现跨国经营的海外浙商，多以经济实力异常雄厚为其主要特征，其跨国发展无疑是更大规模地拓展市场，寻求企业的国际化发展的话，那么到 80 年

代中后期尤其是 90 年代以来，海外浙商的跨国化经营逐渐发展成为一种常态，这与他们自身经济实力大小如何并无太多关联，而是因为他们所处的时代环境，即在经济全球化发展的浪潮中，海外浙商的经贸网络已无法局限在原有的小圈子中开展，于是主动顺应形势发展的潮流，从而极大地拓展了他们活动的区域和范围。

以欧洲新移民中的海外浙商为例。他们大多在 20 世纪 70 年代中后期进入先辈创业人数较多的荷兰、比利时、西德、法国、意大利和西班牙等西欧和南欧国家。在当地站稳脚跟后，为寻求更多的商业机会，他们中的一部分人开始脱离已有的商业圈，前往欧洲其他国家如葡萄牙、奥地利等国发展。在 1990 年东欧剧变前后，一部分人又及时捕捉商机，前往罗马尼亚、捷克、波兰、匈牙利等东欧国家创业。在利润的驱动下，善于抓住商机的海外浙商，利用欧盟一体化的便利条件游走于欧洲各国来发展壮大自身的实力。在传统产业之外，根据当地国家的实际需求，开展中国与这些国家间的进出口贸易，一时间，东欧、南欧、西欧各国出现了大量海外浙商经营批发中国商品的各类市场。如温州籍浙商金建敏 2002 年收购创建的波兰华沙中国城，有 1000 多家企业入驻其中，其中华商企业占到 35% 左右，大部分是温州籍海外浙商，产品有一半来自中国，温州商品又占了其中一半。①

"中国制造"的大量出口，也使得海外浙商在住在国从事的制造业生产优势渐已失去，因而他们改变以往的经营策略，在中国内地开设工厂，生产皮具、服装等，再将成品运回住在国销售，获利更丰。另有部分海外浙商在取得成功的经验后，看好中国市场，从 20 世纪 90 年代中后期开始，纷纷将资金投向国内市场，将国内市场视作其事业重要的一部分。他们将投资领域从传统的餐饮、酒店、服装加工等行业拓展到电子信息、工业制造、生物科技等领域，将商业资本转化为产业资本。

因此，当代海外浙商在经济全球化背景下，在利益驱动下，紧追时代潮流和步伐，突破国与国之间的限制，游走于各国之间，将自己做大做强，并充分利用祖籍地的优势资源，将以出口中国商品为主的进出口贸易

---

① 夏晶莹:《温州人掌舵欧洲最大商城——访波兰华沙中国城"城主"金建敏》,《温州日报》2011 年 3 月 3 日。

业拓展到世界各地。同时，还将投资视野重新转移至迅速发展壮大的中国，这完全突破了之前老一辈海外浙商受限于资本、环境等因素而局限于狭小的地域范畴，跨国发展成为一种常态。

第三节 海外浙商的地域文化、特点及存在问题

一 浙江地域文化的基本形态

海外浙商，与国内浙商一样，深受浙江地域文化的影响。浙江地域文化是把中国传统儒家文化和海洋文化结合在一起的文化，正是这种独特的地域文化，形成了浙商的商业文化。

浙江地处东南沿海，拥有众多港阔水深的天然良港，自古以来便与邻近的日本、朝鲜等国贸易往来密切。有利的海洋贸易环境，使得中外文化的交流和碰撞在浙江这片土地上交融、汇集。自唐代以来，浙江的造船业获得了较大的发展，与周边诸国的贸易往来也日渐频繁。宋元时期，随着经济中心的逐渐南移，浙江各港口的对外贸易趋于活跃，贸易范围也从原先的东亚海域扩展到占城、暹罗、三佛齐等东南亚国家和西亚阿拉伯诸国，民间的海上贸易也非常活跃。明清两朝政府不时颁布海禁法令，严厉禁止商民出海贸易，但浙江各港口的私人海上贸易从未间断。浙江双屿港的兴起可谓明朝政府严厉"海禁"政策下私人海上贸易兴旺的重要见证。至清康熙二十三年（1684）开"海禁"，浙江的私人海上贸易再度趋于活跃，尤其是在和日本的贸易往来中占据了一定的优势地位。在长期的对外贸易往来中，形成了浙江的区域海洋文化。出海商民在波涛汹涌的大海中作业、航海所涉及的多种复杂工艺和技巧，通常需要众人彼此合作才能战胜各种困难和达到预期目的，在这种环境中，浙江海洋文化显示出较强的团队协作和互助性的特点，只有团结互助，才能在复杂的经营环境中求得生存与发展。海上作业航行在互助合作的基础上，更需舵手纵览全局，反应灵敏以随时应对意外之险。表现在经营策略上，海外浙商对市场需求高度敏感，善于捕捉商机顺势而上，遇事多采取灵活变通的形式来加以协调和处理。

东汉以来，浙江的越人和汉人不断融合，并且移植了北方士族带来的

先进的中原文明。原先蛮夷之地的浙江批判性地吸收了大量的中原文化，同时也在中原文化经历与当地文化的冲突交融后，初步接纳了中原儒家文化。但由于文化活动本身具有的高度垄断性，儒家文化在浙江并未能够占据优势地位。也因此，浙江所受的儒家伦理道德的束缚没有像中原地区省份那样严重，个体的思想更具灵活性和开放性。自唐代开始，随着江南生丝业、造船业和陶瓷业等手工业的发展，浙江的商品经济也开始呈现迅速发展的态势。发达的商品经济和先进的造船技术为浙江人从事海外贸易提供了充足的商品物资来源和开展贸易的必要条件。为进一步拓展自我生存发展的空间，追求更多的利润和价值，浙江人利用有利的海洋资源优势，纷纷走向海洋，长此以往，在浙江尤其是东南沿海各地，逐渐形成极具特色的区域商业文化传统：敢于冒险、勇于挑战、开拓进取、重视工商、讲究实际、不事浮华，并培养了一种开放型和扩散性兼具的思维模式，即不安于现状，冲出土地走向海洋，奔走于四方。

在浙江悠久的海上贸易活动和商品经济发展的基础上，产生了与其相适应的有别于传统儒家文化的地域文化。浙东学派的两大分支：以叶适为代表的"永嘉学派"，反对儒家正统的"重农抑商"思想，建议"以国家之力扶持商贾"[①]；以吕祖谦为代表的"金华学派"，反对空谈，主张经世致用。王阳明也主张大力发展工商业。清初，浙东学派的代表人物黄宗羲更是提出了"工商皆本"的思想。可见，浙江地域文化中的重商、实用的思想是一脉相承并有其可溯的历史渊源。

二　海外浙商的特点

综观浙商，无论是国内浙商还是海外浙商，他们作为一支商帮群体，所具有的吃苦耐劳、坚忍不拔、勇于冒险、灵活机变、敢为人先、善抓机遇、诚信务实等特点是他们所具有的共性，也是浙江地域文化在他们身上的生动展现。海外浙商，虽然已取得住在国国籍或长期侨居海外，但在其身上，或多或少地受到浙江地域文化和传统的影响。他们在一个相对陌生的国度中创业、发展，通常会选择主动地去适应住在国的环境、制度和文

---

① （宋）叶适：《习学记言序目》卷十九《史记一》，中华书局1977年版，第273页。

化，从而形成固有的较为经典的一种生存状态。与此同时，已有的文化属性不自觉地在这个过程中显现出来，不可避免的，他们身上依然带着浓厚的浙江商人的特性。

（一）大多采取抱团合作的形式互助创业

改革开放以来前往世界各地寻找商机的海外浙商，在独立创业之前多有各自不同的身份：农民、工人、手工业者、会计、个体商人等。到达住在国之后，或经商或打工，无论开始扮演什么样的角色，最终的目标都一样，即自己做老板。与其他海外商帮相比非常幸运的是，海外浙江人自己要做老板，无须非得经过多年的辛苦劳作赚得很多资金后才能独立创业。因为在海外浙江人中，彼此的互助精神特别浓厚。有人看好某个行业，经过全方位考察后决定创业但手头资金缺乏时，亲戚朋友往往会倾囊相助。这种为创业者提供启动资金的行为在海外浙江人中已成为固有的操作模式，被称之为"会"，也叫自助会或者是互助会，是海外浙江人以血缘、地缘和人缘为纽带组织起来的一种融资方式。但是它不是纯粹的友情互助形式，还兼有一些市场成分。朋友亲戚关系是前提，没有亲戚朋友，就建不了"会"，因为这种筹资形式是一种民间的非正式形式，没有现代法律契约的制约，因此如果没有可靠的信任保证，就没有人敢把钱交给他人使用。[①]"会"的运作模式都遵循基本的规则：由具备一定经济实力的人作为会首发起，规定本金额度和参会人员数量。本金由会员缴纳，会首负责管理并承担风险。通过竞标的方式，使资金发生流动。参标者每人提供一个标价，价最高者得标，得标者可以获得当期全部的会钱，并分期支付相应的利息，利息一般低于向银行借贷。这种"会"的方式体现了彼此之间的团结、互助和信任，为海外浙江人在短时期里获得启动资金进行创业提供了便利，也大大加速了众多的海外浙江人从之前各种不同身份向着海外浙商身份的转变。即使他们不懂住在国的语言、制度，依然可以凭借内部的社会网络获得发展。以"会"作为主要的融资方式在当下随着海外浙商资本实力日渐雄厚已较少操作，因为通过向富有的亲戚朋友直接借款即可实现筹资，即便如此，这并不影响他们维系着长期以来形成的经济互助或

---

① 王春光：《流动中的社会网络：温州人在巴黎和北京的行动方式》，《社会学研究》2000年第3期。

合作。

海外浙商所从事的行业结构基本相同，行业集中程度高，势必造成彼此之间存在着同质性的竞争关系。虽然如此，海外浙商之间非常团结，并不排斥其他浙商加入自己所从事的行业，相互帮忙凑集资金后，共同进军前景看好的某个产业。因而经常出现的一个情景，就是哪个行业赚钱，海外浙商就蜂拥而至，投入这个行业中。也就出现了很多海外浙商聚堆经营的市场、商业街，整个市场、整个街区的主体人群都是浙商构建的商业网络。资本实力雄厚的一般会建立一个商业城或大的市场，实力一般的就当店主，没有本钱的就当伙计，可谓各司其职，各得其所。在美国纽约皇后区和布鲁克林等区，几乎所有新兴的大超市都是温州籍海外浙商开办的，雇佣的人员也大多是浙江人。这些温州人非常团结，从没有发生过恶意竞争。[①]"一个人赚钱没有什么了不起，要让大家都能赚钱。"这是流行于海外浙商圈子里的一句名言，由此也可窥见他们之间强大的凝聚力。

基于血缘、地缘关系的海外浙商之间的团结互助、抱团合作的重要载体便是数量庞大的浙江商会。但凡海外浙商聚居人数较多的地方都有自发组织的商会，如温州商会、宁波商会等众多以地域命名的各种商会组织，为海外浙商之间的信息共享、互助互惠、抱团发展提供了良好的合作平台。和其他商帮建立的商会一样，海外浙商的商会虽然初始也是基于血缘和地缘关系建立起来的，但并不局限于此，它们能够与时俱进，紧跟时代潮流，在维护和协调海外浙商权益、整合行业资源及加强与政府之间联系和沟通等方面发挥着重要的作用，成为具有公信力的商会组织。

（二）"先打工、后当老板"为其基本的创业模式

海外浙商在经营初期，持有资金数量极为有限，但是异常的吃苦耐劳，每天超长时间、超负荷地工作，只要有生意做，可以几乎整年都不休息，每天干上十几小时已成为一种常态。他们的目标都相对一致，只要可以挣到钱，再苦再累都心甘情愿，而且从不以利小而不为，因此特别地务实和踏实，愿从小事做起，一步一个脚印地往前走。根据对意大利佛罗伦

[①] 建农：《四十万温州人闯世界》，《侨园》2004年第3期。

萨温商的问卷数据统计显示，94%的温商刚来佛罗伦萨时都是在亲属或他人的制包工厂里当学徒做工，积累了一定资本和做包技能后才自立门户①。先打工、后当老板是海外浙商基本的创业模式。为节约成本，起初的创业多以家庭手工作坊或者是流动摊贩形式展开。家庭手工作坊成员多为家人，租用一两间房屋，白天作为工作场地，晚上成为一家人就寝的地方。法国华侨华人会前会长林加者，初到法国创业时，曾经租过旧式楼房最便宜的20平方米左右的顶层小阁楼，白天一台机器不停地运转生产，晚上整理后便用来休息。林加者是无数海外浙商初始创业时所经历的辛劳创业一个典型。对于资金更为有限的创业者而言，他们能够选择的范围也就更加狭小，经营流动摊位便成为诸多创业者选择的重要形式。如在美国纽约经营超市业颇为成功的张利惠、吴宽和与虞锡龙，三人在1992年来美之前，在温州老家就是邻居，到美国后的发展路径也基本一致。先是通过在唐人街或地铁口售卖小商品、摆摊卖蔬菜攒下一些资金。在摆摊挣得第一笔资金后，便在超市租用一个摊位来经营，在资金积累到一定数额后，在唐人街独立创办大型的超市。创业初期，为了节约成本，张利惠既当老板又是伙计，凌晨一二点便前往批发市场进货。在第一家超市成功经营的基础上，扩大经营规模，又陆续创办多家大型连锁超市。短短的十几年，温州籍海外浙商的超市在纽约就达30多家，在华人社区居于优势地位，而他们中的大多数都是十几年前摆摊卖菜或售卖小商品的小商贩。温州人能够在台湾及广东帮长期占据主流的超市业中异军崛起，与他们来美之初甘愿忍受地狱般苦工的煎熬，积累资金后，又坚韧勇为地继续拼搏不息分不开，这种刻苦耐劳的创业精神，连广东籍的超市资深业者都深受感动。②他们在超市经营中积累丰厚资金和经验后，又投资其他行业，进行多元化经营。从海外浙商在美国经营超市业的发展路径来看，他们多从经营小型商业活动起家，在抱团发展过程中，共同进军某个产业，已在餐饮业、皮革业、纺织服装业、超市业及进出口贸易业等行业均具有较为明显的

---

① 周欢怀、张一力：《海外温商的群体特征及未来走向分析——以佛罗伦萨制包企业中的温商为例》，《温州大学学报·社会科学版》2014年第1期。
② 邓泰和：《美国华人超市走向大型多元化》，2007年2月6日，《地平线月刊》网，http://www.skylinemonthly.com/showInfo_gb.asp?id=1440&moduleid=0000800004&title=他乡故事。

优势。

（三）从事商业活动成为一种群体性行为

海外浙商从事商业活动与其宗族和在祖籍地的乡缘、地缘紧密联系在一起，从而使他们在海外的经营事业成为一种群体性行为，在此基础上，其经营企业的员工绝大多数与其宗族和祖籍地乡缘、地缘紧密联系在一起。这主要是基于三个方面的要素：一是传统宗法文化遗风与侨乡移民意识，推动海外浙商以裙带形式将其宗族成员带往海外。二是海外浙商的发展，使吸纳劳动力成为一种必需，而语言类似、地域相近的家乡人，因为文化相近没有语言交流障碍，易于相处管理，用工成本也低，便成为资本实力相对有限的海外浙商们争取的主要对象。三是海外浙商所从事的主要行业，决定了其所创办的纺织服装、皮革制造加工等企业大多是粗放型的劳动密集型中小企业，为节约成本、方便管理及华商囿于自身商贸网络的特点，企业招收员工多为华人，由此形成以家族为核心的华人企业。浙商在创业初始，一切从节约费用出发，所有的管理工作都由家族企业内部成员完成，很少再另聘他人。如温州乐清的一对夫妇，由华侨亲戚介绍到意大利，先在亲戚的工厂务工，有了积蓄，自己开了一家餐馆，需要帮手，又叫来国内的亲戚，这位亲戚有了资本自己又当老板，又带其自己的亲戚过来。十几年来，一共有七八十人而来。[①] 这些被带出来的人，多经历和重复着老板此前走过的道路，进行着高相似度的复制性创业，源源不断地加入海外浙商大军中来。企业在扩大经营后，虽然员工数量不断增加，但决策成员依然是之前的家族核心成员。

此外，海外浙商往往热衷于彼此互通信息，共享商机。一旦其在住在国发现合适的商机，他们便会毫无保留、毫不吝啬地将信息传递给祖籍地和其他国家的亲戚和老乡，善于捕捉商机的浙商便会从世界各地涌向商机所在地，相互帮忙凑集资金后，共同进军前景看好的某个产业，从而形成在某个行业具有一定优势地位的贸易产业链，也因此使得海外浙商的创业经营实际上成为一种群体性行为。在欧洲各国，自20世纪80年代中期以来，以浙商为主建立的大型商品批发市场就不下数十家。在法国巴黎，巴

---

① 龙登高：《跨越市场的障碍：海外华商在国家、制度与文化之间》，科学出版社2007年版，第82页。

黎三区、十一区、十二区、十三区、美丽城等地，则形成了诸多海外浙商聚堆经营的商业街，每条街道主营一种或数种商品，以群体的合力来增强商品的市场竞争力。海外浙商除了在商业领域进行群体性创业之外，在实业领域亦是如此。近20多年来海外浙商在意大利普拉托经营的纺织业的迅速崛起便是明证。作为欧洲著名纺织品集散地的普拉托，95%的纺织批发企业已被华人并购，其中大部分为温商。① 可以说，海外浙商基本上控制了当地低端服装生产。

三 当代海外浙商发展存在的主要问题

（一）主观方面缺乏开拓创新意识，客观方面受制于政策制约

欧洲浙商经过多年的发展，已形成了若干个优势产业，但占据主体地位的依然是偏向于纯商业的商贸服务业，工业制造业资本极为有限，长期以来沿用传统的以家庭为单位的中小规模经营模式，雇佣廉价劳动力、整年整月超长时间的工作，产品最主要的竞争力体现在其低廉的价格优势上。意大利普拉托虽然有数千家海外浙商经营的制衣企业，但其中绝大多数企业一直以来多为意大利品牌进行代加工服务，以低价承接订单，仅赚取极其低廉的加工费，贴上意大利知名品牌标签，商品价格便会增加数倍甚至数十倍；或是"生产那些在地摊和郊区市场销售的女装和童装"②，以低价售卖。随着劳动力价格上涨和来自其他族群劳动力价格上的竞争优势等因素的影响，这种以价格取胜的行业优势地位便很难长久地保持下去。

近些年来，已有部分海外浙商开始逐步走上多元化经营及转型升级发展之路，这说明海外浙商的"经营意识在转变"③。但因欧洲国家政策的制约，海外浙商要实现资本的多元化经营，在现实中依然存在着诸多困难。以金融业为例，海外浙商想在欧洲涉足金融领域并不容易。2009年，希腊华侨华人总商会会长徐伟春与在欧其他八位浙商在普拉托共同筹建"意大

---

① ［意］拉菲尔·欧利阿尼、李卡多·斯达亚诺：《意大利记者眼中的温州人》，《温州日报》2012年10月29日。
② ［意］拉菲尔·欧利阿尼、李卡多·斯达亚诺：《不死的中国人》，邓京红译，社会科学文献出版社2011年版，第119页。
③ 博源：《意市场两极分化 华商应找准定位》（华媒文摘），《人民日报·海外版》2012年10月17日。

利欧联华人银行"。在经过近半年的筹备之后,因意大利银监政策的调整、门槛提高而无法完成其"纯华人外资银行"的设想只能放弃。① 正如也意欲进军金融业的黄学胜所言,"温州人不是买不起银行,往往是买得起却批不下来"②。

对于当前多数海外浙商而言,产业结构的升级优化及经营领域的拓宽已逐渐成为一种共识,但苦于绝大多数海外浙商无法获得长期稳定的信贷支持,富余资本缺少更多更好的增值融资渠道,这也使得他们要实现企业的转型升级及拓展经营领域要比海外闽商花费更多的时间,经历更多艰难的历程。

(二) 与住在国存在文化、意识方面的差异,难以融入其中

海外浙商从事的餐饮业、制衣业等传统行业,已成为住在国民众衣食住行必不可少的组成部分。然而,欧洲民众源自内心深处与生俱来的浓厚的民族优越感,使得他们难以用平和的心境去客观地看待和审视海外浙商,尤其是近一二十年来海外浙商在欧洲迅速崛起并取得巨大成就,更是大大挫伤了他们的自尊心。根据意大利统计局公布的数据,2018 年,在意大利的华人企业数量为 5.2 万家,位居外国移民企业数量的第二位。③ 其中多数华人企业从事制造业和贸易零售业。这些华人企业的多数又都是由海外浙商经营。这些企业在一定程度上形成了和当地同质企业的竞争。除此之外,在浙商集中的普拉托,部分地方官员还批评华商习惯于将在本地获取的利润输往祖籍地,而不是投资于当地。

另外,海外浙商与欧洲民众在文化、习俗、观念、经营理念、法制意识等方面的差异,导致彼此间的融合显得极其不易。"如同北京的浙江村,托斯卡纳的温州人也十分擅长于商业经营的黑箱操作,例如,他们会在家庭作坊与雇工之间就工资和工作时间等达成非正式约定,以逃避相关部门的监管。"④ 因此,海外浙商虽然在欧洲经营多年,善于抓住机遇,遇事能够灵活变通,但骨子里传统的地域商业文化和一些经营陋习却也完整地保

---

① 李显:《温州商人的银行梦》,《温州商报》2011 年 2 月 16 日。
② 李显:《黄学胜:我们正在瑞士收购银行》,《温州商报》2011 年 5 月 5 日。
③ 驻意大利经商参处:《意大利境内外国人注册企业快速增长》,2018 年 2 月 14 日,中华人民共和国商务部网,http://www.mofcom.gov.cn/article/i/jyjl/m/201802/20180202713679.shtml。
④ [美] 孔飞力:《他者中的华人》,李明欢译,江苏人民出版社 2016 年版,第 346 页。

留下来，在法制相当健全和完善的欧洲社会，他们在商业上的一些行为——如灰色通关、偷税漏税、洗钱走私等——无疑与欧洲成熟的市场经济相冲突，因而不时地发生住在国政府对华商工厂、市场的查禁事件，造成巨大的财产经济损失。这些事件经当地媒体的宣传夸大，对海外浙商的信誉造成极为严重的负面影响。

欧洲民众复杂的心理及海外浙商与住在国环境政策极不相容的商业文化和意识，使得彼此之间存在着诸多隔阂，融合之路也显得异常艰难。海外浙商在欧洲往往以群体的形式抱团生存和发展，与住在国民众的交往仅局限于供需的市场往来，与真正意义上的企业本土化经营相距甚远，而且在文化等其他领域的沟通交流更是少之又少。他们生存和发展的网络依靠内部的华人网络，"新老移民都很少在圈子经济环境以外寻找机会，当圈子内的经济环境出现饱和，他们便迁移到有商机的其他国家或地区，通过链式网络移民，可以把社会网络复制到任何一个角落"①。以新移民为主体的欧洲海外浙商群体，相对于以老移民为主体的具有"落地生根"意识的东南亚海外闽商而言，更具开放意识及开阔视野，在经济全球化的大潮中，已不自觉地将事业的流动性及跨国性经营作为一种常态。在欧洲各住在国民众眼中，海外浙商只是因挣钱而居留于当地，并不是真正要推动并融入当地经济发展的一支力量。因而基于各类因素的综合影响，海外浙商要融入当地社会将面临诸多亟待解决的问题。

（三）重商轻政，并不热衷于参与住在国的社会和政治活动

与东南亚海外闽商热衷于参与政治，并注重建立与政府、政治人物的亲密关系，以产生有利于经济发展的影响力因素和决策不同的是，欧洲海外浙商似乎把注意力集中于自己经营的经济事业上。这在一定程度上与大多数海外浙商依然处于创业阶段、经济实力不强有关，但更为关键的因素是，于海外浙商而言，在住在国的生存只需依靠华人内部以地缘、血缘为纽带结成的社会关系即可。他们的社会网络关系通常由宗亲、同乡、朋友三者为主构建而成，在这里，他们创业和发展所需的资金、劳动力等都能够得到有效的解决，无须依赖住在国。相应地，他们认为其在住在国所取

---

① Gregor Benton and Frank N. Pieke，*The Chinese in Europe*，New York：St. Martin's Press，INC.，1998，p. 11.

得的成就完全取决于自我的努力和奋斗，与住在国并无多大的关联，对于当地的社会公益事业也熟视无睹，很少参与其中。

近年来，虽有在欧浙商已意识到要积极参与住在国的政治，也出现了参政的海外浙商，如1997年，意大利举行市议员选举，80年代中期前往意大利经商的青田人季志海成功当选为弗利市的外籍议员。瑞安籍海外浙商缪友谊和廖巧明分别在2005年和2007年当选意大利佛罗伦萨省议会与波罗尼亚省议会外籍议员。温州籍海外浙商潘永长，2004年以最高票当选罗马市政府移民议会副议长，成为罗马移民议会首个外籍议员；2006年当选罗马市政府移民议会议长，2009年出任罗马市政府移民执行委员会主席，成为罗马市政府常设机构第一位华人代表。2012年，瑞安籍海外浙商詹丽娜当选撒丁岛卡利亚里市移民议会的华人议长。2017年，青田籍海外浙商陈燕妮在芬兰万塔市议会议员选举中成功当选市议会议员，成为芬兰议会选举史上的首位华裔议员。这些在住在国成功参政的海外浙商，凭借自己的政治身份获得参与政府部门有关自己族群问题讨论和决策的机会。

但总体而言，有参政意识的海外浙商人数可谓凤毛麟角，虽然在欧洲参政难度很大，但关键在于他们并没有参政的意识和觉悟。只有当他们的切身利益受到损害时，才会意识到通过寻求商会组织或地方政府的帮助来解决事端。事实上，充分利用住在国民主政治的环境，积极参政议政是海外华人自我维权的重要途径。[①] 只有在政治上有发言权，海外浙商才有一个真正可以与住在国进行沟通和解决矛盾的有效平台，既能提升海外浙商的社会形象，更好地融入当地主流社会，自身的权益也才可以得到有力的保障。

[①] 李明欢、钱海芬：《法国新总统萨科奇的移民政策与法国华人社会》，《侨务工作研究》2007年第4期。

第二章 海外闽商发展脉络与特点

据福建省侨办统计,至 2014 年,福建省海外华侨华人总数为 1580 万人,分布于世界 188 个国家和地区。① 其中约 80% 聚居在东南亚。其在海外的人数远远超过浙江省海外华侨华人。海外闽商因其独特的发展历程,因而在地理上的分布、经济实力及从事行业等方面均呈现出与海外浙商迥然不同的特征。

第一节 海外闽商的发展历史

一 古代福建海商发展概况

(一) 7—15 世纪:福建海商的崛起

福建,地处中国东南沿海,境内 80% 的面积为山地丘陵,陆路交通极为不便。东南滨海,海岸线曲折绵长,拥有众多海湾和天然良港,特殊的地理环境,使得闽人的对外交流主要依赖海上交通。闽人为古越人之一,因生活在福建,被称为闽越。西汉初年,江都王刘建"遣人通越繇王闽侯,遗以锦帛奇珍。繇王闽侯亦遗建荃、葛、珠玑、犀甲、翠羽、蝯熊奇兽,数通使往来,约有急相助"②,珠玑、犀甲、翠羽皆为外来之物,多产自交趾,由此可见,此时的福建已与越南有了海上交通和初步的贸易往来。东汉建初八年(83),"旧交趾七郡贡献转运,皆从东冶(即福州)

---

① 闫旭:《闽籍华侨华人达 1580 万 福建将成立"世界福建侨商总会"》,《人民日报·海外版》2015 年 1 月 9 日。

② (东汉)班固:《汉书》卷五十三《景十三王传》,中华书局 1964 年版,第 2417 页。

泛海而至，风波艰阻，沈溺相系"①。福建东治已成为重要的港口，海上商品在此集散转运。此时的贸易多以官方朝贡形式进行，私人海上贸易的规模和人数都极为有限。

西晋以来，尤其是到唐和五代时期，大量中原百姓不断南迁入闽。他们不但大大充实了当地的劳动力，还带来了中原先进的生产技术和工艺，从而极大地推动了生产力的发展和进步。农业生产提高的同时，手工业也开始兴起，纺织、陶瓷、矿冶、制糖等部门迅速发展起来，这就为海外贸易的开展奠定了一定的物质基础，与此同时，福建与海外诸国也都保持着贸易往来。唐代，福建的海外贸易虽然主要由番商来华进行，但闽商也已开始崭露头角。唐武德四年（621），王义童任泉州刺史兼都督，任内招抚泉郎。泉郎即"州之夷户，亦曰游艇子……其居止常在船上，兼结庐海畔，随时移徙，不常厥所"②。他们经常"走异域，称海商"③。王义童将这些以海为生的泉郎组织起来从事海上贸易，从而在很大程度上促进了福建海外贸易的发展和闽商的崛起。唐开元八年（720），自东晋以来便以海上贸易为生的晋江人林銮继承祖业，将海上贸易经营得风生水起，至唐僖宗乾符年间（874—879），其九世孙林灵仙已拥有百余艘海船，船体载重量多在1000吨到2500吨，贸易范围遍及日本和东南亚各地，主要输出茶叶、生丝、瓷器、竹编等物，换回如香料、象牙、楠木等当地土产。林氏家族的海上贸易从东晋到唐代一直持续了300余年的时间，因经营得当，获利丰厚，成为名震一时的海商世家。自唐开始，闽人出海贸易人数渐多。五代时期，闽国统治者王审知（862—925）为增加财力，开辟甘棠港，鼓励商人赴海外开展贸易，闽国商人遂将大量商品运销海外，同时将海外商品运贩国内。

宋代之前，闽商开展海外贸易以日本、越南等国为主，贸易规模有限，并未能构建海外贸易网络。入宋以后，政府大力鼓励海外贸易的发展，闽商出海贸易人数大增，贸易规模也随之扩大。如从泉州出洋的"海

---

① （南朝宋）范晔：《后汉书》卷三十三《朱冯虞郑周列传》，中华书局1965年版，第1156页。
② （宋）乐史：《太平寰宇记》卷一〇二《江南东道十四》，中华书局2000年版，第129页。
③ （清）顾祖禹：《读史方舆纪要》，《福建读史方舆纪要叙》，中华书局2005年版，第4364页。

商之舰，大小不等，大者五千料①，可载五六百人；中等二千料至一千料，亦可载二三百人"②，"夜以小舟载铜钱十余万缗入洋"③。南宋时，随着宋室南迁，国家的经济中心也南移至东南沿海地区，泉州逐渐取代广州，成为商船赴海外贸易的大港。据《梦粱录》记载，海商"若欲船泛外国买卖，则自泉州便可出洋"，又"若商贾止到台、温、泉、福买卖，未尝过七洲、昆仑等大洋。若有出洋，即从泉州港至岱屿门，便可放洋过海，泛往外国也"④。这就大大便利了闽商的出洋贸易。见于记载的福建籍闽商：周世昌、陈文佑、周文裔、潘怀清、李充等，就多次往返于日本和福建之间。如宋徽宗崇宁元年（1102）、三年（1104）和四年（1105），泉州籍闽商李充三次赴日本开展贸易活动，运贩商品有"象眼、生绢、白绫、垸瓷、瓷碟"等，⑤ 以生丝和瓷器为主。闽商运回的商品主要有硫黄、实木板、黄金、水银、珠子、折扇、日本刀等。

随着泉州港的兴起，高丽也成为闽商贸易的重要国家。苏轼在《乞令高丽僧从泉州归国状》中说："泉州多有海舶入高丽往来买卖。"⑥ 据《高丽史》记载，自北宋真宗大中祥符五年（1012）到南宋光宗绍熙三年（1192），宋朝海商前往高丽进行贸易的有117次，其中写明姓名和籍贯的有35次，分别是：闽1次，福州2次，泉州19次，台州3次，明州5次，广南3次，江南2次。总计福建籍的有22次，大约占总数的63%。⑦ 闽商大多成批前往高丽。北宋天禧元年（1017），泉州林仁德等40人；天禧三年（1019），泉州陈文轨等100人，福州卢煊等100余人；明道二年（1033），泉州林霭等55人；皇祐元年（1049），泉州王易从等62人。⑧

---

① "料"，是宋代对船舶重量吨位的计量单位，一料等于一宋石，相当于今天120斤。五千料的大型航海商船，即载重300吨左右。
② （宋）吴自牧：《梦粱录》卷十二《江海船舰》，上海商务印书馆1939年版，第108页。
③ （宋）李心传：《建年以来系年要录》卷一五〇，绍兴十三年癸亥，中华书局1956年版，第2422页。
④ （宋）吴自牧：《梦粱录》卷十二《江海船舰》，第108页。
⑤ 冯先铭等编：《中国陶瓷史》，文物出版社1982年版，第309页。
⑥ （宋）苏轼：《东坡奏议十五卷》，第六卷，《乞令高丽僧从泉州归国状》，重刊明成化本东坡七集，宝华庵刻，第14页。
⑦ 林金水主编：《福建对外文化交流史》，福建教育出版社1997年版，第74页。
⑧ 杨昭全：《北宋与高丽的贸易往来和文化交流》，载杨昭全《中朝关系史论文集》，世界知识出版社1988年版，第76—77页。

有些商人多次往返宋丽之间，有些商人则世代相袭，以贩高丽为业，如柳悦、黄师舜，"二人皆泉州人，世从本州给凭，贾贩高丽"①。高丽"王城有华人数百，多闽人因贾舶至者"②，这也可从侧面窥见当时赴高丽的闽商人数之众。

闽商前往东南亚各国的贸易范围也大为拓展。福建建安人毛旭在北宋淳化年间多次前往阇婆开展贸易，《宋史》记载："主舶大商毛旭者，建溪人，数往来本国，因假其乡导来朝贡。"③ 由于阇婆国对福建海商十分友好，"馆之宾舍，饮食丰洁"，因此，不少商船"夹杂金银及金银器皿、五色缬绢、皂绫、川芎、白芷、朱砂、绿矾、白矾、鹏砂、砒霜、漆器、铁鼎、青白瓷交易"④。庆历三年（1043），泉州商人邵保，"以私财募人之占城，取邻等七人而归，枭首广州市，乞旌赏"⑤。泉州人王元懋因精通藩汉文字，于南宋淳熙五年（1178），"使行钱吴大作纲首，凡火长之属一图帐者三十八人，同舟泛洋"，抵达占城后，被国王"延为馆客"，居住十年，"主舶船贸易，其富不赀"⑥。可见，闽商赴占城贸易已是经常之事。南宋初年，"泉州纲首朱纺，舟往三佛齐国，……往返曾不期年，获利百倍"⑦。不少闽商因贸易而定居当地，并因其巨大的影响力，受到当地政府的重用，成为住藩。宋神宗曾提及"福建、广南人因商贾至交趾，或闻有留于彼用事者"⑧。《桂海虞衡志》中也有记载："闽人附海舶往者，必厚遇之，因命之官，咨以决事。"⑨

---

① （明）黄淮、杨士奇编：《历代名臣奏议》卷三百四十八《四裔》，上海古籍出版社1989年版，第4517页。
② （元）脱脱等撰：《宋史》卷四百八十七，列传第二百四十六，《外国三·高丽》，第14053页。
③ （元）脱脱等撰：《宋史》卷四百八十九，列传第二百四十八，《外国五》，第14092页。
④ （宋）赵汝适：《诸番志》卷上《阇婆国》，载《酉阳杂俎·岛夷志略·诸蕃志·海槎余录》，学生书局1985年版，第189页。
⑤ （宋）司马光：《涑水纪闻》卷十二，中华书局1989年版，第241页。
⑥ （宋）洪迈：《夷坚志》，第三册，夷坚三志己卷第六《王元懋巨恶》，中华书局1981年版，第1345页。
⑦ 李厚基等修、沈瑜庆、陈衍纂：《福建通志》总卷二六《金石志》卷九《石八》，1938年版，第13页。
⑧ （宋）李焘：《续资治通鉴长编》卷二百七十三，熙宁九年三月壬申，中华书局1986年版，第6692页。
⑨ （宋）范成大：《桂海虞衡志校注》，广西人民出版社1986年版，第165页。

泉州港在南宋年间已发展成为全国最大的贸易港口。元代，泉州港在贸易税收方面享有政策优势，其他港口"番舶货物，十五抽一，惟泉州三十取一，用为定制"①。由此，泉州的海外贸易更趋繁荣，贸易商船规模和数量远远超过两宋时期，福建海商渐趋活跃。如"昔泉之吴宅发舶，稍众百有余人，到彼贸易"②，"泉州杨客为海贾十余年，致货二万万"③。福建海商群体也初见雏形，形成了与浙东杨氏家族海商集团齐名的以泉州蒲氏为首的闽南海商集团。蒲寿庚，其先祖为阿拉伯商人，先是居于广州，南宋末年迁居泉州，元军南下时以城降元，被封为福建行省中书左丞，并由元世祖授予金虎符，地位显赫一时，擅海贸，"为贩舶作三十年，岁一千万而五其息，每以胡椒八百斛为不足道"④，"致产巨万，家僮数千"⑤。其子蒲师文授正奉大夫、工部尚书、海外诸番宣慰使。⑥ 蒲氏家族的官商背景，使其在海外贸易中占据各种优势，不仅积累了大量财富，还建立起庞大的海外贸易船队，成为泉州举足轻重的海商世家。在蒲寿庚去世后，蒲氏家族的海贸活动依然持续。其女婿佛莲"家富甚，凡发海舶八十艘。癸巳（1293）岁殂，女少无子，官没其家赀，见在珍珠一百三十石，他物称是"⑦。

泉州港的兴盛吸引了众多江浙地区商人前往贸易，因而出现了闽商与浙商合作的局面。如泉州商人孙天富与海盐商人陈宝生，同到海外贸易十年，"其所涉异国，自高句丽外，若阇婆、罗斛，与凡东西诸夷"⑧。

虽然宋代就有闽商因各种原因居留当地，成为住藩，但人数极为有

---

① （元）姚桐寿：《乐郊私语》，《景印文渊阁四库全书》，子部，三四六，小说家类，第1040册，台湾商务印书馆1986年版，第403页。
② （元）汪大渊：《岛夷志略》，《古里地闷》，学生书局1985年版，第342页。
③ （宋）洪迈：《夷坚志》，第二册，夷坚丁志，卷第六，《泉州杨客》，第588页。
④ （元）方回：《桐江集》卷六《乙亥前上书本末》，宛委别藏本，第105册，江苏古籍出版社1988年版，第374页。
⑤ （明）伊耕修、李正儒纂：嘉靖《藁城县志》卷八《文集志·藁城令董文炳遗爱碑》，成文出版社1968年版，第231页。
⑥ （元）汪大渊：《岛夷志略》，《序》，第301页。
⑦ （宋）周密：《癸辛杂识》，《佛莲家赀》，中华书局1988年版，第193页。
⑧ （明）王彝：《王常宗集》，续补遗，《泉州两义士传》，《景印文渊阁四库全书》，集部，一六八，别集类，第1229册，台湾商务印书馆1986年版，第439页。

限。从元开始,因不堪遭受封建政府各种名目的盘剥和色目商人的排挤,闽商定居海外经商的人数开始增加。如泉州商人到乌爹(今缅甸沿海)贸易,因获利丰厚,"故贩其地者,十去九不还也"①。元末泉州商人朱道山也定居于海外,"以宝货往来海上,务有信义。故凡海内外之为商者,皆推焉,以为师"②。可见,元代福建海商已开始互相联合,形成华商集团,并构建海外华商贸易网络。此外,在占城、真腊、暹罗、三佛齐、单马令、爪哇等地也都居住着大批的福建人。无论以何种形式移居海外,他们在海外的生存方式多以从事商业活动为主,或者是经营住在国与元朝政府之间的海上贸易,或者是从事住在国与其他国家之间的海上贸易,或者就在当地经营商业贸易。

(二) 15—17 世纪:福建海商逐渐建立起庞大的"海上贸易帝国"

元末,因为战乱和灾荒等原因,泉州港已不复昔日之繁华。入明后,因政府实行严厉的"海禁"政策,泉州港的海外贸易更是一落千丈,走向衰落。明初政府屡次颁布的"海禁"政策,毫无疑问对闽商的海外贸易造成了巨大的冲击。但闽人出海贸易经商的传统和基于生存及获取巨额利润的动机,使得闽商依然冲破重重阻挠,贸易海上。早在明初,就有闽商"交通外番,私易货物"③。明成化年间(1465—1487),"泉漳二郡商民,贩东西二洋,代农贾之利,比比然也……豪右奸民,倚藉势宦,结纳游总官兵,或假给东粤高州、闽省福州及苏杭,买货文引,载货物出外海,径往交趾、日本、吕宋等夷,买卖觅利"④,成化八年(1472),"市舶司移置福州。而比岁人民往往入番商吕宋国矣……民初贩吕宋,得利数倍。其后四方贾客丛集,不得厚利,然往者不绝也"⑤。至明中叶,闽商的走私贸易反而愈演愈烈,冒着随时可能被抓捕处死的危险,"尚犹结党成风,造

---

① (元)汪大渊:《岛夷志略》,《乌爹》,第 375 页。
② (明)王彝:《王常宗集》,补遗,《送朱道山还京师序》,第 434 页。
③ (明)胡广等:《明太祖实录》,卷二〇五,洪武二十三年十月乙酉,第 3067 页。
④ (清)顾炎武:《天下郡国利病书》,下册,《福建·上南抚台暨巡海公祖请建澎湖城堡置将屯兵永为重镇书》,《续修四库全书》,597,史部,地理类,上海古籍出版社 1996 年版,第 258 页。
⑤ (明)何乔远编撰:《闽书》卷三十九《版籍志》,福建人民出版社 1994 年版,第 976—977 页。

舡出海，私相贸易"①，"漳闽之人，与番舶夷商贸贩方物，往来络绎于海上"②。贸易人数和规模远超前朝，还兴起了一批私人海上贸易港口，"漳之诏安有梅岭、龙溪、海沧、月港，泉之晋江有安海，福宁有桐山"③。其中漳州海澄月港，因地理位置偏僻，便于出洋商船的隐匿，逐渐成为中外海商聚集的走私贸易中心，"闽人通番皆自漳州月港出洋"④。至成弘时期，月港已发展为"民居数万家。方物之珍，家贮户峙……其民无不曳绣蹑珠者。盖闽南一大都会也"⑤，号称"小苏杭"⑥。

在月港兴起的过程中，出现了为数众多的福建籍海商首领，如李光头、谢策、严山老、洪迪珍、张维、吴平、曾一本、许朝光等，都是著名海寇集团的首领，他们"常于走马溪旧浯屿住舡，月港出货"⑦，贸易范围"东连日本，西接暹球，南通佛郎，彭亨诸国"⑧，主要输出生丝、瓷器等物，换回苏木、胡椒、金、蜡等商品，还不时地在暹罗与荷兰商人、日本商人展开鹿皮贸易的竞争。

闽商海外贸易最密切的地方便是吕宋。据《明史》记载："吕宋居南海中，去漳州甚近……先是，闽人以其地近且饶富，商贩者至数万人，往往久居不返，至长子孙。"⑨ 由于中国商品尤其是生丝在吕宋受到当地人和西班牙人的欢迎，但他们因无法用其他中国所需商品来交换，往往多以银钱来交换，这就大大刺激了闽商前往吕宋贸易。交趾也是闽商常往贸易之地。万历十九年（1591），漳州海澄县商人陈宾松，"装铜铁瓷器等货，往

---

① （明）冯璋：《冯养虚集》，《通番舶议》，载《明经世文编》，第五册，卷二八〇，第2967页。
② （明）张时彻：《芝园全集》，《招宝山重建宁波府知府凤峰沈公祠碑》，载《明经世文编》，卷二四三，第2542页。
③ （清）郝玉麟等修、谢道承、刘敬与纂：《福建通志》卷七十四《艺文七》，清乾隆二年（1737年），第21页。
④ 佚名：《嘉靖东南平倭通录》，载中国历史研究社编《倭变事略》，上海书店出版社1982年版，第3页。
⑤ （明）朱纨：《甓余杂集》卷三《增设县治以安地方事》，第57页。
⑥ （清）陈锳等修、邓廷祚等纂：《海澄县志》卷十五《风土》，乾隆二十七年（1762）刊本，第2页。
⑦ （明）谢杰：《虔台倭纂》，下卷，《玄览堂丛书续集》，第十八册，"国立中央"图书馆影印本1947年版。
⑧ （明）朱纨：《甓余杂集》卷三《增设县治以安地方事》，第57页。
⑨ （清）张廷玉：《明史》卷三百二十三，列传第二百十一，《外国四·吕宋》，中华书局1974年版，第8370页。

交趾顺化地方",共有福建船13只。① 可见,赴交趾贸易的闽商人数之众。与交趾邻近的柬埔寨,也是闽商的贸易对象。何乔远在《名山藏》中记有:"其国自号曰甘孛智,后讹为甘破蔗。闽人贾其国,方言曰柬埔寨也。"② 琉球自洪武二十九年(1396)被赐以闽人三十六姓后,闽商与琉球的走私贸易往来便日渐频繁。嘉靖年间(1522—1566),有福建漳州人陈贵等,连年载运货物到琉球贸易。③ 至于日本,始终都是明政府禁止贸易的对象,但因商人往日本贸易多获利甚丰,因而也刺激了大量闽商以各种方式往贩日本。如"漳人假以贩易西洋为名,而贪图回易于东之厚利近便,给引西洋者不之西而之东,及其回也,有倭银之不可带回者,则往彭湖以煎销,或遂沉其舡,而用小舡以回家"④。至万历四十年(1612),根据兵部奏称,到日本从事走私贸易的"皆闽人也,合福兴泉漳共数万计"⑤。有些闽商因贸易与日本人通婚并定居下来。史载:"闻闽、越、三吴之人,住于倭岛者,不知几千百家,与倭婚媾长子孙,名曰唐市。此数千百家之宗族姻识,潜与之通者,踪踪姓名,实繁有徒,不可按核。其往来之船,名曰唐船,大都载汉物以市于倭,而结连萑苻出没泽中,官兵不得过而问焉。"⑥ 其他如朝鲜、马刺加、大泥、彭亨、丁机宜、三佛齐、哑齐、爪哇、加留吧、文莱,皆为闽商贸易足迹所至之地。

明代前期的"海禁"政策,既未能禁绝百姓出洋贸易,也无法阻止倭寇的侵扰,反而使沿海倭患愈演愈烈,各种因素综合作用下,爆发了"嘉靖倭乱"。在这个背景下,有人开始质疑"海禁"政策之利弊,开海贸易的请求四起。隆庆初年,"前任抚臣涂泽明,用鉴前辙,为因势利导之举,请开市舶,易私贩而为公贩,议止通东西二洋,不得往日本倭国"⑦。上疏

---

① (明)侯继高:《全浙兵制》卷二《附录近报倭警》。
② (明)何乔远:《名山藏》卷一〇五《王享记二》,真腊条,北京大学出版社1993年版,第6109页。
③ (明)严嵩:《琉球国解送通番人犯疏》,载《明经世文编》卷二一九《南宫奏议》,第2301页。
④ (明)洪朝选:《洪芳洲先生归田稿》,《读礼稿》,《杂著》,第17页。
⑤ (明)张惟贤等:《明神宗实录》,卷四九八,第9389页。
⑥ "中研院"史语所:《明清史料》,乙编,下册,第七本,《兵部题行(条陈彭湖善后事宜)残稿》,北京图书馆出版社2008年版,第11—12页。
⑦ (明)许孚远:《疏通海禁疏》,载《明经世文编》,卷四〇〇,第4333页。

得到明穆宗的采纳，此后，福建漳州月港部分开放海禁，私人海上贸易合法化。月港一口贸易使得占尽地利的闽商在合法的对外贸易中独占先机，从月港出洋的商船，"多以百计，少亦不下六七十只，列艘云集，且高且深"①。闽商再度活跃，在东南亚诸港随处可见其活跃的身影。17世纪初，荷兰人侵入雅加达后，筹建巴达维亚城。为此，积极动员华人参加建设活动。以闽商为主体的华商负责诸如木材、石灰、石材等主要建筑原料的供应，并包揽了蔗糖生产、零售业的主要业务。福建籍的甲必单苏鸣岗、林六哥都是吧城②著名的承包商。西属马尼拉与福建的贸易，基本上又由闽商独擅。西班牙人侵菲律宾后，为控制华商经济，专门在马尼拉设立了"巴利安"贸易市场，作为华商的商业街区。闽商除运贩中国商品外，还在"巴利安"开设的商铺中从事诸如贩卖食品、裁缝等各种形式的小型商业经营活动，并将商品运至菲律宾各个城乡进行交流及销售。16世纪末马尼拉华侨人口已近万人，闽商基本上主导了当地的零售业。因而，闽商利用其在海上贸易中的独有优势，在东亚海域逐步构建起错综复杂的贸易网络，由此累积的资本和实力使得闽商在海外华商网络中开始居于主导地位。

  17世纪初，东亚海域形成的众多海商武装集团，或敌或友，几经分合，依然实力相当。此时的明朝政府面对内忧外患，不得不决定招抚实力颇为雄厚的郑芝龙海商集团，以期通过其庞大的势力来清除其他的海商武装集团。泉州南安的郑芝龙，"幼习海，知海情。凡海盗皆故盟，或出门下"③。郑芝龙初起时依附泉州商人李旦。李旦是日本华商领袖，从事日本、台湾地区及福建之间的贸易活动。郑芝龙到日本后不久就取得李旦的信任和重用，被收为义子，并在李旦去世后继承了大部分家产。在此基础上，郑芝龙海商集团发展非常迅速，从最初的不过数十艘船只，到1627年就拥有700艘左右的商船，之后的商船数量更是一路上扬，"今并诸种贼计之，船且千矣"④，成为势力强大的海商集团。在明政府的支持下，郑芝龙集团打败了其他的海商武装集团，特别是1635年在广东打败实力最

---

  ① （明）张燮：《东西洋考》卷七《饷税考》，中华书局1981年版，第137页。
  ② 西爪哇的加留吧，今印尼雅加达，又名巴达维亚，华侨称"吧城"。
  ③ （清）计六奇：《明季北略》卷十一《郑芝龙击刘香老》，中华书局1984年版，第186页。
  ④ （明）董应举：《崇相集》，义二，《米禁》，《四库禁毁书丛刊》，集部，第102册，北京出版社2000年版，第200页。

强的刘香海商武装集团，肃清了所有有影响的海商武装集团势力，成为实力最为雄厚的海商武装集团。史称"海舶不得郑氏令旗，不能往来。每一舶税三千金，岁入千万计。龙以此居奇为大贾"①。由此构建了一个联结中国与日本以及东南亚各地的商贸网络，并在这个商贸网络中居于绝对的主导地位，从而将闽商推向了中国封建时代海外贸易发展史上的最高点，造就了闽商前所未有的传奇和辉煌。传教士金提尼（T. M. Gentile）记载："著名的国姓爷是海上君主和统治者，在中国从未有如此众多和庞大的船队，仅在厦门水域的水师就多达13000艘帆船，成千上万分布在整个沿海线上的其他船只也听命于这个帝国。"②

由郑芝龙、郑成功父子构建的郑氏海商集团贸易范围遍及整个东亚及东南亚海域，从日本长崎到琉球群岛、东京、广南，以及东南亚各地，包括柬埔寨、暹罗、北大年、柔佛、马六甲、爪哇、西里伯群岛和吕宋，其中尤以同日本的贸易最为密切。③ 郑成功于1650年攻下厦门作为抗清基地，采纳了冯澄世的建议："方今粮饷充足，铅铜广多莫如日本"，"与之通好"，"且借彼地彼粮以济吾用。然后下贩吕宋、暹罗、交趾等国，源源不绝，则粮饷足而进取易矣"④。在当年赴日的70艘中国商船中，郑氏海商集团所属的福州船、漳州船、安海船就占了59艘，约占当年赴日贸易中国商船总数的八成。⑤ 1654年11月至1655年9月，由各地前往日本的"中国戎克船共五十七艘。即安海船四十一艘，其大部分属于国姓爷船"。1656年到1657年，"来航长崎四十七艘的中国戎克船，其全部皆属于国姓爷及其同党之船"⑥。在商船数量占据绝对优势的同时，郑氏海商集团甚至

---

① （明）林时对：《荷牐丛谈》卷四《郑芝龙父子祖孙三世据海岛》，大通书局1987年版，第156页。
② ［意］白蒂：《远东国际舞台上的风云人物·郑成功》，庄国土等译，广西人民出版社1997年版，第70—71页。
③ Iwao Seiichi, *Japanese Foreign Trade in the 16th and 17th Centuries*, in Acta Asiatica, No. 30, Tokyo, 1976.
④ （清）江日升：《台湾外记》卷三，福建人民出版社1983年版，第102页。
⑤ ［日］村上直次郎译注：《巴达维亚城日记》，第三册，绪论，程大学译，台湾省文献委员会，1990年，第7页。
⑥ ［日］村上直次郎译：《巴达维亚城日记》，第三册，绪论，程大学译，台湾省文献委员会，1990年，第8页。

主导了对日主要商品——生丝的输入价格。1654 年,当荷兰商船进入长崎要求拍卖商品时,日方提出必须等待郑成功商船入港,为此要延期五地区商人决定生丝购入价格,价格由郑氏集团定。① 据此可知,郑氏海商集团在东亚海域商贸网络中的主导地位。郑氏海商集团对日输出的贸易商品以生丝为最大量,其他还有药材、砂糖、鹿皮、书籍、古董等,从日本运回的则为交易商品所获的金银及在当地购买的严禁出口的武器。

东南亚各地,也是郑氏海商集团重要的贸易地。1655 年,"郑成功将其船二十四艘派往东南亚各地,即巴达维亚七、东京二、暹罗十、广南四、马尼拉一等,进行大规模贸易"②。以郑成功商船占中国商船总数的八成计算,郑成功时期平均每年派往东南亚贸易的船只有 16—20 艘。③ 这些商船从东南亚各地运回各种香料、苏木、铅、锡、象牙、燕窝、槟榔等土产。

为经营庞大的贸易网络,郑氏海商集团在郑成功时期组建了严密的组织系统和管理制度,设立了著名的以金、木、水、火、土命名的山五商和以仁、义、礼、智、信命名的海五商,直接经营大陆和海上的走私贸易。海五商设在厦门,山五商设在杭州及其附近地区,负责对外贸易物资的采购,并将采购的商品运往厦门,之后由海五商将商品贩运出洋,从而保证货源的充足和流通的畅通。

毫无疑问,从 15 世纪开始,福建海商作为一支商帮群体的力量开始兴起,以积极的姿态主动地投身于海外贸易活动中,提升自身实力。当明政府宣布开放月港,准许私人出海贸易时,闽商因据有地利上的优势,在月港一口贸易中得以独占先机,其中以郑氏海商集团为代表的闽商迅速崛起,成为东亚海域势力最大的私商,到 17 世纪中叶达到全盛。虽然郑氏海商集团发展海外贸易是以为反清筹备军饷为主要目的,但客观上和日本及东南亚各地保持着频繁的贸易往来,构建了一个雄踞东南海上的贸易帝国,一时间,基本上操纵了东亚海域间的走私贸易。

康熙二十二年(1683),郑克塽投降清朝,标志着郑氏海商集团的覆

---

① 张劲松:《从〈长崎荷兰商馆日记〉看江户锁国初期日郑、日荷贸易》,《外国问题研究》1994 年第 1 期。
② [日]村上直次郎译:《巴达维亚城日记》,第三册,绪论,程大学译,第 9 页。
③ 杨彦杰:《一六五〇年——一六六二年郑成功海外贸易的贸易额和利润额估算》,《福建论坛》(社科教育版)1982 年第 4 期。

灭，也宣告着闽商独霸东亚海域商贸历史的结束。郑氏海商集团的覆灭虽然使闽商实力遭受重创，但并未使其之前构建的东亚海域华商经贸网络瓦解，而是使经贸网络以另一种形式存活与发展：即从占主导强势地位的武装海商网络转为无所不在的渗透服务型华商网络。① 闽商在东亚海域华商网络中的这种优势地位在清初又因清政府在厦门设立闽海关，厦门成为商船驶往南洋贸易的发舶地而得到加强。

（三）18 世纪：构建东亚海域华商贸易网络的福建海商

清开"海禁"后，随着对日贸易高潮的掀起，闽商自是不甘落后，也都争相前往日本贸易。在1688年赴日贸易的194艘商船中，福州船45艘，厦门船27艘，泉州船7艘，沙埕船2艘，漳州船1艘，安海船1艘，闽商船共计83艘，占到总数的43%。这一数字远远超出同期从浙江各港口赴日贸易的37艘。② 但日本基于其所需的主要商品：生丝的产地在江浙两地，因而1715年颁布的"正德新令"，在信牌的发放上根据商船起航地货物特色给予浙江赴日贸易商船以倾斜。受此政策影响，闽商直接赴日贸易商船数量急剧减少。浙商利用这一时机，逐渐取代闽商在赴日贸易中的优势地位。具体参见表2—1③。

表2—1　　　　1684—1735年中国赴日贸易商船数（单位：艘）

年份	船数	浙江起航	福建起航
1684—1722	2572	557	467
1723—1735	369	109	22

虽然赴日贸易的福建商船数量锐减，但依然有部分闽商以其他变通方式获取赴日贸易的资格。如福州商人王应如是1713年44番船的船主，

---

① 庄国土：《论早期海外华商经贸网络的形成——海外华商网络系列研究之一》，《厦门大学学报》（哲学社会科学版）1999年第3期。
② ［日］林春胜、林信笃编：《华夷变态》，上册，总目录，第15—18页，中册，总目录，第19—22页。
③ ［日］林春胜、林信笃编：《华夷变态》，上册，总目录，第6—18页，中册，总目录，第19—40页，下册，总目录，第41—71页，［日］大庭修编：《唐船进港回棹录·岛原本唐人风说书·割符留帐——近世日中交涉史料集》，第77—96页；［日］永积洋子编：《唐船输出入品数量一览（1637—1833年）》，第101—102页。

1718 年以 17 番宁波船船主的身份赴日贸易。① 同为福州商人的王君贻是 1708 年 33 番宁波船的船主，1717 年 6 番南京船的船主，1718 年 19 番南京船、1720 年 15 番南京船和 1722 年 27 番宁波船的船主。② 王应如和王君贻虽然都是闽商，在信牌制度实施后，却都以江浙地区的船主身份赴日开展贸易。雍正年间，日方以信牌为武器对赴日贸易清商提出种种附加条件，这一现象引起浙江总督李卫的注意。在李卫奏折中提及的魏德卿、郭裕观、陈良选、柯万藏等赴日贸易船主皆为闽商。因而，闽商赴日人数与赴日福建商船数量并没有成均等比例，也就是说，被信牌贸易排斥在外的部分闽商通过购买信牌的方式依然从事着对日贸易。

清开"海禁"后，即规定"厦门准内地之船往南洋贸易"。厦门准内地之船往南海贸易，其地为噶喇吧、三宝垅、实力、马辰、垛仔、暹罗、柔佛、六坤、宋居朥、丁家卢、宿雾、苏禄、东浦、安南、吕宋诸国。③ 闽商在对日贸易极度萎缩的背景下，与东南亚各地仍然保持着频繁的贸易往来，同时期赴东南亚各地贸易的中国商船基本上由闽商独占。闽商主要以吕宋、巴达维亚等地为他们的主要目的地，具体参见表 2—2 ④。

表 2—2　　　　中国商船赴东南亚数量一览表（单位：艘）

航行地	中国赴巴达维亚商船数（1681—1793）	中国赴吕宋商船数（1681—1760）
航船数	131	1083

注：1718—1721 年没有中国船前往巴达维亚。

1717 年，清实行部分"海禁"政策，"南洋吕宋、噶啰吧等处，不许商船前往贸易"⑤。由于这次的"海禁"持续时间并不长，对闽商的影响到 1727 年正式取消南洋禁航令便宣告结束。此后，闽商与东南亚各地的贸易又重新活跃起来。出洋贸易的"闽粤洋船不下百十号，每船大者造作

---

① ［日］林春胜、林信笃编：《华夷变态》，下册，第 2799 页。
② ［日］林春胜、林信笃编：《华夷变态》，下册，第 2534、2746、2800、2881、2953 页。
③ （清）周凯：《厦门志》卷五《船政》，成文出版社 1967 年版，第 114 页。
④ 陈希育：《中国帆船与海外贸易》，厦门大学出版社 1990 年版，第 234、238 页。
⑤ 《清实录》，第六册，《圣祖实录》（三），卷二七一，中华书局 1985 年版，第 658 页。

近万金，小者亦四五千金"①，"每船货物价值或十余万、六七万不等"②。

闽商基本上主导了这时期中国和吕宋、苏禄间的贸易。中国赴吕宋、苏禄贸易的商船大多数从厦门发舶起航，如 1739 年抵达菲律宾群岛的 25 艘中国商船中就有 16 艘来自厦门，1742 年抵达菲律宾群岛的 17 艘中国商船中有 11 艘来自厦门；③ 1761 年，有三四艘中国商船从厦门抵达苏禄，每船载重量在 200 吨到 465 吨，到 1830 年还有 2 艘的载重量高达 800 吨。④ 据统计，1770 年到 1800 年，有 18000 名中国商人和水手到过苏禄岛的和乐，⑤ 其中绝大多数是闽籍人士。

在同巴达维亚的贸易中，闽商在数量上也占有优势，其商船数量在各省的商船中最多，超过广东船和浙江船。乾隆五年（1740），赴巴达维亚的 13 艘商船中，"闽船六只、广船四只、浙船三只"⑥。闽商运往巴达维亚的商品以茶叶、生丝和瓷器为主。如 1734 年，有 8 艘帆船从厦门运茶叶到巴达维亚。⑦ 闽商在运贩大量中国商品的同时，还将中国先进的制糖、酿酒等工艺带到印尼，并利用爪哇盛产甘蔗的优势，经营甘蔗种植园和榨糖作坊，到 18 世纪中叶，爪哇岛上的制糖业几乎全部由海外闽商经营。⑧ 1740 年，巴达维亚发生了屠杀华人的"红溪惨案"，加上荷兰人对中国商船采取严厉的限制政策，这些都使得闽商赴巴达维亚的商船日益减少。之后，荷印政府基于利益方面的考虑，又派专人到福建游说闽商去巴达维亚贸易并给予税收方面的优惠举措。因此，1743 年之后，又有闽商前往巴达维亚开展贸易，到 18 世纪上半期，"中国人在彼（巴达维亚）经商耕种者

---

① （清）孙尔准等修、陈寿祺等纂：《重纂福建通志》卷二百三十《国朝列传》，同治 7—10 年（1868—1871）刻本，第 22 页。
② 台北故宫博物院编辑：《宫中档雍正朝奏折》，第 21 辑，台北故宫博物院 1979 年版，第 353—354 页。
③ ［墨西哥］维·罗·加西亚：《马尼拉帆船（1739—1745 年）》，郭冰肌译，《中外关系史译丛》，第 1 辑，上海人民出版社 1984 年版，第 177—178 页。
④ James F. Warren, *Sino-sulu Trade in the Late Eighteenth and Nineteenth Centuries*, Philippine Studies, Vol. 25, No. 1, 1977.
⑤ 陈希育：《中国帆船与海外贸易》，厦门大学出版社 1990 年版，第 236 页。
⑥ 中国第一历史档案馆：《乾隆年间议禁南洋贸易案史料》，《历史档案》2002 年第 2 期。
⑦ ［英］马士：《东印度公司对华贸易编年史（1635—1834 年）》，区宗华译，中山大学出版社 1991 年版，第 221 页。
⑧ 吴同永主编：《福建省志·华侨志》，福建人民出版社 1992 年版，第 34 页。

甚多"①，当地侨居的闽商已初具规模。

福建与暹罗之间主要是大米贸易。雍正年间，因运贩大米来华销售免征税收，激励了暹罗商人将大米运贩至福建销售。虽说是暹罗商人，但暹罗国王大多都会选派祖籍为福建的侨居当地的华商来负责。一方面考虑到语言风俗等因素；另一方面这些侨居当地的闽商，除了大量种植胡椒、甘蔗、烟草等经济作物发展成为种植园主，还种植稻谷输出。同时，清政府也颁布各种措施鼓励本国商人赴暹罗贸易回航时多带大米。乾隆七年（1742），福建出洋商船中，38艘商船就带回共计42900余石暹罗大米，并在漳、泉地区粜卖。②虽然移居暹罗的福建人数量远远少于广东人，但并不妨碍他们在商业领域中的地位，广东人主要从事种植业，而福建人则从事航运业和商贸业。③

越南也是闽商海外贸易常往之地。1696年，根据英国人托马斯·巴耶尔的报道，每年有10—20艘中国船到达，其中大约有一半来自中国大陆，而其中又有一半是厦门船和广州船。④16世纪中期后发展起来的会安港，"沿河直街长三四里，名大唐街。夹道行肆，比栉而居，悉闽人，仍先朝服饰，妇人贸易。凡客此者，必娶一妇，以便交易。街之尽为日本桥，为锦庸。对河为茶饶，洋艚所泊处也。人民稠集，鱼虾蔬果，早晚赶趁络绎焉"⑤。在这里俨然出现了以闽人为主的具有一定规模的海外华商贸易网络。18世纪初，越南政府招募华商开矿，一些闽商便前往投资开矿。嘉庆十六年（1811），闽商林旭三、李京秀到边和开办罗奔铁矿，获厚利，携资回国。

（四）小结

在生存压力和利益的驱动下，从宋元开始，闽商就将出洋贸易视作理所当然的谋生方式和途径。长期的海贸生涯，形成了闽商敢作敢为、勇于

---

① （清）陈伦炯：《海国闻见录》，《南洋记》，载《海滨大事记 神海纪游 海国闻见录》（合订本），台湾文献史料丛刊，第七辑，大通书局1987年版，第20页。
② 林京志：《乾隆年间由泰国进口大米史料选》，《历史档案》1985年第3期。
③ ［英］布赛尔（V. Purcell）：《东南亚的中国人》（连载之二），卷二，《在缅甸的中国人》，王陆译，《南洋资料译丛》1958年第1期。
④ 廖大珂：《福建海外交通史》，福建人民出版社2002年版，第359页。
⑤ （清）释大汕：《海外纪事》，中华书局2000年版，第80页。

冒险和尝试的人文精神。闽商还一向重商趋利，哪里有利润就往哪里开展贸易。早在元代，就因海外贸易的发展，出现了闽商因各种原因长期住蕃，成为华侨。到了明代，因为"海禁"政策的实行，闽商受到沉重打击。但自月港开港，闽商再度活跃在东南亚诸港。雍正初年，暹罗商船运米来华，清政府便发现商船上的商人和船员"系广东、福建、江西等省人民，然住居该国，历经数代，各有亲属妻子"[1]。雍正十一年（1733），据载："吕宋地方，系西洋干丝腊泊船之所，自厦门至彼七十二更，漳泉二府人民向在该处贸易者甚多，现在住居者约有一二万人，地极繁盛，人多殷富。"[2] 加上因为战乱、迁界及谋生等原因，许多福建人逃往越南、菲律宾及东南亚其他地区。闽商在东南亚各地，及时捕捉商机，投资当地特色产业，如种植胡椒和甘蔗等、开采金矿、锡矿及从事与周边国家的贸易活动。到18世纪末，旅居海外的闽籍华侨人数已达几十万，大多分布在东南亚各要埠，基本上都从事商业活动。正是基于闽商海外贸易构建的庞大的华商贸易网络，从明后期一直到清开"海禁"前，以郑氏海商集团为代表的闽商能够主导东亚海域贸易长达半个世纪之久，并在郑氏海商集团覆灭后，依然能够主导海外华商网络，直到19世纪中期。

闽商之所以能在对东南亚的贸易中占据主导地位，其原因有三：一是与清政府指定厦门港为中国商船赴南洋贸易的官方发舶地密切相关。闽商凭借地利，与南洋的贸易也日趋繁盛。二是闽商与东南亚各地尤其是和吕宋、巴达维亚的贸易，很大程度上是与欧洲商人的贸易。闽商凭借其在东南亚贸易中的优势地位，在与欧人的贸易中，换回大量的银圆，在贸易过程中，也逐渐将自己融入欧人主导的世界贸易网络中。三是随着东亚海域华商贸易网络的铺开，对贸易从业人员的需求也在不断地增加之中，而这些人员的输出很大程度上便依赖闽商赴东南亚贸易的商船为通道。因此，至鸦片战争前，东南亚各地聚集了为数众多的福建移民，这些移民中的大部分在住在国又多以从事商业活动为主，如菲律宾、马来半岛、新加坡，基本上都是闽商主导华埠的商贸。由此，闽商构建了一张遍及东南亚各商埠的华商网络。正是由于上述原因，直到鸦片战争前，闽商都保持着其在

---

[1] （清）梁廷楠：《海国四说》，《粤道贡国说》，卷二，《暹罗国二》，第182页。
[2] 台北故宫博物院编辑：《宫中档雍正朝奏折》，第21辑，第353页。

东亚地区商贸网络中的优势地位，主导了中国的海外贸易与海外移民。曾有人这样介绍东南亚各商埠的闽商："中国没有一个地方像厦门那样聚集了许多有钱的能干的商人。他们分散在中国沿海各地，并且在东印度群岛的许多地方开设了商号。被人称为'青头'的木帆船，大多数是厦门商人的船只。"①

二 近代海外闽商发展概况

自 16 世纪开始，东南亚各地就相继成为西方国家殖民主义的对象。远道而来的欧洲人在东南亚各地建立殖民据点，不仅需要以闽商为主体的海外华商运贩欧洲市场所需的中国商品和他们在殖民据点的日常生活所需商品，而且还要依靠闽商作为中间商深入土著聚居区收购当地土产以供应欧洲市场，同时帮助他们将欧洲商品推销给土著。开发和建设殖民据点需要大量的劳动力，闽人在海外闽商的引领下源源不断地来到东南亚，或从事各类劳力工作，或作为商贩从事商业活动，与原先在此打下基础的海外闽商一起，形成了华人的聚居区，至鸦片战争前，已在东南亚各要埠构建了一个庞大的海外华商网络。虽然此时的海外闽商已积累了一些资本，但受各种条件和环境的制约，均未能够完全转化为产业资本，他们更多的是作为中间商进行流通领域的贩卖活动，抑或是开设、经营矿业、农产品和经济作物加工种植的小型作坊和工厂。

鸦片战争后，国内百姓的生活更加艰难，很多人开始对外寻求出路。西方资本主义国家相继完成工业革命，大大加速了他们的侵略步伐和对原料市场的掠夺，东南亚、北美、大洋洲等地的开发进程加速，对劳动力的需求也前所未有地迫切。在这个背景下，有大量迫于生计的福建人前往东南亚谋生，其中有相当一部分人以"契约华工"的身份涌入，也有部分人是反清起义的义士及其后代，他们中的极少数人在经历异常艰苦的奋斗后，积累部分财富，转化为华商。一战期间，东南亚各殖民地宗主国纷纷忙于战争，暂时放松了对东南亚各地的管制和掠夺，海外闽商趁机崛起，除了将资本投向金融、航运及农产品加工等行业，还在交战各国大量需要

---

① Lindsay, *Report of Proceedings on A Voyage to the Northern Ports of China*, 1833, pp. 13 – 15. 引自聂宝璋编《中国近代航运史资料》第一辑，上海人民出版社 1983 年版，第 61 页。

的橡胶制品、锡、五金机械、矿业、小型船舶等领域进行投资。他们是"进出口商、制造企业与工厂主……另在零售杂货店也占优势"①。直到1929年世界经济危机之前,可以说是海外闽商在东南亚发展的黄金时期。之后的经济危机和二战,则对海外闽商的发展造成了巨大的冲击。

(一) 闽商在东南亚各国的发展概况

1. 菲律宾

在西班牙人占领菲律宾后,为开发马尼拉,繁荣当地的经济,殖民当局鼓励华商前来开展贸易,华商的居留也不受限制,并在马尼拉专门划出华侨的居留区并修建了商铺,即"巴利安"。到16世纪末,闽商就已在马尼拉的商业活动中占据重要的一席之地。闽商凭借他们吃苦耐劳、坚忍不拔的毅力,深入菲律宾大小城乡深处去贩卖商品和收购土产,构建遍布城乡的商业网络,从而在零售业和批发行业占据了先导优势地位。在18世纪中期以后,虽然欧美商人相继涌入马尼拉,但闽商凭借已有的零售网络,依然保持着优势地位,欧美商人开设的商行也都不得不倚赖闽商作为中间商。正如马尼拉的一名欧洲商人所感慨的:"马尼拉商行几无例外,都得将商品售与华商,由他们再销往外省。欧洲商人自己无法开展这种进出口业务。事实上,这个群岛的贸易完全依靠华侨进行,只有他们才能向外省的华商销售进口产品。他们还经营自己的运输业务。到处可以听到华侨小贩叫卖声,能到最偏僻的角落出售他的货品。欧洲人甚至不能片刻离开马尼拉,到外地去开展业务。"② 闽商还在菲律宾的城乡各地开设了众多的菜仔店(Sari-sari Store),即经营蔬菜、日用品、土产的小杂货店,一般都为家庭成员经营,偶有一两名雇员,虽然规模极小,但分布广泛,成为闽商销售商品和收购土产的重要网点。闽商零售业的规模也渐趋扩大,在大的城镇,出现了诸如铁器店、瓷器店、家具店、土产店、首饰店等分门别类的商号乃至规模较大的百货商店。到20世纪初,以闽商为主体的菜仔店、零售商贩、中间商、批发商,构成了一个遍布菲律宾城乡各地的华商网络。据统计,到1941年,以闽商为主体的菲律宾华商的零售业营业

---

① 李恩涵:《东南亚华人史》,五南图书出版公司2003年版,第648页。
② Edgar Wickberg, *The Chinese in Philippine Life*, *1850 – 1898*, Quezon city: Ateneo De Manila University Press, 2000, p. 68.

额占菲律宾零售总额的 44.21%。①

19 世纪末，海外闽商通过最初的零售商业活动和土产的种植加工，积累了一定的资本，商业规模也开始壮大，并将经营领域拓展至进出口贸易、木材业、信托业、金融业、制造业领域。部分闽商将零售店发展成商行，从事进出口贸易行业。由于一般的贸易商行都需配备商船进行物资运输，以免受西方人控制的航运业的羁绊，因而对资本要求甚高，但这并不妨碍部分资本实力雄厚的闽商从事这一行业。如泉州人杨嘉种以零售商店起家，积累资本后在马尼拉开设洽成行总行，并在宿务等地开设了 30 多家分行，从事土产的进出口销售业务，并将大米运贩至菲律宾销售。为方便物资的运贩，专门购置了大轮船"孙獭号"及多艘小轮船，开菲律宾闽商发展内海航运业之先河。施光铭、郑焕彩等从事进出口贸易的闽商，也都购置轮船以方便业务的开展。

闽商经营的木材业在菲律宾木材业中所占比重较大。20 世纪 30 年代，菲律宾全岛有 120 多个制材所，90% 掌握在华商手中，基本上都为闽商。②被誉为"木材大王"的晋江人李清泉便是闽商中经营木材业的翘楚。在 1907 年接手父亲经营的"成美木业公司"后，成功地经营了造林—伐木—制材—加工—销售—出口等联合企业体系。③ 与其经历极为相似的晋江人吴克诚，也继承家业经营木材业，相继创办木锯厂、马尼拉合茂木厂、棉兰佬木业公司、觅沙业锯厂、纳卯木行，并购置轮船，大规模经营木材业，成为华商经营木材业的佼佼者。

在经营木材业获得巨大成功后，李清泉等众多闽商还将资本投向金融领域。1920 年，李清泉和邱允衡、施光铭、薛敏佬、黄念忆、黄奕住、吴记藿、陈迎来、杨嘉种等闽商共同创办了马尼拉第一家华商银行——中兴银行。最初注册资本只有 290 万比索，总资产达 974 万比索，1921 年总资产已有 2132 万比索。1931 年，该行总资产占全菲银行总资产 24181 万比索的 9.96%。到 1937 年已达 2700 万比索。该行分设商业部及储蓄部，还

---

① 黄明德：《菲律宾华侨经济》，海外出版社 1956 年版，第 142—143 页。
② 杨建成主编：《三十年代菲律宾华侨商人》，中华学术院南洋研究所，1984 年，第 75 页。
③ [日]李国卿：《华侨资本的形成和发展》，郭梁等译，福建人民出版社 1984 年版，第 208 页。

在中国上海、中国香港，欧、美、日设立通汇机关。① 在中兴银行成立后，闽商还先后创办了华兴银行、民兴银行和交通银行。1929—1933 年资本主义世界经济危机中，民兴银行关闭，华兴银行并入中兴银行。闽商在投资创办银行之外，亦涉足保险业。如邱允衡倡导创办益同人保险公司和贻记公司。前者接受水、火保险，并为侨商贷款担保；后者接受水、火和汽车保险，借此改变华侨保险事务为外国人所垄断的局面。

20 世纪初期，闽商经济的发展壮大，带动了金融业的兴起和发展。闽商虽在海外创业，但心系家乡，每年都有大量侨汇汇往祖籍地。因此，在菲律宾各地，闽商开设了大量的信局②，办理华侨与祖籍地之间的批银往来。如马尼拉的谦顺行，在经营进出口业务的同时，还专营华侨和福建漳泉两地的汇兑业务。郑焕彩的郑正益行也设汇兑部专营香港、上海、厦门等地的汇兑。

在制造业领域，闽商投资纺织、家具、制糖、烟草、酿酒、铁业、碾米等行业。特别是在 1880 年殖民当局废除烟草垄断法律之后，众多闽商进入烟草行业，仅马尼拉一地，就开办了 200 多家烟厂，规模较大的有 1881 年许书文、许经黎开设的许庆泉烟厂有限公司、1890 年杨邦俊开设的源馨烟厂，雇佣的工人均在 200 名以上。在碾米业中，闽商占据了很大的市场份额，到二战前，菲律宾 2500 家碾米厂中，华商占了 75%，③ 基本上都是海外闽商。

二战爆发后，日本占领菲律宾，闽商经济在战争中遭受极大的破坏，损失惨重。众多中小资本的闽商一夜之间财富尽失，生活陷入困境，为维持生计，又重新开始昔日的商贩经营。

2. 印度尼西亚

制糖业作为印尼的传统产业，在华人带来的先进制糖技术的影响下，发展非常迅速，到 18 世纪末，闽商几乎垄断了爪哇岛上的制糖业。自 19 世纪中叶开始，荷兰人建立许多使用印尼（殖民地）的劳动力的大型糖厂，虽然导致从事制糖业的闽商数量日益减少，但在其中也出现了制糖业

---

① 黄滋生、何思兵：《菲律宾华侨史》，广东高等教育出版社 1987 年版，第 338 页。
② 信在闽南语中读"批"，侨批局（有多种名称：银信局、批局、批信局、信局等）。
③ 黄滋生、何思兵：《菲律宾华侨史》，第 328 页。

的巨商。黄奕住，福建南安人，19世纪末前往印尼三宝垄谋生，以零售商贩起家，发展为批发商，19世纪末20世纪初，中爪哇地区成为世界主要制造及销售蔗糖的中心之一，他敏锐地洞察到制糖业的发展前景，转而经营糖业。随着经营规模的扩展，黄奕住于1910年成立了"日兴行"，并先后在巴达维亚、泗水、棉兰、巨港、八加浪岸及新加坡等地设立分行，和另一闽商巨头黄仲涵一起成为爪哇著名的四大糖商之一。黄仲涵，同安人，子承父业，从父亲黄志信手里接手经营土产起家，后发展为经营蔗糖为主的建源公司，并在1893年将公司扩充为股份有限公司，先后开办5家糖厂，拥有7000多公顷的甘蔗种植园，进行机械化制糖，当之无愧地成为"爪哇糖王"。

20世纪初，印尼闽商经营的金融业开始兴起。为适应建源公司的发展需求，方便资金的周转，1906年，黄仲涵在三宝垄创立了第一家华商银行：黄仲涵银行，注册资本为400万荷兰盾。1918年，许金安等闽商集资创办巴达维亚银行，注册资本为1000万荷兰盾，成为巴达维亚最大的一家华商银行。1920年，丘清德、温发金等在苏门答腊创办的中华商业银行以及在坤甸开设的华通银行，周继琳在泗水开设的中华银行，都为闽商经营的金融机构。

黄奕住、黄仲涵等以经营糖业为主，成为巨贾，但他们的起家和众多闽商一样，都是以从事零售业起家。印尼闽商资产如黄奕住、黄仲涵般雄厚者较少，多数都为中小资本。他们在经营零售业的基础上，积累资本后，扩大经营规模，朝着中间商和批发商的方向发展，但主体依然以零售商为主。到20世纪初期，闽商的大型批发业务及进出口贸易业逐渐发展起来。南靖人庄西言，1904年在巴达维亚当店员，1910年，与人合资创办三美公司，经营土特产，到30年代初，成为巴达维亚的巨富。此外，福清人俞昌檀在1918年侨居印尼后，在泗水经营远和公司，主营土特产进出口业务，后将业务扩展至房地产、制糖、卷烟、纺织等行业，成为当地著名的华商。在经营进出口业务的闽商中，规模最大的当数黄仲涵的建源公司。虽以经营糖业为主，但还经营橡胶、咖啡、椰干、木棉、木薯粉、茶叶、胡椒、玉米、植物油等经济作物和农产品的出口贸易，业务遍及世界各地。黄奕住的日兴行在英国伦敦、新加坡、马来西亚槟城和怡保、印度加尔各答和孟买、泰国曼谷、荷兰阿姆斯特丹、日本大阪，都设有分行，经营进出口业务。可以说，在1929年世界经济危机前，闽商的发展都呈现良好的势头，但在经济危机的影响下，完全被荷兰等西方资本控制的印尼所受的打击非常沉重，闽商的商业贸易自然受到很大的冲击。30年代前后，日本廉价商品大量进入印尼，为占领市场，采取到处设立销售网点的直接经营方式，加上欧洲商人的竞争及荷印政府的贸易保护政策，诸种因素都使得闽商的商业贸易遭受重挫。

制造业方面，以生产出口商品为主的较大规模的企业基本上都被外国资本垄断。闽商主要在碾米业、花裙业等与当地百姓密切相关的行业中具有一定的优势。1927年，印尼有694家碾米厂，80%由华商经营，① 多为祖籍漳泉两地的闽商。1931年，印尼的花裙厂达到4384家，华商经营的占727家，② 厂主多为闽商，占据当地市场相当的份额。

3. 马来西亚

18世纪以前，虽有闽商前往马来西亚的柔佛、吉兰丹、沙捞越等地开展贸易往来，但少有华商定居于当地。18世纪后半期，英国殖民者占领马来西亚后，从福建招募大量华工来垦殖荒地和采矿。19世纪中叶，柔佛开始实行"华人港主制"。华商开港，有合作开发，也有独资经营。港主通过签订港契，拥有开垦种植、贩卖商品等行政权力。在柔佛麻坡开港的基本上都是福建人，他们通常从家乡招募劳工进行劳作，在开港数年后，便积累了大量的财富。由此在马来亚的马六甲、槟榔屿、雪兰莪等地聚集了众多的福建移民。他们从种植园和锡矿的苦力劳动做起，获得人身自由后，也多以种植经济作物为生，其中一部分人在积累一定本钱后，开始从事小买卖或成为中间商。1881年，马建忠在《南行记》中提及其出使印度途经槟榔屿时的情况："此间华商侨寓者约八万人，闽商为首，广帮次之。"③

闽商在马来西亚的发展起始，依靠的是一个重要行业，即橡胶树种植

---

① 郭梁：《东南亚华侨华人经济简史》，经济科学出版社1998年版，第107页。
② [英]W.J.卡德：《中国人在荷属东印度的经济地位》，黄文端等译，《南洋问题资料译丛》1963年第3期。
③ （清）马建忠：《南行记》，载（清）王锡祺：《小方壶斋舆地丛钞再补编》，第十帙，上海著易堂印行，1897年。

及橡胶加工业。19世纪末,马来西亚橡胶业开始进行商业性栽培。1896年,海澄人陈文贤在林文庆医生的鼓励下,在马六甲试种橡胶树获得成功后,于1898年联合李俊源、邱丽容、陈若锦、曾江水等,共同成立联华橡胶有限公司,购置了9000多英亩的土地,种植橡胶树和木薯,建立了马来西亚历史上第一个商业性的橡胶树种植园。20世纪初,欧美国家汽车工业发展迅速,对橡胶的需求日益增长,这也刺激了马来西亚的闽商投资橡胶行业。永春籍的郑成快在柔佛的纳美士等地开辟橡胶树种植园,古田籍的江家桂在柔佛永平港发展橡胶园,闽清籍的黄乃裳在沙捞越诗巫经营橡胶园、惠安籍的骆谋生和安溪籍的白成根在北马经营橡胶业,永春籍的郑文尧、陈可补、陈期岳父子及同安籍的杨朝长在马六甲经营橡胶业。原先种植胡椒、咖啡等经济作物的闽商,也纷纷改种橡胶树,从事贩售的闽商则将积累的资本用于购置土地以种植橡胶树。一时间,闽商经营橡胶业蔚然成风。南靖籍闽商陈祯禄成为马来西亚最大的华人橡胶代理商。但在1929年经济危机时,闽商经营的橡胶业遭受巨大冲击,众多橡胶园主破产。与此同时,英国人见橡胶业利润丰厚,利用高价收购等方式迅速兼并华商的橡胶树种植园。到30年代,马来西亚的大橡胶园基本上都落到英商手中,闽商在橡胶业中逐渐丧失原有的优势地位。

闽商在经营橡胶业的过程中,资本实力逐渐雄厚,出于业务开展更为方便的考虑,将资本投入金融业领域。20世纪30年代,出现了7家以闽商为主集资创办的银行,①它们大多在经营侨批业和汇兑业的基础上发展起来。南安籍闽商叶祖意于1935年在槟榔屿创办的万兴利银行,就是由经营华侨侨批业和汇兑业起家,逐渐发展成为银行的。这些银行,经营管理方法颇为守旧,业务仅限于商业性存贷款,鲜有直接投资产业,资金规模和发展也十分受限,无法与当地外资银行分庭抗礼。

马来西亚是世界上锡产量最多的国家。19世纪后期,马来西亚的锡矿业发展非常迅速。闽商中经营锡矿业最为成功的当属永定人胡子春。胡子春于1869年前往马来西亚谋生,初在商店当学徒,存有一些积蓄后,尝试经营锡矿业,大获成功,共拥有30多处矿业机构,成为巨富,被誉为

---

① 杨力、叶小敦:《东南亚的福建人》,福建人民出版社1993年版,第199页。

"锡矿大王"。其他如胡曰皆、林明、李振和、黄武美、刘西蝶、邱悦成、黄茂桐等闽商也都以经营锡矿致富。20世纪30年代以后,由于开采过度,新开矿源也不多,加上成本增加,华商的采矿业逐渐衰落。

一战结束后,部分闽商转向投资经营一批小型工场,主要生产当地急需的水泥、建材、五金、制药、肥皂、小型机械、家具、酒等产品。受资金限制,这些小型工场多为家庭作坊。

4. 新加坡

新加坡位于马来半岛最南端。1819年,英国人莱佛士开埠新加坡。开埠前,已有一些从事海上贸易的闽商到这里收购土产并销售日用品。开埠之初,原居马六甲的闽商携资本进入新加坡,从事商业活动,基本上以从事零售和中介为主。1821年,首批中国百姓乘坐帆船从厦门驶抵新加坡,船上人员多为前去谋生的华工或从事小本生意的商贩。次年,莱佛士在新加坡市区发展规划中,在欧人区附近专辟华人区,供来自厦门的漳泉人士建屋住宿,让其聚居一处,自成村落。1824年,英国殖民者宣布新加坡为自由贸易港。在此后的数十年中,为大力开发和建设新加坡,大量招募华工。1840年鸦片战争后,福州和厦门成为通商口岸,因此,福建和新加坡的贸易往来及华工输出也逐渐增多。新加坡人口的增长拉动了当地不断增加的对农副食品的需求,闽商中从事零售业的商贩便多贩卖农副食品。海澄籍的陈笃生从马六甲移居新加坡后,靠肩挑、车载来贩卖农副食品,手头有些积蓄后经营杂食店而发家。19世纪中期,来自中国和马六甲的新加坡福建人有很多从事商贸,约40%是经纪人、商人和店主,20%为种植园主,其余的则为苦力、船工、渔民和搬运工人。①

开埠后的新加坡很快就发展成为东南亚的转口贸易中心。以转口贸易为主的商贸活动,诞生了一大批从事中介贸易的闽商。中间商经营的岛际之间的转口贸易,需要商船来运送货物,但租赁商船的价格高昂,成本颇高,这就促使部分资产实力雄厚的闽商投资航运业,航运业由此成为新加坡闽商经营的重要行业之一。据统计,1869年注册的178艘船只中,属华侨所有的就达120艘。陈笃生之子陈金钟,继承父业经营粮食进口,在暹

---

① 庄国土:《东亚华人社会的形成和发展:华商网络、移民与一体化趋势》,厦门大学出版社2009年版,第79页。

罗和安南开办碾米厂外，购置了"暹罗号"和"新加坡号"两艘轮船，在运输自家公司的粮食外，兼营货运。诏安人吴寿瑞，19世纪中期到新加坡，开设"万安"商号，拥有7艘轮船，运送土产往来于新加坡与马来西亚、印尼等地。长泰人章芳琳子承父业，经营"长越号"和"苑生号"，运贩土产，兼营航运业。1866年，龙溪籍闽商林和坂和黄敏德共同继承经营的黄敏船务公司，于1888年发展成为新加坡最大的船务公司，穿行于北婆罗洲、菲律宾、荷属东印度群岛及英属马来亚与中国华南各商港。林和坂之子林秉祥和林秉懋于1904年合办和丰轮船公司，到1911年，已拥有远洋轮船8艘，20余艘小型轮船，① 承载印尼和马来西亚各港口之间的货运，远洋航线扩展至欧洲及太平洋沿岸各要埠，成为新加坡"航运大王"。此外，海澄籍闽商邱中波于1879年创办的万兴公司，也经营轮船运输。从印尼移居至新加坡的黄仲涵也在1912年创建协荣茂轮船有限公司，航行于印尼、新加坡和马来西亚等地。

闽商在马来西亚试种橡胶树获得成功后，加上市场前景明朗，新加坡的闽商也开始大力发展橡胶业。新加坡闽商中经营橡胶业最为成功、成绩最显赫的是同安籍闽商陈嘉庚。1906年，陈嘉庚从陈齐贤手中购得18万粒橡胶树种子，在福山园500英亩的土地上套种橡胶树，到20年代初期，他的橡胶园已发展为15000英亩，还成立橡胶熟品制造厂，生产胶鞋、轮胎，远销中国及南洋各地，并在世界各城市设立分销店多达100多处。也就是这个时期，陈嘉庚到达了他经营生涯中的巅峰，"为得利最多及资产最巨之时"②，成为南洋地区的"橡胶之王"。除了陈嘉庚外，南安籍的李光前、同安籍的陈六使、林秉祥也都经营橡胶树种植和橡胶加工。

新加坡闽商的金融业是在早期汇兑业的基础上发展起来的。早在20世纪初，南靖籍闽商刘金榜开设的福南银号，就开展低息放贷业务，已基本具备现代银行的雏形。闽商在新加坡开办的第一家银行是华商银行，1912年由陈延谦、林文庆、林秉祥等共同集资创办，资本为100万叻币。影响最大的要数林秉祥集合新加坡和马来西亚两地闽商于1918年共同集资开办的和丰银行，资本达600万叻币。新加坡方面，入股的闽商有李俊

---

① 吴凤斌主编：《东南亚华侨通史》，福建人民出版社1993年版，第419页。
② 郭梁：《东南亚华侨华人经济简史》，第103页。

源、林文庆、李俊承、胡文豹等，马来西亚方面，有徐垂青、曾江水、陈祯禄、邱明昶、张顺兰等。和丰银行成立数年，分行就已遍布新加坡、马来西亚，印尼、中国香港、中国上海、中国厦门等地，成为东南亚华商银行中第一家发展国际性业务的银行。1919年，李光前与李俊承、叶玉堆、陈延谦、陈振传、高德根等闽商成立了华侨银行。为摆脱1929年经济大危机带来的不利影响，1932年，华侨、华商、和丰三家闽商集资筹建的银行增资合并，成立华侨银行股份有限公司，合并后的业务范围进一步拓展。1938年与中国邮政局签订合约，承接代办递交侨批汇兑的业务，成为当时东南亚地区实力最为雄厚的华商银行。1935年，金门籍闽商黄庆昌和胞兄黄庆发联合新加坡、马来西亚的印明咏、王丙丁、冯清缘、蒋骥甫、陈文确共同创办了华人联合银行，即今天大华银行前身。成立之后业务发展迅速，但在二战中损失惨重，一度被迫停业。

中药业也因胡文虎、胡文豹的移居发展起来。祖籍永定的胡氏兄弟原在缅甸继承父业，经营永安堂中药铺，聘请医师和药剂师多名，将一些常用的中药制成成品售卖，如虎牌万金油、八卦丹、止痛散等，销量非常好。1923年，出于业务发展的需要，胡文虎将永安堂总部由仰光迁至新加坡，并兴建药厂，大批量地生产中成药，产品远销东南亚各国和中国。

总体而言，新加坡闽商中从事商业者占相当大的比重，多以零售商和中间商为主，伴随商业发展起来的是航运业。在种植业中，橡胶业无疑占有极其重要的地位，与之相随的橡胶加工业也发展起来，此外，闽商还从事菠萝、大米、食用油等农产品的种植和加工。还有闽商通过获得承包权得以发家，较具代表性的有海澄籍的章芳琳，他通过向新加坡政府获得烟酒承包权赚取了丰厚的利润。在金融行业，新加坡的闽商可谓表现出非凡的实力。

5. 东南亚其他国家

（1）文莱

历史上，福建人就从福建沿海前往文莱贸易或谋生，到明代，人数日益增多。19世纪后半期，文莱沦为英国的殖民地。为开垦当地，英国招募大批华工前往文莱，契约期满后，便定居在当地。定居者中也有部分是从东南亚其他地方移居到文莱。早期福建移民多从事中小型商业活动，以进行土产收购和零售日用百货商品为具体的经营形式。1916 年，金门籍的林清注来到文莱经营德源商行；1922 年，闽商李仁义在文莱先后创办连发公司，复发进出口公司、联丰发展有限公司和国民旅馆有限公司，经营杂货买卖、进出口贸易和旅馆业等。1927 年前往文莱的金门人林德甫创办的美成船务公司，经营航运业。1946 年，莆田人方国珍到文莱经营汽车行业，获得成功。

（2）泰国

18 世纪中期，广东潮州人郑昭建立曼谷王朝，大批潮州人前往暹罗定居，人数大大超过侨居当地的福建人。粤商借助郑昭的势力，垄断了贸易、运输、金融等高利润行业。传统闽商的势力被削弱，绝大多数为小商贩，他们深入暹罗各地尤其是暹南的乡村收购谷米和赊销农产品，然后运往港口加工。19 世纪前期，暹罗的锡矿开采吸引了众多福建人前往。他们大多前往暹罗南部储藏量最丰富的普吉府开采锡矿，其中取得显赫成绩的是龙溪人许泗漳。许泗章在国内因参与小刀会起义，1822 年与其兄泗福随船前往槟城经商，租用商船，由槟城运载货物，沿暹属西海岸各岛屿从事海上贸易，同时收购锡矿及土产。1845 年，获得甲武里及麟郎（Ranong）的采矿特许权，开办矿场。① 并从槟城和本籍招徕乡亲，提供资金，鼓励新移民采矿。② 经过几十年的苦心经营和华工的开采，许泗漳将麟郎发展成为暹罗的重点矿区之一，上缴的赋税也逐年增加。鉴于他为麟郎的经济发展所做的贡献，暹罗国王任命他为府尹，掌管麟郎行政，并因功晋侯爵。

闽商虽也在泰国经营橡胶业，但规模均不大。许泗漳之子许沁美于 1891 年从槟城引进橡胶树种子，在董里组织华工种植，获得成功，董里遂成为泰国橡胶业的发祥地和中心。祖籍晋江的苏廷芳早期也经营橡胶树种植园，开办南洋胶鞋实业有限公司。1941 年，诏安人许秀峰在泰国与人合资创办"联成公司"，经营橡胶业，后公司扩大股份，改名为"万成股份有限公司"，继续经营橡胶业，在 50 年代初期获得较大发展。

---

① 吴翊麟：《暹南别录》，台湾商务印书馆 1985 年版，第 219、221 页。
② Herbert Warington Smyth, *Five Years in Siam, From 1891 – 1896*, Vol. 1, New York: Charles Scribner's Sons, 1898, pp. 317 – 319.

制造业方面，泰国作为产米大国，华商对当地大米的加工和出口发挥了重要的作用，但泰国的碾米业大多被享有特权的潮州商人把持，闽商经营的碾米厂规模都较小。体育用品制造方面，长汀人黄永林于1940年集资创办鹰标体育用品工业有限公司，经营羽毛球及球拍。在制药业方面，长乐人杨友政于20世纪初前往泰国经营医药业，其子杨锦忠继承父业，创办泰国福安堂无限公司，下辖两个制药厂，制造中成药，兼营石料加工厂、养蜂业和水果种植场。

（3）缅甸

历史上，从元代开始，特别是到明代，闽商前往缅甸开展贸易往来的人数日增，但定居下来人数不多。早期定居于此的闽商，多为从马六甲、槟榔屿等地前往缅甸开展贸易的，但并未形成一股经济力量，直到19世纪后半期英国占领缅甸后，闽商才开始在经济领域中占据一定地位，尤其是经营土产的中间商发展非常迅速。闽商深入缅甸各大乡村或者在村镇设立收购点，替英国商行收购缅玉、蜂蜡、虫胶、丹参等土产，同时向当地百姓推销欧洲的日用生活品。这类从事中介贸易的闽商的土产杂货店遍及缅甸各城镇。虽然人数较多，活跃于城乡各地，但资本额较小，且多为英国商行服务，所获利润极为微薄，其经济实力也相对有限。

20世纪初，部分闽商在仰光开办人力车行。规模较大的车行一般都拥有千余辆以上的人力车。雇用的车夫大多也为福建人。如安溪人王紫如开设的人力车行泉胜栈，全盛时期拥有千余辆车。此外，闽商在碾米业、制药业、锡矿业、航运业等方面也较为活跃。二战期间，闽商停止经营，商业活动遭受很大的损失。

（4）越南

19世纪中后期，越南遭受法国人的入侵并沦为殖民地。越南的闽商基本上集中在以西贡为中心的地区。堤岸的工厂和米店几乎都是闽商的天下，其他工商业方面，闽商也有相当的实力。1914年，西堤（西贡和堤岸）有11家碾米厂，厦门籍闽商张振帆即拥有3家碾米厂，[①] 是当地著名的米谷商人。为转运米谷，闽商经营的造船业兴起，最繁华时有造船厂30

[①] 吴同永主编：《福建省志·华侨志》，第117页。

余家。闽商中经营典当业最为成功的是厦门人黄文华、黄仲训父子。黄文华在19世纪后期前往越南谋生,初在商店当伙计,后经商积累一定财富后开始经营典当业。在典当业大获成功后,投资房地产业,在西堤建造数百座楼房。可以说,西堤的店屋有将近一半是黄文华父子投资建造的,黄文华也成为越南华商中的首富。一战后,闽商发现越南缺乏棉纺织品,因而大力投资发展棉纺织业,建立了众多的织造厂来纺纱织布。此外,还有闽商经营洋烛业,规模最大的是魏健康的蜡烛厂。

因东南亚各国在近代都相继沦为西方资本主义国家的殖民地,因而闽商在这些国家的商业活动多呈现出类似的特征。19世纪中期的闽商,在资本额有限的情况下,多为小商贩,资本额充裕一些后,便以中间商的身份,经销土产,售卖洋货。这部分从事商业的闽商构成了东南亚海外闽商的主体部分。因贸易发展起来的是闽商的航运业。当地特色作物,如胡椒、菠萝、甘蔗、橡胶树、烟草等经济作物的种植和加工、锡矿开采等,也都是闽商从事的重要行业。20世纪初,闽商的金融业也开始起步,出现了专门由闽商集资开办的银行。具体到各国,闽商所从事行业又具备各自的特点,各行业在不同的国家所占比重有所差别,闽商在不同国家各行业中的地位也有差异。

(二)闽商在日本的发展概况

清初以郑氏海商集团为代表的闽商主导了中日海上贸易。在郑氏海商集团覆灭后,虽然闽商在对日贸易中的份额日趋减少,但基于之前其在对日贸易中的地位,从明清以来就有闽商侨居长崎。光绪年间游历日本的李圭,在其《环游地球新录》中曾记载,"(1876)四月二十二日,亥初,舟抵日本之长崎岛……店主人为梁鉴川、周昭亭,言:长崎一岛,吾华为工商于此者,粤东约三百人,八闽三四百人,江浙百余人"[①]。可见,闽商在长崎的华商人数方面占有优势。1899年,日本颁布敕令第352号《关于外国人的居住以及营业之事》和内务省令第42号,规定除贸易商外,还准许一般杂业者进出内地,如厨师、理发师、裁缝师等,但对华侨的某些经营采取众多限制性措施。之后,前往日本的中国人有所增加。赴日华商

---

① 李圭:《环游地球新录》,载钟叔河主编《漫游随录·环游地球新录·西洋杂志·欧游杂录》,岳麓书社1985年版,第318页。

往往"初则小本经营，希图糊口，既而稍获蝇头，便逐渐扩张事业"①。在日本众多法令条规的限制下，华商的经营范围只能局限在贸易业和"三把刀"（菜刀、剪刀、剃刀）行业。到1934年，华侨有806人，其中福建籍594人。②

闽商在日本的不同地域，所经营的行业亦有所差别。在长崎的闽商以绸缎业、贸易业和杂货业为主；在神户的闽商以经营服装业和布匹、什货业、贸易业为多，在大阪的闽商以经营棉布和什货业为主。可见，布业和贸易业是闽商经营的重要行业。在神户的闽商，多以贸易业为主。据载："外商之逐渐增加，系在明治元年（1867），八九月之后，中国商人多自长崎前来，……属广东、宁波及福建三处，在以上三帮中，以福建帮为主流，但在神户组织建帮公所的，实为闽南之泉漳帮，这些人以厦门为据点，从事华北、华南及南洋、台湾一带贸易，故在神户之势力，发展甚速。"③ 日俄战争后，华商贸易业开始衰退。到20世纪20年代，行商小贩增加，特别是从事"三把刀"行业人数大增，在"三把刀"之中，闽商主要从事以菜刀为标志的餐饮业。

闽商在日本经营的商行主要有合昌、泰益、德泰、瑞隆等十余家。这些商行中，存在时间较长的是金门人陈国梁开办的"泰益号"商行。陈国梁于19世纪中期前往日本长崎从事中日贸易，积累资金后，于1861年与其他七名闽商合资建立了"泰昌号"商行，商行主要经营批发及中介代理业务。闽商在向日商收购海产品及一些日用商品出口到中国及南洋等地的同时，向华商收购中国出产的砂糖、豆油、豆饼等物。1901年，陈国梁脱离泰昌号，独资创办"泰益号"商行，并由其子陈世望经营，贸易范围不断扩大，与台湾、香港、釜山、仁川、上海、厦门、新加坡等地的贸易往来十分频繁，成为经营土产、杂货及海产品的著名的进出口贸易商行。20世纪30年代中日战争爆发后，众多商行被迫停业，华商经济也几乎陷于瘫痪。

近代闽商在日本的经济，除贸易业外，便是"三把刀"行业，都是小

---

① 丘汉平：《华侨问题》，上海商务印书馆1936年版，第47页。
② 罗晃潮：《日本华侨史》，第209页。
③ 林金枝：《福建华侨旅居日本史略》，《南洋问题》1984年第4期。

规模的商业，重要的经济部门都无法插足。因此，他们在日本的经济力量极为有限。

（三）闽商在欧洲的发展概况

近代福建人进入欧洲，多以出国留学或者劳工输出的形式，侨居当地经商的人极少。19世纪中叶，欧洲众多从事欧亚远洋航运的船务公司，纷纷雇佣吃苦耐劳又易于管理的中国人作为远洋货轮的水手，其中包括一部分福建人。这些船员跟随其工作的远洋轮船航行于欧亚沿海，当轮船驶抵欧洲港口城市时，其中一些船员因为船期变更导致无法获得续签协议的机会而被迫留居当地；也有船员因身体原因无法继续远洋航行，不得不滞留当地；还有船员听从已留居当地前辈或同乡劝言，不再留在船上，前往陆上谋生。构成早期福建人留居欧洲的一个重要的主体便是"跳船"为主的船员。据统计，到20世纪30年代，先后"跳船"居留当地的福建籍船员大约有850人，另有近200名福建籍小贩分布各地。在英国，以粤人为最多，宁波人次之，闽人更次之，①居第三位；在法国港口城市马赛，有一福建人的小聚居区；另外在葡萄牙、荷兰、德国等国，也有少数跳船留居当地的福建人。②这些"跳船"的船员与在欧洲的青田人一样，"每日提箱奔跑叫卖，只需赚得到一个法郎（就法国说），就是等于中国的两毛钱，每月即等于中国的六块钱，倘能赚得到三个法郎，每月即有十八圆，这在他们本乡青田固不必想，即在今日的中国，在他们这样的人，也谈何容易！"③可以说，这些"跳船"的船员构成了以小商贩为主体的最早的欧洲海外闽商，受资金限制，谈不上经营何种行业，仅处于维持基本生存的状态。

（四）闽商在港台地区的发展概况

清代以前，就有数以万计的福建人前往香港谋生和定居。香港自近代开埠以来，赴港的福建人日增，最迟在19世纪70年代末80年代初，已经有闽商在香港开行设店，并且具有一定的经营规模和资本实力。早期赴港

---

① 陈里特：《欧洲华侨生活》，载耿素丽、张军选编《民国华侨史料丛编》，第5册，国家图书馆出版社2011年版，第307页。
② 陈里特：《欧洲华侨生活》，第307—308页。
③ 邹韬奋：《在法的青田人》，载戴望舒、邹韬奋《烟水行程 萍踪寄语》，第100页。

的闽商多经营家乡土特产转口、售卖药材和船务,并集中于港岛中上环的文咸东、西街,永乐东、西街一带,又称南北行街。① 20世纪初期以后,特别是中日战争爆发以后,福建人更是大量涌入香港,在港发展的闽商也大量增加。此外,还有部分东南亚闽商将事业迁往香港发展。如胡文虎在1932年将永安堂总行从新加坡迁往香港,在东南亚及中国各大城市设立分行,并在欧美国家的大城市设立特约经理部,成为名副其实的"药业大王"。从1913年到1952年,他还先后创办了十多家报纸,组建了庞大的报业王国。

自明后期以来,台湾就一直是闽商海外贸易的重要中转站。至清末,闽商依然活跃在与台湾的海上贸易之中。根据《闽海关十年报1892—1901》记载:"开往台湾的船,称台湾船","每艘民船根据船只大小配备船员,小型的一般为20人,大型的约30人","它们运进食糖、樟木、牛皮、煤、鹿皮和西药,运走原木、厚木板、纸张、笋和柴火。每艘载货物价值约2万元"②。在1895年台湾沦为日本的殖民地后,依然有闽商赴台经营。福州人陈旭村,1914年前往台湾凤山经商,至1937年携家眷返回家乡,在台期间曾被选为凤山中华会馆的评议员,可见其经商获得了成功,在当地民众中有一定的名望。晋江籍闽商王者令则前往台湾贩卖古器,经历了十余年才返乡。处于日本殖民统治下的台湾,闽商并未获得发展的机会,因而经营的规模和范围都相对有限。

三 现当代海外闽商发展概况
(一) 20世纪50年代至1978年海外闽商的发展概况
1. 东南亚海外闽商的发展概况

二战后,东南亚各国相继取得了政治上的独立地位。面对摆脱原有殖民地经济结构、建立本国民族经济的重任,如何处理在东南亚已有一定影响的华商经济时,受殖民者长期实行的"分而治之"政策的影响,东南亚国家除新加坡外,都先后制定和实行了旨在限制和排斥华商经济发展的政

---

① 李培德:《香港的福建商会和福建商人网络》,《中国社会经济史研究》2009年第1期。
② 池贤仁主编:《近代福州及闽东地区社会经济概况(1865—1931)》,华艺出版社1992年版,第376、400页。

策和措施。在殖民统治时期的东南亚各国以从事零售业、中介贸易等为主的闽商，遭受重大打击。一直到20世纪60年代，东南亚华商都处在相对不利的环境中艰难、曲折地发展。在东南亚各国相继实行以满足国内需求为目的的进口替代工业化政策后，华商不得不转向制造业、金融业及服务业领域，商业资本比例下降。进入70年代，执政当局逐渐意识到华商经济并不应成为被排斥的对象，而应加以利用，来推动国民经济的发展，于是改变过去排斥华商经济的做法，放宽对华侨入籍的限制。此外，东南亚华人也改变了过去"落叶归根"的传统观念，多数主动选择加入住在国国籍，成为住在国的公民，闽商经济也由原来的华侨经济转变为华人经济。为将发展重点转向劳动和资本密集型的出口加工业，东南亚各国政府出台了众多鼓励出口的措施，由此，在众多有利因素的影响下，闽商在住在国经济迅速发展的同时，自身的经济实力也获得了空前的增长，出现了一批新型的闽商华人企业集团。东南亚各国中，以菲律宾、印尼、马来西亚、新加坡四个国家的闽商资产实力最为雄厚，在某些领域具有一定的优势地位。

（1）菲律宾

从1946年独立到1965年，菲律宾政府颁布了许多限制华商经济发展的"菲化"措施，使得闽商经营的零售业、碾米业等传统行业几乎遭受毁灭性的打击，大批中小资本的闽商被迫从中抽离，从商业资本转向工业资本，导致传统闽商经济结构发生重大变化。60年代后期，菲律宾政局相对稳定，多数闽商相继加入菲籍，得以从事各类经济活动。少数资本雄厚的闽商继续经营传统的土产出口贸易和初级加工业，获得了一定程度的发展；部分闽商凭借与当地政府的良好关系，获得某些产品的生产或进口专营权；也有闽商选择与外国资本合作，投资制造业；还有闽商与当地土著资本开展合作来规避政府对零售商业的种种限制，并将资本更多地投向较少受政府限制的工业资本领域。虽然在60年代中期，闽商经济依然以商业资本为主体。70年代中期，中国和菲律宾正式建立外交关系，菲政府放宽华侨入籍条件，准许华侨集体转籍，同时不再颁布新的"菲化"法律，允许华商参与米黍业的经营。这期间由于住在国环境政策的变换调整，闽商的资本结构由原来的商业资本为主，逐步向工业资本转化。据统计，在

80年代中期，菲律宾250家最大企业中的80家华人企业里，有80%是在"菲化"运动期间转向制造业的。①

闽商在纺织业、食品业、卷烟业、造纸业、木材加工业及金融业等领域均据有行业优势。纺织业是闽商传统经营的行业之一，也是制造业中最主要的行业，在20世纪50年代菲政府颁布实施零售业菲化法之后，纺织业呈现迅猛发展的态势，到70年代中期，华商纺织企业在所有纺织厂中占到80%的比例，②基本上多为闽商。除了独资经营外，还选择与菲律宾本土商人、外国商人合资经营，所涉业务范围有纺纱、织布、印染及成衣制造等。在米黍业菲化法实施后，销售食品相关商品的闽商由零售商转向投资食品加工业，经营范围包括椰子加工、碾米、罐头生产、蔗糖炼制、农产品加工等。晋江人蔡文华，1922年到菲律宾，继承其伯父蔡本油的锦记糖行，后发展为糖业界的首领，并创办锦记米行、太平洋面粉厂等食品加工企业。厦门籍闽商吕希宗家族所有的宿务行裕椰油厂，则是远东最大的椰油厂。

闽商经营的卷烟业在菲律宾占据相当市场份额。晋江籍闽商陈永栽于1965年创办的福川烟厂，将目标市场定位为中档烟消费市场，成功地打开了菲律宾香烟市场，生产的中档香烟占全菲中档烟市场的70%以上。在造纸业领域，菲律宾的大型造纸企业多为闽商所经营，如南安籍闽商郑龙溪的造纸厂、惠安籍闽商杨子华的京华造纸厂都是较具规模的造纸企业。木材加工业也是闽商经营的传统行业，晋江籍闽商吴清流在宿务的板材厂是东南亚最大的木材加工企业之一。闽商的金融业在20世纪初期已有一定的经营和发展基础，进入70年代以后，随着华商资本积累的快速增长，闽商的金融资本和规模进一步拓展。菲律宾的华资银行绝大多数都是闽商经营，如1955年晋江籍闽商蔡文华组织的太平洋银行，1962年永春籍闽商郑少坚创立的首都银行，同为晋江籍闽商的李南文的安全银行、1977年陈永栽收购的联盟银行、李世伟的中兴银行、吴沛然的建南银行、高祖儒的交通银行、施维翰的远东银行，同为南安籍闽商的郑龙溪的合众银行、

---

① Yoshihara Kunio, *Philippine Industrialization*: *Foreign and Domestic Capital*, Manila: Ateneo de Manila University Press, 1985, p.90.

② 黄滋生：《七十年代至现阶段的菲律宾华人经济》，《八桂侨史》1996年第1期。

杨应琳的黎刹银行、叶永禄的信托银行。闽商经营的银行数量不可谓不多，由此也可窥见闽商在菲律宾金融业中的地位。其他如农产品的初级加工、经济作物的种植、牲畜养殖、渔业捕捞经营等一直以来也多是闽商经营的优势行业。

（2）印度尼西亚

1945 年印尼独立后，制定了经济发展战略来发展民族经济。50 年代前期，印尼政府忙于接管外资企业，暂时放松了对轻工业的管制，闽商在已有的经济基础上，发展了椰油、经济作物种植、木材加工、纺织、印染、五金及百货业等。60 年代中期，印尼政府鼓励国内外商人投资工业，闽商顺应形势，纷纷将资本投入制造业。这时期闽商经营的经济作物种植和加工业发展较快。如泉州籍闽商黄奕聪，从经营土产销售起家，1969 年投资创建了椰油加工厂，到 70 年代中期，开始参与造纸工业，其所掌控的金光集团发展成为印尼第二大私人财团。一直到 60 年代中期之前，闽商的发展都是在印尼政府不断出台的一系列限制和排华政策中展开的。在这期间，闽商经营的零售业和金融业遭受重大的损失。尤其是金融业，印尼政府于 1959 年开展所谓的"金融清洗运动"，以"违反外汇管理条例"的名义查封并没收了黄仲涵家族的黄仲涵银行，因此法令遭受损失的还有黄奕聪家族经营的雅加达 BJ 银行等数家闽商开办的银行，受累及的闽商开办的中小金融机构更是为数众多。在一轮轮的排华浪潮中，闽商经营的零售业、食品加工业、制糖业、纺织业、印染业等都备遭摧残和打击。

20 世纪 70 年代初，印尼政府总结之前排华政策的经验教训，重新制定政策鼓励华人入籍参与经济活动，同时期印尼政府积极推行发展进口替代工业化政策，国民经济加速发展，这给华商经济的发展带来了机遇。闽商利用这个时机，在与当地土著商人合作的同时，还与其他国家华商、外商联手，以获得更多的资金和行业垄断权，从而将企业发展为大型跨国企业集团。福清籍闽商林绍良的"三林集团"；海澄籍闽商谢建隆兄弟的"阿斯特拉集团"；被誉为"印尼房地产大王"的漳州籍闽商徐清华的"吉布特拉集团"；有"酒店王"称号的福清籍闽商陈子兴的"哈拉班集团"；以及泉州籍闽商陈祥基的"金轮集团"、晋江籍闽商黄惠忠、黄惠祥兄弟共同经营的印尼"针记香烟集团",都在这一时期发展壮大。他们在进出口贸易、金融、房地产、石油提炼、建筑、水泥、木材、纺织等领域占有重要的地位,有些甚至是垄断性的地位。如林绍良在雅加达市南郊兴建的"印度尼西亚水泥公司",年产量占全国水泥产量的40%。谢建隆兄弟的"阿斯特拉集团"在50年代时只经营皮革厂和土特产进出口业务,后转为汽车装配,专门装配并经销日本和法国汽车,从而发迹,几乎控制了印尼汽车市场。林绍良的"波卡沙里面粉厂"亦几乎垄断了全印尼的面粉市场。① 金融业领域,印尼私人开办的银行中,华商银行基本上都是闽商资本。成立于1957年的林绍良三林集团下的中央亚细亚银行,在70年代抓住印尼政府开放资本市场的时机,联合多家国外银行,成立多国金融有限公司。到80年代初,发展成为东南亚规模最大的银行之一。

(3) 马来西亚

20世纪50年代以前,闽商资本主要投向商业、橡胶业和锡矿业这三个主要领域。1957年到1969年,马来西亚执政当局执行自由经济政策,允许华人自由地从事各种经济活动,华人工商业得以不受太多限制而继续发展。这一时期,闽商利用马来西亚发展进口替代工业,扶植私人资本发展的政策,除了继续投资传统的橡胶业、锡矿业和商业外,还将资本投向纺织业、制糖业、食品加工业、化工业、水泥制造业等领域。在制糖领域,经营最具实力的当属郭鹤年,他于50年代末投资制糖业,在印尼租下大片土地种植甘蔗,到70年代时,控制了马来西亚和新加坡80%的糖业市场。1968年开始,马来西亚政府由原先发展进口替代战略转而面向出口战略,闽商又将资本投向木材业、电子业、棕油提炼等行业。部分闽商选择与外资企业合作开展合资经营,或者通过获得外商授权代销其企业的产品。1968年,郭鹤年于1949年创办的郭氏兄弟集团,选择与日本的制糖公司合作,成立了玻璃市种植有限公司,由此奠定该企业集团的基础。之后其经营范围遍及造船、海运、水泥、面粉、旅馆等多种行业。② 惠安籍闽商骆文秀最初经营公共汽车公司,1958年取得日本本田的代理权之

---

① 罗金友:《印尼华人经济发展的特点浅析》,《广西社会科学》1987年第1期。
② [日]原不二夫:《新经济政策下的马来西亚华人企业》,乔云译,《南洋资料译丛》1991年第3期。

后，逐渐建立了自己的企业王国。

然而，1970年，马来政府颁布了扶马抑华的"新经济政策"，规定所有华资企业必须将其股份的1/3转让给马来人，这项政策无疑给闽商经济发展带来了明显的冲击。基于七八十年代马来西亚经济处于高速发展时期，整体经济发展态势良好，虽然闽商发展受到制约，但在经济高速发展的大背景下，其资本积累的速度和数量较之前还是有较大幅度的增长。这时期闽商企业集团的资本主要转向政策制约较少的行业，如酒店服务业、房地产业、保险业、博彩业等，并对外寻找投资场所，将资本转投海外，寻求发展。郭鹤年的郭氏兄弟集团，1971年开始进军酒店业，之后，更是将资本投向中国香港、新加坡、泰国、印尼、法国、斐济等国家和地区发展酒店服务业，还在中国香港、新加坡、马来西亚、法国等地遍设产业发展公司，经营房地产业务。在制造业领域，除传统消费工业外，还不断加大对建筑、化工、电子等行业的投资。

虽然出现了实力雄厚的多元化经营的闽商企业集团，但数量毕竟有限，多数闽商在马来西亚仍以经营中小企业为主，为节约成本，部分企业虽引进了一些先进技术，但主体依然采用手工操作和陈旧的管理方式，行业分布相对集中，以从事简单的食品加工业、木器业、纺织业、小五金业及零售商业等为主。

（4）新加坡

闽商在新加坡从事的传统行业：航运业、橡胶业在20世纪50年代继续发展。南安籍闽商许镇国于40年代创建的太平国际航务公司，发展到50年代初，已成为东南亚最大的航运公司之一。与航运业相关的海运、海产专用品，也纳入闽商经营范围。橡胶种植和加工业作为闽商的优势产业，在50年代欧美市场对橡胶需求量大增而本土所产橡胶又无法完全满足市场的背景下，闽商一方面在马来西亚购置土地种植橡胶树；另一方面，在当地设立橡胶加工制造厂，通过转运机构销售，构建一个集橡胶树种植、橡胶加工和销售于一体的产销体系。惠安籍闽商黄永祺、黄桂楠父子经营的四美树胶有限公司、龙溪籍闽商高德根经营的嘉兴树胶公司、陈六使家族经营的益和树胶公司、李光前经营的南益橡胶种植有限公司，在这一时期均有较大的发展。其中南益橡胶种植有限公司到70年代初，已具较大规模，拥有 18500 英亩的橡胶种植园，在新加坡、马来西亚各地设立了 15 家加工厂和分号。从事橡胶树种植以及橡胶加工和转口贸易的闽商，为之后的经济转型奠定了雄厚的物质基础。

20 世纪 50 年代后期，相继独立的东南亚各国纷纷开展对外的直接贸易，以转口贸易为主的新加坡的地位和作用被大大地减弱，为此，新加坡政府开始调整原有的单纯以转口贸易为主的经济结构，实行劳动密集型的工业发展战略，60 年代后期又实行面向出口工业发展战略，从而实现经济的转型。闽商也及时调整投资领域，将资本投向与国家基础建设密切相关的建筑、建材、五金、钢铁、机械、化工原料及房地产等行业。如同安籍闽商孙炳炎兄弟经营的森林公司紧跟形势，先后承建了新加坡商务局、公共工程局、建筑发展局等法定建筑工程，公司资金得以迅速积累。莆田籍闽商黄廷芳早在 50 年代初，就开始投资房地产业，70 年代在新加坡乌节路兴建了包括远东购物中心、远东商业中心、乌节商业中心、幸运商业中心在内的诸多商业大厦，被誉为"乌节地王"。同安籍闽商郭芳枫也看好地产行业，从 40 年代后期就开始购进大片土地，60 年代成立城市发展有限公司，经营房地产业务，是新加坡第二大房地产公司。

食品加工业作为闽商经营的传统行业之一，随着新加坡人口的增长及旅游业的发展，此类企业也迅速增加，多数为中小规模企业，形成规模效应的为数极少，杨协成公司便是其中极少数发展成企业集团的食品加工企业。这家由晋江人杨仁溜、杨天恩创办的企业，由一个生产酱油的小企业，发展成经营饮料、罐头食品的大型跨国企业集团。在百货业领域，闽商也占有一席之地。龙溪籍闽商王梓琴的美罗百货于 1957 年进入新加坡，之后业务迅速扩展，到 1973 年，美罗控股有限公司在新加坡交易所成功上市，成为新加坡家喻户晓的百货公司。

20 世纪前期，闽商经营的华资银行业已经发展起来。进入 50 年代，又诞生了一批新的闽商银行：龙溪籍闽商高德根 1950 年创建崇侨银行，安溪籍闽商陈锦章 1954 年创建新加坡闽商银行，南安籍闽商洪恭兰、洪永裕父子 1959 年创建亚洲商业银行，惠安籍闽商黄桂楠、黄英杰叔侄 1959 年创建远东银行，南安籍闽商吴水阁 1974 年创建达利银行。30 年代由三家闽商银行合并而成的华侨银行股份有限公司，发展到 60 年代，依然由李光前、李成义及陈振传等闽商经营，金融业务范围扩大到保险、证券、信托等领域，非金融业务则涉及地产、旅游、制造业等领域的投资经营。由黄庆昌于1935年创办的前身为华人联合银行的大华银行，业务更是蒸蒸日上。到70年代初，大华银行相继收购了崇侨银行、利华银行等多家银行。从1974年起，大华银行集团就跻身于世界500强银行的行列。闽商银行集团的崛起，与60年代新加坡良好的金融环境密不可分。为建设亚洲金融中心，新加坡政府在60年代中期采取了有利于金融业发展的系列措施，使得闽商银行集团从原先的单一经营转向多元化的跨国经营，除了金融业务多元化之外，还开展以金融业为主体的多元化经管。良好的金融环境，使得以贸易和种植业起家的祖籍同安的郭芳枫的丰隆集团在六七十年代也进军金融业。1962年，丰隆金融公司成立，它以入股南方银行、兴业银行及收购金融公司股权等形式不断扩大经营规模，1969年正式在新加坡和马来西亚股票交易所挂牌上市，70年代末又收购新加坡金融公司，成为新加坡最大的金融公司。

2. 日本海外闽商发展概况

20世纪50年代，闽商在日本仍然以从事商业和服务业等传统产业为主。到60年代，伴随日本经济的高速增长，华商的经营领域也发生了改变，传统服务业中的"三把刀"，其中理发业和服装业由于来自外界的竞争，逐渐走向衰落，唯有餐饮业依然是闽商经营的一个重要行业，和商业贸易业一起，构成了在日闽商的两大经济支柱。

这一时期，闽商对原有中餐业的经营布局进行调整改变，以适应经济快速发展的日本。如福清人陈平顺于1899年在长崎中华街创办"四海楼"酒店，在其去世后，先是由其子陈春扬，之后由陈家第三代陈名治经营。他将酒店打造成可容纳1500位客人就餐的大型中餐馆。同在长崎的另一家中国饭店江山楼，由福清人王玉官于1929年创办，初建时规模很小，到其子王国雄接手后，将饭店改建为现代化的中式饭店，生意兴隆，从1975年起，每年营业额增长30%。1980年营业额超过4亿日元。[①] 长崎福州籍闽商林其彬也在日本经营中国饭店，他是第五代华侨。可见，闽商经

---

① 池步洲：《日本华侨经济史话》，上海社会科学院出版社1993年版，第233页。

营的中餐业多为继承祖上的产业，积累经验后扩大规模。

商贸业是闽商在日本从事的另一重要行业。清末，华商在日本的商业贸易中占有重要的地位。进入20世纪50年代，华商的商贸业又有所发展。闽商因东南亚各地有众多福建移民，因而便利用他们遍及世界各地尤其是在东南亚等地的华商贸易网络，从事日本和中国、东南亚、美国等之间的中介贸易，从中国及东南亚等地购进他们所需的当地特色产品，如经营中餐业所需的中式家具、餐饮原料等，同时向这些国家推销日本制造的商品。如永春籍闽商郑达材和郑葆仁父子在神户创立的南泰有限公司，利用菲律宾的同乡关系，从事的贸易基本上以对菲律宾进出口为主。南安籍闽商吕达民、吕荣里父子，1951年赴神户，适逢战后不久，日本粮食短缺严重，吕氏父子即动用缅甸南安老乡关系，订购大豆在日本销售，获利颇丰。日本在《旧金山和约》签订后恢复了贸易自主权，在将钢铁和重工业产品销往印尼时遇到困难，便求助于吕氏父子的华东联合有限公司，利用他们在印尼的华商网络，将产品销路逐渐打开，该公司也得以列入日本通产省指定的46家商社之中。此外，吕氏父子还通过日本商社，投资经营不动产，加上中国香港、新加坡的有关商社，计有近22家都有他的巨额投资。① 福清籍闽商任政光于1968年创办中国贸易公司，凭借自身是华人的优势，以贸易商的身份开展中国商品的输日贸易，并兼营中国杂货。

也有闽商在日本经营百货业。福清籍闽商林同春从20世纪40年代创办饮食店，经营服饰面料起家，70年代进军百货业，开设百货公司。另一福清籍闽商林康治、林瑞荣兄弟于1960年在熊本市创办微笑堂，其主业是经营超级市场，在日本熊本、福冈、九州等地皆有连锁店。1979年又建武藏丘购物广场，面积达9240平方米。

部分闽商还将资本投向娱乐业和房地产业。20世纪60年代，林同春涉足保龄球中心等娱乐业，在积累资金的基础上，70年代开始投资地产业。祖籍福清的任道祖早在40年代就开始从事房产生意，发展到70年代，他的房产业务已颇具规模，在大阪、东京等地拥有17家房产公司。②

---

① 池步洲：《日本华侨经济史话》，上海社会科学院出版社1993年版，第207—208页。
② 吴同永主编：《福建省志·华侨志》，第129页。

3. 港台地区闽商的发展概况

20世纪50年代香港的闽商仍以经营进出口贸易为主，商品涉及福建土产、东南亚各国土产、食品、茶叶、布料等，集中在上环和西环一带。部分闽商商行经营航运和汇兑等业务。60年代，香港经济快速发展，闽商在港创建了不少颇具规模的企业，涉足金融、航运、制衣、房地产、旅游、珠宝等行业。在五六十年代陆续进入香港的福建新移民也加入创业大军。1966年，赴港定居的长乐人黄炳祥，于1970年创立恒昌贸易公司，经营取得了良好的业绩，1978年又与人共同创办宾廊集团，经营餐饮、贸易和房地产。福州人赖庆辉60年代从印尼回国读书，70年代初赴香港创业，继承父业经营藤条生意，并在五金业、房地产业、旅游业等多个领域发展，均取得不俗的业绩。

20世纪50年代起，台湾在经济上首先实行进口替代的发展战略，之后又发展出口导向型经济，重点发展食品、纺织、水泥、化工、地产等行业。在台的众多闽商将资本投入食品业、纺织业、化工业、交通运输业、金融业及电子业等诸多行业领域。食品加工业，比较多的是从事罐头食品的生产。石狮籍闽商蔡衍明经营的旺旺食品集团的前身，就是其父亲蔡阿仕于70年代中期收购的宜兰食品厂，主要从事食品的代加工与外销。纺织业也是闽商从事较多的行业。南安籍闽商李卿云，1949年创办台湾纺织染整厂股份有限公司，公司集纺纱、织布、印染、印花、整理于一体，1952年增设台中纺织公司，并将台湾花布远销东南亚。1949年去台湾的长泰籍闽商梁绍谦在经营贸易公司的基础上，于1968年创办立达制衣厂股份有限公司，产品远销欧洲。在大陆从事纺织业并被称为厦门"土布大王"的龙海籍闽商潘景耀，1949年去台后先后开设耀裕绸布行、安格纺织厂、丰裕织布厂，继续经营纺织业。

化工行业是台湾闽商经营的重要领域。安溪人张紫树于1951年创办大丰塑胶厂公司，生产塑胶产品。福州籍闽商吴浩源1949年将其在香港筹建的美琪化工厂迁至台湾，成为台湾最早的香皂厂，后创设玛利化工厂，生产玛利牌三色皂，并附设甘油厂生产高级甘油，产品远销世界各地。化工业经营最为成功的闽商当属安溪人王永庆。1954年，王永庆筹建福懋塑料公司，1957开始生产PVC，公司更名为台湾塑料公司，由于经营有方，到 1978 年，创下年营业收入 10 亿美元的纪录。

在金融保险业领域，祖籍晋江的蔡万春，抓住 20 世纪 60 年代初台湾当局向民间开放经营保险公司的机会，于 1961 年和林顶立合作成立国泰产物保险公司，1962 年又成立了国泰人寿保险公司，70 年代，成立国泰信托投资公司。蔡氏家族以保险金融业起家，之后将业务拓展至交通运输、建筑、广告、塑胶、纺织、食品、电子电器业，到 70 年代末，已经发展为实力雄厚的企业集团。在电子业领域，福清籍闽商叶可根在 60 年代创设电子工业股份有限公司，生产半导体收音机，70 年代创立菱生精密工业股份有限公司，生产高级半导体和音响类产品。水泥生产方面，安溪籍闽商辜振甫在 50 年代台湾公营事业民营化之际，接手经营台湾水泥公司，主营水泥、纸袋等产品的生产和贸易，伴随台湾经济的腾飞和基础设施的建设，逐渐发展成台泥企业集团，水泥产量占台湾水泥总产量的 1/3 以上。地产业领域，发展较好的是石狮籍闽商林堉璘、林雍琪、林荣三兄弟，他们在 50 年代用经营杂货店和碾米业积攒的资金购买台北近郊的土地，几年后价格就翻了若干倍，获取巨额利润后，从事建筑业和地产业，成为台湾最大的房地产开发商。

（二）1978 年改革开放以来海外闽商发展概况

20 世纪 70 年代以来，东南亚各国的华商企业集团兴起，进入 80 年代，经济实力得以迅速壮大。80 年代的东南亚各国，政府已着手提升产业结构，力图推动产业结构向资本与技术密集型的重化工业转化，着重基础工业、加工工业和重化工业的发展。政府也采取相应措施扶植这类产业的发展，如推行经济自由化、私有化政策来放松贸易管制、金融管制，以刺激和鼓励投资。国际上，处于经济发展巅峰时期的日本对东南亚投资急剧增长，亚洲新兴工业国家和地区资本也大量进入东南亚各国建立生产基地。有利的内外环境为资本实力雄厚的华商企业承担大型建设项目提供了机会，经济自由化、私有化的政策，使得资本额充裕的华商企业能够通过兼并、参股及收购等方式，拓展经营范围和领域；与外国资本的合作则使华商企业成为外资在东南亚的重要合作伙伴，这也在相当程度上使得华商资本更加国际化。在诸种有利因素的作用下，华商资本增加迅猛，多元化经营的华商企业集团的经济实力获得空前的增长，

90年代以后，在经济全球化背景下，资本的国际化流通、企业的跨国多元化经营渐成常态。

1. 东南亚海外闽商发展概况

（1）菲律宾

20世纪70年代中期以后，有利的国际国内环境，使得闽商资本实力获得了大幅提升，尤其是闽商于五六十年代初步形成的华人企业集团，在这一时期获得了较大的发展，开始向多元化扩展，由传统的纺织、食品、商业扩展到酒店业、百货业、地产业、航空业和银行业等领域，闽商企业集团也进入一个新的发展阶段。80年代末期以来，伴随着经济快速增长所带来的房地产和基础设施建设投资的热潮，加上政府大力推进私有化，闽商将大量资本投向基础设施、房地产及重化工业领域。90年代初，闽商企业集团掀起新一轮的多元化发展浪潮，进入21世纪后，企业的经营结构也由传统的家族企业转向股份公开化、控股化，商业资本、金融资本和工业资本紧密地结合在一起，出现了规模庞大、资产实力雄厚的闽商企业集团。

在2018年《福布斯》全球亿万富豪榜中，菲律宾有11人上榜，其中7名为华人。这7名华人分别是：施至成、吴奕辉、陈永栽、陈觉中、郑少坚、吴聪满、蔡启文，全部为闽籍。由此可见，海外闽商在菲律宾经济生活中的重要地位。零售业巨头施至成，净资产达200亿美元，在2018年《福布斯》全球亿万富豪榜中位居第52位，是菲律宾首富，除庞大的零售商业之外，金融业、房地产业及旅游业等也是其商业帝国的重要组成部分。紧随其后的是排名第305位的吴奕辉，净资产为58亿美元。净资产为47亿美元的陈永栽，位居第441位，经营行业涉及卷烟业、地产业、金融业及航空业等诸多领域。从事餐饮业的陈觉中以40亿美元的净资产位居第550位；以金融业为主业的郑少坚以39亿美元的净资产位居第572位。其他上榜的还有位居第887位的净资产为27亿美元的吴聪满，从经营酒业起家，进而向餐饮、饮料制造、房地产业及旅游业等领域发展。净资产为25亿美元的蔡启文，位居排行榜的第965位，[①]在经营食品与饮料

---

① "The World's Billionaires," 2018 list, 2018/03/06, Forbes, https：//www.forbes.com/billionaires/list/.

业务之外，在炼油、电力、基础设施建设等领域也都有兼及。

由此可见，菲律宾闽商所涉及的优势产业主要集中在零售业、金融业、房地产业、航空业、食品饮料等领域，基本上以第三产业为主。多数闽商企业集团实行跨国的多元化经营，以分散企业的经营风险。如施至成集团下属上市公司 7 个，分部在 3 个行业中，陈永栽集团下属上市公司 7 个，分部在 5 个行业中，吴奕辉集团下属上市公司 6 个，分部在 5 个行业。[①] 他们除了在擅长的优势产业领域发展之外，还在许多不同领域开展业务。如吴奕辉自 1949 年以经营布料、成衣和面粉的进口经销业务起家后，创立食品公司，之后他掌控的 JG 顶峰控股公司属下的几十家企业在不少行业都有巨额投资，涉及食品制造工业、纺织业、制糖业、水泥制造业、电力行业、金融业、航空业等诸多领域。目前 JG 顶峰集团旗下的宿务太平洋航空公司，是菲律宾第二大航空公司；环球罗宾娜是菲律宾最大的品牌食品公司之一；罗宾逊置地公司是菲律宾四大上市地产公司之一。此外，还有 DIGITEL 电信公司、ROBINSONS 银行和 JG 顶峰石化公司等涉及诸多领域的企业，可谓闽商企业集团多元化经营经典范例。JG 顶峰控股还在世界各地投资设立公司，不断拓宽业务经营范围，加快资本流动性。

（2）印度尼西亚

20 世纪 80 年代，华人在印尼的生存投资环境进一步得到改善。政府强调民族团结，并给予国内私人资本优惠措施，这就为华商资本提供了更为广阔的发展空间。闽商不仅完成了从单纯的商业资本向工业资本及金融资本的转变，并在贸易业、电讯业、房地产业、金融业、化学工业、纺织业、卷烟业等领域具有优势地位。尤其在金融领域，1988 年印尼政府颁布了银行自由化的一系列政策后，掀起了兴办银行的高潮，闽商也趁此时机，竞相开办新银行或者扩展银行规模。如林绍良的中央亚细亚银行，在 1957 年初创时注册资本为 10 亿盾，2 家分行，之后发展速度一般，到 80 年代初，发展到 17 家分行，资产总额为 1075 亿盾，1988 年银行新法令实施后，发展迅猛，1992 年分行达 400 余家，资产总额为 115204 亿盾。[②] 莆田籍闽商李文正于 80 年代后期创立的力宝集团，金融业务占整个集团的

[①] 王晓东：《从上市企业看菲律宾华商企业的发展特点和趋势》，《亚太经济》2010 年第 5 期。
[②] 汪慕恒主编：《东南亚华人企业集团研究》，厦门大学出版社 1995 年版，第 34 页。

70%，拥有包括印尼商业银行、力宝银行等在内的多家银行。在短短数年间，受益于当地的政策，闽商的金融业务发展迅猛，经营范围趋向多元化，除经营商业银行业务，还涉及保险业务、证券经纪及黄金交易，并开展跨行业的多项业务的跨国发展经营。力宝集团业务涉及金融服务、证券、保险、房地产、制造业、百货超市、电讯、基础设施、医疗及娱乐服务业等，形成以金融业为核心的多元化跨行业和跨国界的经营。80年代末，在印尼政府放松对证券市场的管制后，闽商纷纷实现资产优势企业的上市，向现代企业迈进。

20世纪90年代亚洲金融危机对闽商企业集团的破坏性很大，恰逢此时苏哈托宣布下台，闽商因历来与政府官员关系密切，部分闽商企业集团还受到印尼新政府的清算，造成致命的打击。受打击最大的莫过于三林集团，在遭受印尼政府清算后，企业资产大为缩水，林绍良一手缔造的企业帝国瞬间轰塌。危机之后，闽商在恢复重建的基础上，着手进行产业结构的调整优化，并加大企业国际化和全球化发展的力度。如黄惠忠、黄惠祥兄弟共同经营的印尼针记香烟集团，是印尼丁香烟的第二大生产商。黄氏兄弟60年代从父亲黄维源手中接过针记丁香烟厂，发展至70年代中后期，企业经营范围已扩大至纺织、家用电器、棕榈油、造纸业、房地产业等领域。2003年，针记集团与印尼国内最大的消费品集团之一的 WINGS 联合投资收购中亚银行的部分股权，至2010年，其持有中亚银行的股份达50.24%，为最大的股权拥有者。[①] 集团有两家银行 Bank Haqakita 和 Bank Haga，下属近百家分行遍及印尼各地。在主要经营金融业和制造业之外，还发展房地产业。整个集团的企业超过15家，是印尼最大的商业集团之一。在2018年《福布斯》全球亿万富豪榜上，黄惠忠和黄惠祥分别以净资产174亿和167亿美元，排在第69位和第75位，在印尼富豪中排名前两位。在上榜的20位印尼华商富豪中，闽商占据了其中的8位：黄惠忠、黄惠祥、翁俊民、李文正、刘德光、徐清华、吴笙福、陈江和，资

---

① 《黄惠祥家族巩固中亚银行地位》，2010年12月22日，商务部网，http://id.mofcom.gov.cn/aarticle/ziranziyuan/tiyu/201012/20101207322784.html。

产最少的陈江和也有 11 亿美元，① 行业基本集中在烟草加工、食品加工制造业、金融业、房地产业、造纸业和矿产开发等领域。

（3）马来西亚

20 世纪 70 年代，出台的"新经济政策"的长期实行严重损害了华人的利益，华人对政府的不满情绪日益增长，迫于内外形势，马来西亚政府对实施的"新经济政策"进行局部调整，在政策上放宽对外资及非马来人股权的限制，鼓励民间私人资本的发展，并再次强调实施出口导向型发展战略，大力吸引外资投资。政策的调整为华人经济在马来西亚的发展提供了良好的环境背景。90 年代，马来政府提出实行以"国家开发政策"为核心的发展计划，放宽民间资本投资领域，扶助马来人和华人合作经营企业。闽商利用政府对私人资本的鼓励，大力向房地产业、商业、酒店服务业、休闲娱乐业、制造业及经济作物种植和加工业等行业发展，并积极参与通信、交通、能源、电力等大型基础设施的建设，闽商企业集团的经济实力进一步增强，国际化程度加大。如云顶集团，由安溪籍闽商林梧桐于 1965 年投入巨资打造。1971 年，云顶有限公司在吉隆坡上市。云顶集团在 20 世纪 80 年代初到 90 年代初期，先后投资澳大利亚、美国、菲律宾等地，在当地兴建多家酒店、赌场及娱乐场所，经营范围大为拓宽。云顶集团的核心业务是在马来西亚经营的休闲业，所拥有的云顶度假村是马来西亚最大的游览胜地之一，2017 年接待了 2360 万游客。② 集团拥有云顶有限公司、云顶马来西亚有限公司、云顶新加坡有限公司、云顶种植有限公司和云顶香港有限公司共五家上市公司。闽商企业集团虽然在欧美等地都有投资，但其海外资本主要集中在中国香港、东盟、中国大陆和日本。

闽商的金融业由于受"新经济政策"影响，发展受到限制。在"新经济政策"实施后，经过资本重组后的闽商银行，控制权多转到马来人手中。如福建南安籍闽商叶祖意于 1935 年创办的万兴利银行，在其子叶德隆接手经营后，吸收了叶氏家族以外其他闽商参股，发展到 80 年代，已

---

① "The World's Billionaires," 2018 list, 2018/03/06, Forbes, https://www.forbes.com/billionaires/list/.

② Annual Report 2017, p. 9, Genting, http://www.genting.com/wp-content/uploads/2018/04/Genting-Berhad-Annual-Report-2017.pdf.

在马来西亚和新加坡设立多家分行,但在资产重组时,马来人控制了该行 1/3 以上的股权。其他闽商创办的银行,如晋江籍闽商苏紫昕的合众银行、南云银行,古田籍闽商陈立训的福华银行等都存在着类似问题,即银行的部分股权由马来资本控制。在马来西亚政府限制华人经营金融业的背景下,闽商企业集团转战海外发展金融业。如同安籍闽商郭令灿的马来西亚丰隆集团通过收购香港道亨银行、香港恒隆银行、香港海外信托银行和马来西亚马联银行等数家银行后,成为东南亚最大的金融企业集团之一。

令人瞩目的是,20 世纪 80 年代以来,出现了一批新崛起的闽商企业集团。如安溪籍闽商林木荣、林天杰父子通过甘文丁(Kamunting)机构控制的马化控股集团、永春籍闽商李深静的 IOI(工业氧气集团)集团、永春籍闽商陈志远的成功集团、闽清籍闽商张晓卿的常青集团,古田籍闽商陈志成的丽阳机构,都是 80 年代后资产实力日渐雄厚的闽商企业集团。他们通过收购或并购等形式将企业集团做大做强。在 2018 年《福布斯》全球亿万富豪榜上,进入榜单的 14 名马来西亚富豪中,上榜的闽商有 6 位。祖籍福州的郭氏兄弟集团的郭鹤年以 148 亿美元的净资产成为马来西亚首富,位居总榜的第 96 位。郭令灿以 72 亿美元的净资产紧随其后,位居第 217 位,祖籍永春的凯业集团的李深静以 56 亿美元的净资产位居第 321 位。排在其后的是在总榜第 441 位的净资产 47 亿美元的泉州籍闽商林国泰。后起的张晓卿,其所有的常青集团以木业出口和加工、传媒业为主营业务,以净资产 11 亿美元进入第 1999 名。厦门籍闽商林伟才的顶级手套集团,起步则更晚些,成立于 1991 年,但发展也非常迅速。从成立初期的 1 家工厂、1 条生产线,至 2017 年,已拥有 39 家工厂、618 条生产线,手套年产量 575 亿只,产品出口至世界上 195 个国家,是全球最大的乳胶手套制造商,① 2018 年以净资产 12 亿美元位居第 1867 位。后起的闽商企业集团实力虽然上升很快,但与老牌的闽商企业集团相比较,在资产实力、经营的多元化、跨国化方面依然存在较大的差距。

总体而言,马来西亚闽商经营的行业主要集中于棕榈油、金融业、乳胶手套、木材业、房地产业及休闲娱乐业等领域。

---

① About us:Corporate Profile,TOP GLOVE,http://www.topglove.com/corporate-profile/.

（4）新加坡

闽商在20世纪50年代为积极配合新加坡国家建设，将大量资本投入建筑、建材等行业，承建了许多大型建筑。进入80年代，从事建筑业和地产业的闽商纷纷开拓海外市场，将业务拓展到亚洲其他国家和地区。如莆田籍闽商黄廷芳的远东机构，70年代在香港成立信和集团，集团由信和置业有限公司、尖沙咀置业集团有限公司、信和酒店（集团）有限公司等3家上市公司及黄氏家族数间私人控股公司组成。集团的核心业务为地产投资，在中国香港、中国内地均投资于地产。酒店业也是闽商热衷投资的行业。闽商企业集团基本上都有酒店服务行业的投资，部分闽商把其作为主营业务之一。如祖籍同安的郭令明的新加坡丰隆集团目前拥有110多家国际酒店，遍布亚洲、欧洲、大洋洲和美国，成为集团发展的主营业务之一。

尤为耀眼的是，闽商金融集团资本实力进一步增强。新加坡四大银行集团，除新加坡发展银行是政府创办的银行，其他三大银行集团皆为私人性质的银行集团，即大华银行有限公司、华侨银行有限公司，都以闽商资本为主；华联银行集团虽是以粤商连瀛洲家族为主经营的银行，但在20世纪60年代初，先后有陈六使、陈永和家族的资本加入，80年代又收购了洪恭兰、洪永裕父子的亚洲工商银行，因此，闽商资本在该行中也占到一定比例。新加坡的三大私人银行集团，均跻身于世界500家最大银行的行列。1997年亚洲金融危机后，新加坡加快对银行业的改革和重组，大华银行兼并华联银行，华侨银行兼并吉宝达利银行。2018年，华侨银行有限公司和大华银行有限公司的资产总值分别达到3431亿美元和2847亿美元。① 从而在新加坡国内形成了发展银行、大华银行、华侨银行三足鼎立的国内银行体系。

以新加坡闽商从事的行业结构来看，金融业、房地产业、酒店服务业及传统的商业等第三产业都是他们的优势产业，在新加坡国内占据重要的地位。在制造业领域，重型工业多由国家资本和外国资本主导，闽商受资本额的制约，基本上集中于轻工产品的生产制造，所占比重也都不高。在

---

① "Global 2000: The World's Largest Public Companies," 2019 list, 2019/05/15, https://www.forbes.com/global2000/list/#country: Singapore.

2018年《福布斯》全球亿万富豪榜上，上榜的22位新加坡富豪中，其中12位为闽商。从事房地产业的黄志祥和黄志达兄弟以108亿美元的净资产位居新加坡富豪的首位，在总榜中位列第140位。大华银行的掌门人黄祖耀以66亿美元的净资产位居第251位；祖籍福州的郭良德、郭良平、郭良成和郭良耿为核心的郭氏兄弟以56亿美元的净资产位居第321位。与黄志祥、黄志达兄弟和郭氏兄弟一样，以29亿美元的净资产位居第822位的新加坡丰隆集团的郭令明，也是以房地产业和酒店业为主营业务的多元化跨国企业集团。排在第1103位的莆田籍闽商林荣福，净资产在22亿美元，旗下公司产业涉及物流、农业、汽车等领域。同样是郭氏家族一员的郭孔丰，其掌舵的丰益国际经营着全球最大的棕榈油企业，净资产为21亿美元，位居第1157位。祖籍福清的魏成辉从事食品生产行业，拥有新加坡最大的食品跨国企业，被誉为"世界薄饼大王"，以净资产20亿美元排在第1215位。祖籍金门的张允中，1918年出生于金门，早年为躲避战乱前往新加坡，1967年创办太平船务有限公司，以经营船业为主，发展至今，成为"新加坡船王"，以净资产19亿美元位居第1284位。1943年出生在福建莆田，少年时随母亲迁居新加坡的林恩强，60年代成立兴隆集团，在经营船业的同时，还从事燃料业的经营，净资产也在17亿美元，位居第1394位。此外，上榜的从事房地产业的晋江籍闽商蔡天宝和泉州籍闽商黄鸿年净资产均为14亿美元。①

在四国之外的东南亚其他国家的闽商，资本额都相对有限，多数仍以经营零售商业、旅游观光业、经济作物的种植和加工、纺织、碾米、五金机械、木材加工、食品加工、橡胶制品等服务业和轻型制造业为主，受历史传统和发展环境的影响，并未如这四国一般出现大型的闽商企业集团，企业多停留在有限的经营范围之内。

2. 日本海外闽商发展概况

进入20世纪80年代，老一辈海外闽商在原有基业的基础上，继续扩大经营规模。到1987年，林同春已经拥有了神户中央实业株式会社、中央建筑株式会社、神户中国百货公司和主营纤维贸易的大阪"林商店"等

---

① "The World's Billionaires," 2018 list, 2018/03/06, Forbes, https://www.forbes.com/billionaires/list/.

大公司，涉及贸易、百货、地产等行业，年营业额高达五六十亿日元，其本人也被公认为"旅日侨领"。"四海楼"也由陈家第四代陈优继经营。陈东华作为第四代华侨在长崎经营日本泰益兴产株式会社，从事旅游及宾馆服务业。由在日华侨第二代、福清籍闽商林康治于1950年创办的大型超市微笑堂，经过多年的经营和发展，公司股票于1994年12月获准在日本上市，成为华人在日本上市的第一家公司，并积极开拓中国市场，在中国投资酒店业和百货业，其中在广西投资的桂林微笑堂，2010年首次实现销售额上10亿元，成为桂林第一家年销售额跨10亿元的百货店。①

经营农副产品成为在日闽商经营的重要行业。日本福清籍闽商陈熹现任柏物产株式会社社长，他早年留学日本，后主营农产食品进口，在福建设有2家大型配套食品加工基地。另一泉州籍闽商王秀德在日本创办的源清田集团也主营农副产品，在日本拥有三家会社和三家工厂，在中国拥有两家公司和一个国际级检测中心。源清田集团的生姜、大蒜等核心业务已跻身日本同行业前三甲。

在科技领域，在日闽商也取得不俗的成绩。福清籍闽商方永义和同乡郑辉在1998年成立"株式会社永辉商事"，经过十多年的发展，2011年，永辉收购日本RASA工业的半导体再生加工部门；2014年，RS技术（RS Technologies）在日本上市，2016年，RS技术在东京证券交易所由创业板升级至主板，经营范围涉及半导体行业、特殊材料制造、IT业、太阳能等领域，拥有1300多名员工，已成为全球最大的晶圆再生制造企业。另一福清籍闽商王远耀在20世纪80年代赴日留学，毕业后进入IBM公司，2000年创办中王科技（KingTech），2002年成功获得神州数码在日本的代理权，由此，企业实力获得极大的提升。2010年，中王科技与日本上市企业Remixpoint公司达成资本及业务合作协议，成为Remixpoint的控股股东。2012年6月18日，中王科技公司、神州数码和日本菱洋电子株式会社正式结成合作关系，形成了三方的联合。

当代日本海外闽商已不同于以往在日发展的闽商，多为留学日本，利用知识创业的一代，且他们的事业发展与祖籍地紧密相连，整体实力也在

---

① 谭熙、徐海：《微笑堂2010年销售额超10亿元》，《桂林日报》2011年1月5日。

很大程度上得以提升。

3. 美洲海外闽商发展概况

20世纪70年代,一批在香港当水手的福建长乐人随船到美国后,以"跳船"的方式滞留于美国。在改革开放之后,他们以"家庭团聚""探亲"等形式将家庭成员、亲戚朋友、老乡等带到美国谋生,大多选择在洛杉矶、纽约、旧金山等大城市居住,从最初以唐人街作为他们的落脚点,到之后逐渐向外围地区发展,形成众多华人社区。特别是90年代以来,进入美国的福建人成为众多华人移民增长最快速的群体之一。多数福建人初到美国,多选择在华人餐馆、制衣厂做工或是开杂货店,在攒够资本后,往往投资开设中餐馆、建立服装厂或开办超市。因此,餐饮业和超市零售业成为在美国的海外闽商经营的主要产业。在闽商经营餐馆、带动餐饮业兴盛的同时,与餐馆经营息息相关的交通运输业、装修业、家具业、生鲜食品批发业以及专为华人服务的婚纱摄影、礼品业等都随之发展起来。90年代中期,为运送在餐馆及其附近打工的华人,部分长乐籍闽商投资经营长途巴士客运业。据美国福建同乡会常务副主席陈祥农2004年介绍,纽约华埠85%的长途巴士是由长乐籍为主的福州人投资经营的,其中主要有"华埠""风华捷运""美国金龙"和"新世纪"这四家,它们的客运线路主要是往来于纽约和费城、波士顿、芝加哥、华盛顿之间,[①] 以低廉的价格赢得华人的认可,也逐渐获得当地民众的青睐,使得"灰狗"等美国巴士公司也不得不以低价来与之竞争。

20世纪90年代以来,闽商兴办的超市在美国迅速崛起。1990年赴美的福建安溪人邓龙,1995年成立龙胜行,以从中国进口杂货产品起家,自2000年起,他所创办的中国城超市集团,相继在纽约、波士顿、佛罗里达、马里兰、休斯敦、洛杉矶等美国东部华人聚集地创设多家零售超市和批发中心。2017年2月14日,中国城超市集团与E—Compass Acquisition Corporation(电子罗盘采集公司)合并成为纳斯达克上市公司爱新鲜(iFresh,Inc.,纳斯达克股票代号:IFMK),成为美国第一家挂牌上市的华人超市集团。集团主营业务除了连锁超市外,还涵盖了包括房地产业、娱乐业、餐

---

① 《50万福州人在纽约》,2004年8月2日,新浪网,http://news.sina.com.cn/c/2004-08-02/10333267575s.shtml。

饮、仓储物流、种植养殖、海产捕捞等多个领域。在加拿大多伦多，截至2009年，华人超市约50家，由中国福建移民所开设的超市即有40多家，占华人超市总数的90%。① 在阿根廷，截至2015年，福建人开办的超市在1万家左右，其中多为福清人，占阿根廷超市数量的逾四成。② 90年代中期前往阿根廷的福清人黄恒昌，可谓闽商在当地经营超市业成绩斐然的代表人物之一。他在经历了半年的超市打工生涯后，便开起了自己的超市，其经营的"永恒"超市集团发展到2008年，已遍布阿根廷各地，连锁店数量达到100余家，其中半数的营业面积均超过500平方米，每家年销售额数百万美元，他也因此成为阿根廷华人商界中举足轻重的人物。③

4. 欧洲海外闽商发展概况

因为历史渊源，闽商在欧洲并没有太多的发展基础。在20世纪50年代后的很长一段时期内，都没有福建人移居欧洲，一直到70年代后，部分福建籍印支难民，从东南亚各国迁居欧洲。中国大陆地区福建人前往欧洲要到80年代末。1989年，移居福建明溪县沙溪村的浙江文成人胡志民前往意大利发展，次年，在他的帮助下，先是明溪人陆续前往欧洲，之后带动了福建其他地方如福清、莆田、连江、三明等地的人前往欧洲，他们主要集中在意大利、匈牙利、英国、法国及俄罗斯等国。由于缺乏关系网络，他们起初多在温州籍浙商的工厂或餐馆里做工，积累一些资金后便独立经营。欧洲的闽商，主要经营服装加工、餐饮和贸易业，规模都不大。侨居意大利的闽商，和众多在此的海外浙商一样，开办服装加工厂和经营餐馆。闽商经营的服装加工厂，多雇佣亲戚同乡做工，规模不大。如明溪人吕理才，90年代在佛罗伦萨经营一家皮衣厂，发展到2000年，皮衣厂里有10个工人，8台衣车，从事来料加工业务。④ 在餐饮业领域，90年代初前往英国做

---

① 葛健生：《学新知肯打拼　多伦多华人超市福建老板达九成》，2010年2月2日，中国新闻网，http：//www.chinanews.com/hr/hr-hszx/news/2010/02-02/2104129.shtml。
② 陈长森、何珍：《福清人在阿根廷开万家超市　超过该国超市总数4成》，2016年6月6日，福州新闻网，http：//news.fznews.com.cn/fuzhou/20160606/5754b71f0ca92_3.shtml。
③ 孙宇：《阿根廷华人超市业巨子黄恒昌——不忘祖国养育之恩》，2008年12月30日，中国侨网，http：//www.chinaqw.com/tzcy/cyjl/200812/30/144413.shtml。
④ 李明欢：《福建侨乡调查：侨乡认同、侨乡网络与侨乡文化》，厦门大学出版社2005年版，第104页。

工的福建人，到 2006 年，根据福建同乡会的估计，8 万福建人中，做到外卖店以上的人已近 30%。① 从事贸易业的闽商近年来人数也日增，涉及纺织服装类、日用百货类等商品的进出口贸易。但总体而言，闽商在欧洲属于起步阶段，经济实力薄弱，尚未成为一个稳定的发展群体。

5. 非洲海外闽商发展概况

福建人进入非洲是在 20 世纪 80 年代末 90 年代初，从小商小贩做起，逐渐积累经验和财富后开始独立创业。非洲海外闽商以祖籍福清、长乐、连江等为主，大多分布在南非和莱索托，主要从事零售业、采矿业、进出口贸易业、纺织服装加工业和房地产业等。如福清籍闽商姚少青，2000 年以后，从俄罗斯转战非洲，先后在喀麦隆、坦桑尼亚成立了多家进出口贸易公司，并投资生产经营各种中高档鞋类。2014 年以来，他投资近亿元在坦桑尼亚创办造纸厂。在南非，海外闽商接近 10 万左右，以福清人为主，起初多以在乡村开百货店为主，后逐渐迁移至乡镇、城镇和城市。② 经营范围也从零售业、贸易业拓展至制造业和房地产业。

6. 港台地区闽商发展概况

改革开放以来，又有众多福建人移居香港投资创业，在新的形势下，他们以香港为基地，将自己的投资事业与东南亚海外闽商及中国大陆市场紧密地结合在一起。福清籍闽商黄祖仕 20 世纪 80 年代后期移居香港，1989 年加入印尼林氏集团，与林绍良、林文镜等闽商共同创立香港冠顺公司，并在中国大陆成立福建冠顺房地产有限公司，投资开发房地产业，1996 年还成立香港融侨实业发展有限公司，以地产和化工为其龙头产业，业务遍及地产、化工、建材、酒店、贸易、物业、物流、旅游等多个领域。同时，东南亚闽商对香港的投资急剧扩大。70 年代以来，东南亚闽商纷纷进入香港，以香港作为重要的基地，拓展投资范围。如郭芳枫创办的新加坡丰隆集团于 1974 年在香港成立了嘉里集团，旗下的嘉里建设有限公司和香格里拉（亚洲）有限公司均为香港联交所上市公司，投资酒店业、金融保险业、食品加工、油脂化工、仓储物流等行业。闽商企业集团

---

① 施晓慧：《英伦福建人生存实录》，《环球人物》2006 年第 15 期。
② 闫旭：《南非现有闽籍华侨华人 10 万左右》，2015 年 1 月 27 日，南非华人网，http://www.nanfei8.com/huarenzixun/huarenshijie/2015-01-27/13952.html。

相继在香港设立投资控股公司，如黄奕聪的金光集团在香港成立的中策投资，郭令灿马来西亚丰隆集团设立的国浩集团，陈永栽福川集团设立的裕景实业、李文正力宝集团设立的香港中亚财务公司和力宝香港、陈志远成功集团设立的永鸿基、林梧桐云顶集团设立的云顶香港等。可见东南亚闽商资本将香港作为重要的海外投资基地，相当部分资本经由香港投资中国内地。东南亚闽商在香港的投资以金融、地产、酒店服务业和轻型制造业为主。

进入20世纪80年代，闽商在台湾的实力日渐雄厚，出现众多企业集团，在食品制造、金融保险、地产、化工、电子信息等行业都占据优势地位。在2018年《福布斯》全球亿万富豪榜上，从事食品加工业的旺旺食品集团的蔡衍明以68亿美元的净资产位居总榜的第242位，成为最富有的台商。位居其后的是祖籍石狮的林堉璘，经营的宏泰集团，以房地产业为主营业务，以净资产58亿美元位居第305位。祖籍安溪的罗结的正新集团，是世界上最大的汽车轮胎制造商之一，以32亿美元的净资产位居第729位。早年从福建晋江移居台湾的蔡万春，从30年代经营零售业起家，至60年代，成立国泰产物保险公司，进入保险业和金融业领域，在此基础上发展起来的蔡氏家族，在台湾经济界的地位举足轻重。三弟蔡万才之子蔡明忠和蔡明兴，拥有台湾第二大金融控股公司：富邦金控，旗下有富邦人寿、富邦银行等多家金融企业，二人都以32亿美元的净资产位居第729位。二弟蔡万霖之子蔡宏图、蔡政达、蔡镇宇，经营着国泰金控，他们的净资产分别为29亿美元、27亿美元、22亿美元。祖籍龙岩的魏应州、魏应充、魏应行、魏应交四兄弟，他们经营的顶新集团，从事食品的加工制造，四兄弟都以16亿美元的净资产排在第1477位。20世纪80年代，台湾大力支持和鼓励高新科技产业的发展，力争将台湾打造成为世界上重要的高新科技产品制造地之一。在此政策导向下，台湾的电子信息产业迅速发展起来。在上榜的富豪中，有两位闽商的成就较为突出。一位是出生于福建建瓯的郑崇华，在台湾成功大学毕业后，于1971年创办台达电子工业股份有限公司，发展迄今已成为全球最大的交换式电源供应器制造商；另一位是祖籍晋江的被誉为"台湾集成电路设计教父"的蔡明介，1997年创办台湾联发科技股份有限公司，专注于手机芯片的研发生产。二人在2018年《福布斯》全球亿万富豪榜上均以净资产13亿美元位居排行榜的第1756位。①

第二节　海外闽商的行业结构和经营特色

一　海外闽商的行业结构

历史上，闽商在海外多以从事零售业、中间商、种植业及矿业为主，20世纪初，还兴起了航运业、银行业和橡胶树种植及其橡胶加工业。二战结束后到70年代，东南亚海外闽商的投资领域和行业结构随着住在国经济的发展得以迅速地扩大。在出现众多中小闽商企业的同时，逐渐形成了大型的闽商跨国企业集团，他们的资本大量投向地产、银行、经济作物种植和加工、造纸、酒店服务、建材、电力、电信、航运等行业。70年代以来，闽商更是将其业务拓宽至全球，在海外众多国家开展跨国经营。1997年东南亚金融危机以来，闽商遭受一定程度的打击，此后，开始调整产业结构和经营方向，推进产业转型升级。目前，闽商在东南亚部分住在国的金融业、酒店业、资源产品加工业、房地产业、零售业等领域具有较为明显的优势地位。改革开放后大量前往美洲、欧洲、非洲的以新移民为主的海外闽商，在经过三四十年的发展之后，虽然取得了一定的成绩，在餐饮业和超市业中占有一席之地，但其经济实力与历史深厚悠久的东南亚海外闽商相距甚远。

（一）金融业

海外闽商在20世纪初期就已开始投资发展金融业，为方便自身业务的开展，他们纷纷设立银行，二战前的东南亚各国，已出现一批闽商银行。但这时期的银行，资金额有限，服务对象仅限华人，提供的服务也十分有限，因而并没有形成规模。二战后，特别是进入60年代以后，闽商资本积累到一定程度，在原来经营银行的基础上，闽商积累了经验，加上东南亚各国政策的放开，闽商的金融业取得了骄人的成绩。菲律宾、马来西亚、新加坡、印尼等四国的闽商企业集团基本上都涉及金融业，有些企

---

① "The World's Billionaires," 2018 list, 2018/03/06, Forbes, https：//www.forbes.com/billionaires/list/.

业集团甚至以金融业作为经营主业，是名副其实的闽商金融企业集团。如郑少坚的菲律宾首都银行、郭令灿的马来西亚丰隆集团、李成伟家族的新加坡华侨银行有限公司、黄祖耀的大华银行有限公司、李文正的力宝集团，都是闽商创立的以闽资占据主导地位的金融企业集团，在东南亚各国金融业中占据十分重要的位置。蔡万才的富邦集团则是台湾保险业中的龙头企业。南安籍闽商杨应琳企业集团下辖的五家旗舰公司，分别为中华商业银行，中华保险集团，大太平洋人寿保险公司、投资商行公司和 EEI 工程公司，其中中华保险集团是菲律宾最大的保险集团。

华侨银行集团和大华银行集团，是新加坡国内仅次于国有的星展银行的两大金融企业集团，除了在东南亚国家有众多的分行和影响力之外，在全球企业中也是实力甚强的金融企业集团。在 2019 年《福布斯》全球企业 2000 强中，华侨银行和大华银行以资产 3431 亿美元和 2847 亿美元分别排在第 286 位和 307 位。① 这两大闽商金融企业集团自诞生之日起，便服务于当地的福建社群，为众多海外闽商经济事业提供了发展所需的后备资金，自身也在经营过程中获得了丰厚的利润。到 2018 年大华银行有限公司已在亚太地区、欧洲及北美洲、大洋洲的 19 个国家和地区设立了超过 500 家分行和办事处。② 其他闽商银行如首都银行、丰隆银行和丰隆金融的实力也异常雄厚。尤其是郑少坚 1962 年创建的首都银行及信托公司，是菲律宾最大的商业银行，在全球拥有超过 800 家分行、办事处及附属公司。通常这些金融企业集团下辖多家专业金融机构，业务涉及银行服务、企业融资、保险业务、期货经纪服务、资产管理、资本市场业务等多个方面。以大华银行为例，其下辖的各类金融机构主要有大华金融公司、大华保险公司、工商保险公司、大华人寿险公司、大华保险公司、大华证券公司等，可谓覆盖金融行业的各个领域。

除了这些以金融业为主业的闽商企业集团的金融实力异常雄厚外，东南亚众多闽商集团或多或少也都涉及金融业务，实力亦不容小觑。如陈永栽企业集团、施至成的 SM 集团、黄惠忠和黄惠祥的针记集团等多经营金

---

① "Global 2000: The World's Largest Public Companies," 2019 list, 2019/05/15, Forbes, https://www.forbes.com/global2000/list/#country: Singapore.

② ABOUT US/ UOB/CORPORATE, https://www.uobchina.com.cn/aboutus-en/corporate.page.

融业务。尤其是黄氏兄弟的针记集团近年来主要资产即为印尼最大的私有银行——中亚银行。

（二）酒店服务业

酒店服务业也是闽商投资的重点行业之一。东南亚海外闽商经过20世纪五六十年代的发展，资本实力大为提升，从70年代开始，部分闽商将资本投向酒店服务业。1971年，郭鹤年进军酒店业，与新加坡经济发展局合资在新加坡兴建了第一家香格里拉酒店，之后在吉隆坡、槟城、曼谷、香港、雅加达、斐济等地建立了以香格里拉命名的连锁酒店，形成了香格里拉酒店集团，旗下多为五星级豪华酒店，截至2018年，该酒店集团已拥有逾100家酒店，遍布亚太地区、北美、中东和欧洲，客房总数已超过40000间，① 成为世界公认的首席产权和管理公司之一。郭芳枫创建的新加坡丰隆集团，也经营酒店业，特别是在1995年由其子郭令明接手后，更是将扩张的重点放在酒店业上，不断收购世界各地的酒店，旗下的千禧国敦酒店集团于1996年在伦敦证券交易所上市，主打五个品牌：千禧大酒店、千禧酒店、国敦酒店、君门酒店和M系列，截至2017年，已在全球20多个国家拥有和经营管理酒店逾150家，② 是新加坡最大的酒店集团之一。

其他的闽商企业集团在经营多元化过程中，往往也都附带投资酒店服务业。如黄廷芳的远东机构，旗下就有两家以酒店服务业为主的上市公司：在新加坡上市的乌节广场酒店控股和在香港上市的信和酒店（控股）有限公司，经过多年的发展，已逐渐成为综合性的酒店业者。其他如林梧桐之子林国泰经营的云顶有限公司、陈志远的成功集团、施至成的SM集团和黄祖耀的大华银行等众多闽商企业集团也多涉足酒店业。

（三）制造业

海外闽商从事的制造业主要分为三类。第一类为经济作物的加工制造业。闽商利用住在国的农业经济资源，发展经济作物的种植加工业，如卷烟业、棕油加工、木材加工等。在卷烟制造方面，福清籍闽商蔡道平家族

---

① About Shangri-La Group, http://www.shangri-la.com/corporate/about-us/.
② About Us/Hotels, HONG LEONG GROUP, http://www.hongleong.com.sg/about-us/group-corporate-profile/.

的盐仓集团，是印尼最大的丁香烟生产企业集团。黄惠忠、黄惠祥兄弟经营的针记集团则是印尼第二大丁香烟生产商。20世纪70年代陈永栽创立的福川烟厂，是菲律宾最大的烟草制造企业之一，占据菲国内烟草业的重要市场份额。油棕种植和加工业也是东南亚海外闽商投资经营的重点行业。李深静的马来西亚IOI集团，是全球最大的油棕种植集团之一，也是马来西亚最大的上市种植公司，主要从事油棕种植、特种油脂及油脂化学品的生产加工，每年的棕油生产量约占世界的8%。在棕油的食用加工方面，黄奕聪金光集团下的比摩油厂在20世纪80年代初就已是印尼最大的食用油企业；印尼晋江籍闽商吴笙福和新加坡福州籍闽商郭孔丰于1991年共同创立的丰益国际是世界上最大的食用油炼油企业之一。在木材加工业方面，东南亚拥有丰富的林业资源优势，投资木材加工业是海外闽商的传统行业之一。印尼闽清籍闽商黄双安，50年代成立了经营木材加工生产的材源帝公司，在60年代取得印尼东部的伐木专营权后，公司迅速发展为一个以木业为主的庞大的跨国企业，拥有500万公顷的森林伐木面积及40多家从事伐木业的子公司，黄双安也被誉为"印尼木材大王"。张晓卿于1975年创办的常青集团则是马来西亚最大的胶合板生产与出口公司。

第二类为轻工业制造，主要为纺织业、食品加工业、造纸业和汽车零配件生产。海外闽商在纺织加工行业中也有悠久的发展历史。印尼漳平籍闽商陈大江于20世纪70年代中期创办"大江成衣厂"，发展到2001年，已拥有17000名员工及30多种世界名牌服装专利制造及营销权，是印尼屈指可数的纺织服装企业。[①] 印尼福清籍闽商郑年锦的阿尔戈·曼努卡尔集团则是印尼纺织服装企业最大的原料供应商。食品加工业也一直是闽商青睐的投资行业。林逢生的印多福食品有限公司、蔡衍明的旺旺食品集团都是闽商中从事食品制造业成绩突出的企业集团。在造纸业领域，70年代，黄奕聪金光集团投资造纸业，经过几十年的发展，已成为集团的核心业务之一，是世界纸业十强之一。安溪籍闽商陈金火和弟弟陈月火继承父亲陈唱的陈唱事业，创立陈唱有限公司，50年代又创立陈唱父子汽车有限公司。从代理日本生产的汽车起家，到60年代开始生产汽车零配件，逐

---

① 《海外侨界人物荣誉展》，《人民日报·海外版》2004年7月1日。

渐发展为马来西亚实力雄厚的汽车零配件生产厂家。

第三类为能源及电子信息产业，如电力、电子和电讯等行业。在电力、电子等产品的制造方面投入较多的闽商有吴奕辉，他在 20 世纪 90 年代与人合资建立了其拥有 33.3% 股权的菲律宾第一电力公司，投资创办剑桥电子公司，生产电子、电脑器材等产品；2003 年，成立菲律宾 Digitel 移动公司，并制定了名为 Sun Cellular 的品牌手机业务，Digitel 移动公司现已拥有超过 400 万用户和超过 2000 个机站，占有菲律宾 97% 的预付话费市场。[①] 林逢生的第一太平有限公司则持有菲律宾长途电话公司 26.5% 的股份，[②] 这家公司主要经营移动电话、宽带业务、资讯及通信科技业务。

在制造业方面，海外闽商还从事水泥制造、钢铁业、塑胶、制药业和酿酒业等。

（四）房地产业

房地产业是海外闽商投资的重点行业，并据有一定的优势地位。海外闽商中资本实力雄厚者大多都会将部分资本投向房地产业务。早在 20 世纪 40 年代后期，郭芳枫就投资土地，获得巨额利润，到 70 年代成立丰隆实业有限公司，专营房地产业，其中的新加坡城市发展公司是从事房地产开发经营的主要上市企业，是新加坡最大的房地产开发企业之一。近一二十年来，闽商资本更是大举进入该行业。被誉为印尼"房地产发展大王"的徐清华，是印尼主要的房地产开发商之一；吴奕辉旗下的罗宾逊置地公司是菲律宾四大上市地产公司之一；吴聪满在 1989 年建立的美佳世界股份有限公司，目前是菲律宾第二大房地产开发公司；黄廷芳之子黄志达接手的新加坡远东机构，是新加坡最大的房地产开发商之一，自 1960 年成立以来，截至 2018 年，在住宅、酒店、零售、商业、医疗和工业等领域先后开发 780 多个项目，其中包括 55000 个私人住宅。上市公司包括远东乌节有限公司、远东酒店信托和杨协成有限公司。[③] 远东机构在香港的主要公司是黄廷芳长子黄志祥接手的信和集团，为香港最大的三家房地产开

---

① 《吴奕辉：只手缔造跨行业帝国》，2011 年 8 月 17 日，华商韬略网，http: //www. huashangtaolue. com/detail. php? infoid = 2370。

② 《第一太平（00142）公司公告》，2011 年 11 月 3 日，新浪网，http: //stock. sina. com. cn/hkstock/go/CompanyNoticeDetail/code/00142/aid/496964. html。

③ 《关于我们》，Far East Organization（远东机构），https: //www. fareast. com. sg/zh-cn/about-us。

发商之一，旗下拥有三家上市公司：信和置业有限公司、尖沙咀置业集团有限公司和信和酒店（集团）有限公司。此外，郭鹤年的嘉里建设、郭令灿的国浩地产、杨忠礼的YTL置地、陈志远的成功置地、祖籍南靖的刘启盛的实达集团、祖籍福州的陈振南的怡宝花园等都是海外闽商经营的实力雄厚的房地产企业。

随着中国经济的飞速发展，房地产市场发展也如火如荼，众多海外闽商纷纷抢滩大陆市场。如陈永栽继20世纪80年代在香港成立裕景兴业集团成功进军香港高端房地产市场后，在对大陆房地产市场经过多次考察了解后，于90年代进入大陆房地产市场，在北京、上海、厦门等多个城市投资开发大型房地产项目。其他如徐清华、郑少坚、郭令灿等也都在近年大力投资中国房地产市场。

（五）贸易业、零售百货业和超市业

贸易业是海外闽商经营历史最悠久，也是最具优势的行业。20世纪50年代以来，虽然闽商经营的行业领域大为拓宽，但都没有削弱贸易业的地位。如郭孔丰的新加坡丰益国际在亚太各国广设贸易公司，是世界上最大的米粮、食用油及农产品贸易商之一。闽商有作为中间商的传统，到五六十年代，随着东南亚各国对外资的放开，纷纷加入代理外国商品的行列。陈唱父子汽车有限公司，经过多番努力，相继取得日本达善汽车和富士汽车在马来西亚的代理权，销售业绩节节攀升，从1994年迄今，陈唱国际所代理的日产、斯巴鲁、三菱等品牌已遍布东南亚10个国家和地区，构建了一个庞大的汽车经销网络。东南亚海外闽商因其雄厚的资本实力和特殊的时代背景，可以将贸易业做大做强。在美洲、欧洲等地的海外新闽商，经济发展基础较为薄弱，虽有众多闽商投入进出口贸易，但多数仍以中国制造商品作为主要贸易品，商品成本低廉，胜在以数量优势来获取相对可观的利润，并未能出现资金实力非常雄厚的贸易商。

在零售百货业方面，海外闽商一改过去受资金限制停留在小本经营的局面，逐渐发展成为连锁经营模式。晋江籍闽商施至诚，作为"菲律宾零售业巨头和超级购物中心大王"，20世纪40年代在菲律宾开设第一家鞋店创业，50年代在马尼拉开设名为"鞋庄"（Shoe Mart）的店铺，发展到70年代，由卖鞋逐渐扩展为销售百货业，创立其人生中的第一家大型百货公

司，之后在零售百货业领域迅速扩张，很快将企业发展成为东南亚最大的连锁购物中心集团。旗下拥有菲律宾最大的百货连锁店 Shoemart Inc. 外，还经营 SM 大型超市和 SM 玩具大卖场等。近年来，SM 集团的零售百货业还进军中国大陆，在厦门、晋江、成都、苏州、重庆等众多城市投资兴建了购物中心。海外闽商中的另一百货业巨头是新加坡美罗百货的创立者王梓琴，他从 20 世纪 50 年代在印尼创办第一家美罗百货公司开始，到 80 年代，就已发展为业务遍及印尼、马来西亚和新加坡的知名国际连锁百货集团，90 年代投资中国的百货业，如今在其子王晞权的引领下，继续不断地发展和创新。

超市业是福建新移民初始创业的重要行业之一。超市业经营的规模没有特殊规定，可大可小，经营管理模式稍作学习便可掌握，因而，手头稍有资金便可投资。美国、加拿大、阿根廷、巴西等地福建新移民的超市业自 90 年代以来发展得如火如荼，在华人商业街区具有一定的优势。

（六）餐饮业

餐饮业是福建新移民最热衷也是经营人数最多的行业，已成为美国和英国等地福建新移民的重要支柱产业，从 20 世纪 70 年后期以来，这种情况一直都没有太大的改变。据美东福建同乡会主席陈清泉估计，至 2004 年，全美福建人开的餐馆有 5 万多家，创造了 40 万个就业机会。① 截至 2015 年，海外闽商经营着 20 万家餐厅。② 据不完全统计，仅福州人，在美国就开设了超过 6 万家餐馆。③ 这些福建新移民开设的中餐馆，多数以家庭为单位，就业人员也以家庭成员为主，营业时间很长，规模不大，安全也存在隐患，但因入行门槛低，依然是众多新移民投资首选。东南亚海外闽商中，经营餐饮业成绩斐然的是陈觉中。1975 年，陈觉中与家人开设了一家冰激凌店，后在这家店的基础上开出了第一家快乐蜂餐馆，主营传统西式快餐，因快餐味道极其符合菲律宾人口味，发展迅速，到 1978 年，就已拥有 6 家连锁店。80 年代中后期时，又通过并购、加盟等方式，将若

---

① 邓泰和：《福州人在美国》，2005 年 2 月 10 日，《地平线月刊》网，http://www.skyline-monthly.com/showInfo_gb.asp?id=672。
② 宗和：《梁建勇率团访美受欢迎》，《福建侨报》2016 年 5 月 6 日。
③ 兰楚文：《冯志农会见美国福建同乡会主席陈学顺》，2017 年 8 月 25 日，中国新闻网，http://www.fj.chinanews.com/news/fj_qlxdb/2017/2017-08-25/388448.html。

干个快餐品牌收至旗下，建立起自己的快餐王国，1993年在马尼拉股票交易所挂牌上市，成为在菲律宾上市的首家快餐公司，旗下拥有快乐蜂、超群、格林尼治、德意法兰西、永和大王及宏状元等十几个著名餐饮品牌。截至2018年，快乐蜂在菲律宾已拥有750家分店，在中东、美国、东南亚、港澳等地拥有超过80家分店。① 是菲律宾规模最大的快餐连锁企业集团。

二 海外闽商的经营特色

（一）资本高度集中于第三产业和资源加工业、食品加工等制造业

海外闽商目前的资本分布已遍及金融保险业、房地产业、酒店业、加工制造业、商业、农业、交通运输业、博彩休闲业、化工业、生物制药、传媒业、能源业及电子通信等产业领域，但其主流资金往往倾向于投往金融业、房地产业、酒店业、休闲娱乐业等以服务业为主的第三产业和资源加工业、食品加工等制造业。在2018年《福布斯》全球亿万富豪榜中，上榜的东南亚四国（菲律宾、新加坡、马来西亚、印尼）闽商共34位，以金融保险业和房地产业为主营业务的闽商均为5人。由此可知，海外闽商在第三产业的资本集中程度相当高。之所以会出现这种现象，和海外闽商的住在国的环境政策紧密相关。东南亚海外闽商大多以经营商业起家，随着商业的发展，对资金的需求也随之大幅增加。20世纪初期，为了方便贸易开展时的资金流通，闽商开设了最早的华资银行，来为经济发展提供流动资金。但这时期的闽商银行基本停留在为华人服务的范围内，资金规模也十分有限，并未能够充分地发展起来。一直到60年代以后，东南亚各国政府政策相继发生转变，在大力推进工业化的同时，鼓励金融业的自由化发展，允许国内企业家创办新银行，扩展分行，闽商趁此机会纷纷创立新的银行或扩大原有银行的经营规模，因而出现了部分资本实力异常雄厚的闽商金融企业集团，这些金融企业集团以金融保险业为主营业务，在本国乃至亚洲地区都占据相当的市场份额，并在全球范围内开展多元化的跨国经营。如新加坡黄祖耀家族的大华银行，就是在60年代中期新加坡

---

① About Us, Jollibee, https://www.jollibee.com.ph/about-us/.

取得独立后，得益于政府要将新加坡打造成为国际金融中心的有利政策，在政府的着意扶持下，迅速成长为一个以银行金融业为主体的跨国的多元化发展的金融企业集团。这些闽商金融集团在世界各国尤其是东亚及东南亚各国设立了众多的分行和机构，构建了一个庞大的华资金融网络。

房地产业，准入门槛低，无须技术成本，只要稍有资本便可投资，海外闽商早在19世纪前期就开始介入该行业，随着经济的快速发展和外资的涌入，东南亚各国地价飙升迅速，投资房地产业带来的可观利润，也带动了众多海外闽商进入这个行业。可以说，稍有实力的海外闽商绝大多数都会介入这个行业。同时在工业化发展的带动下，从20世纪70年代开始，闽商资本越来越多地投向酒店业、休闲娱乐业。

在制造业领域，海外闽商在发展至具备一定资本实力和规模时，虽有部分资金投向加工制造业，有些甚至是重化工业，但主要以当地资源产品的加工和食品加工制造为主。在2018年《福布斯》全球亿万富豪榜中的（菲律宾、新加坡、马来西亚、印尼）34位闽商，从事经济作物种植和加工的闽商有6位，主要从事油棕、烟草等经济作物的种植和加工业务；从事食品生产和加工的闽商有3位。① 东南亚各国降水充足、气候温暖的生态环境，为经济作物的生长提供了良好的生产条件，闽商在明清时期移民至东南亚时，就已懂得利用这个优越的地理条件，种植并加工经济作物来获取利润。二战结束后，已有悠久经济作物种植及加工发展历史的闽商可谓积累了丰富的生产和管理经验，并有一定经济基础，在住在国大力鼓励发展工业化之时，迅速扩大经营规模，大力发展以轻工业为主的加工制造业。

此外，还有部分闽商将资本投向电子、通信等技术产业，但因入行门槛较高，一直都没能成为主流资金流入的重要行业，这也从另一个侧面凸显了海外闽商在制造业领域的竞争力较弱，资本主要集中在以轻工业为主的劳动密集型产业领域，高新技术领域的投资相对来说较为薄弱。

（二）海外闽商资本与住在国国家资本紧密相连

20世纪初期前后，海外闽商虽多以经营商贸服务业为主，但并不仅限

---

① "The World's Billionaires," 2018 list, 2018/03/06, Forbes, https://www.forbes.com/billionaires/list/.

于此，还将经营范围扩展至经济作物种植及加工业，尤其是在原经营侨汇、钱庄基础上发展起闽资的金融业。大量闽资银行的出现为海外闽商在各行业领域的发展提供了充裕的后备资金。在闽资金融业的带动下，海外闽商无论是在商贸服务业还是种植业、工业制造业及其他服务业领域的发展，都获得了有力的资金支持，在此过程中，又成功地实现了金融资本与工业资本的有机结合，到 60 年代末 70 年代初，形成了一批大型企业集团。

以金融业为主业的海外闽商企业集团在经营主业的同时，又多涉足工业制造业、房地产业、酒店服务业、商业贸易业等诸多领域。海外闽商在以制造业或商业等起家后，也都较为注重发展金融业。如黄奕聪的金光集团，随着造纸业和食用油业务的发展，资金实力获得增长后，便从 20 世纪 70 年代开始投资金融业、房地产业等行业。一方面，海外闽商大力涉足金融业的发展，为其事业的长足发展打下了坚实的物质根基；另一方面，在海外闽商已有相当实力的前提下，投资金融业意味着高回报，资本积累的速度由此也大为提升。虽然这种高回报与高风险紧密相随，但这种风险大多都在可承担和控制的范围之内。

东南亚海外闽商的住在国，长期以来处于排斥华人经济的不稳状态当中，为保护自身经济的发展和相对安全，闽商资本在创办和发展企业时，便与国家资本关系密切，多数企业往往与住在国政府及其代表人物合资创立；或者参股住在国的国营企业，通过与国家资本的结合，获得政治上的保护，经济上则可取得种种优惠和便利条件，实现跨越式的规模发展。如郭鹤年的郭氏兄弟集团一方面在国营企业中参股持股，担任董事长等要职；另一方面集团控制的玻璃市种植公司（即 PPB 集团）和香格里拉酒店集团，马来西亚政府的法定机构联邦土地发展局和回教基金局就占有相当的股份。通过和国家资本的有机结合，郭氏兄弟集团的发展获得了政府政策法规的保护和庇佑，为企业的发展营造了良好的环境背景。

1997 年亚洲金融危机中，海外闽商多遭受巨大损失，但之后仍能重整旗鼓，很大程度上就在于产业资本和金融资本并举的缘故。事实上，在海外闽商发展至企业集团规模时，为分散经营风险、最大限度且安全地获取市场利润，以及受制于住在国有限的国内市场需求和发达国家贸易保护主义的制约，多数海外闽商企业集团基本上都实行多元化的经营策略。这种多元化的经营策略不仅包括主营行业产品的多元化，而且还包括行业发展的多元化，在多元化经营的过程中，产业资本和金融资本自然而然地结合在一起，企业集团的实力亦大幅度得到提升。从当前闽商企业的总体发展形势来看，自70年代中期以来，几乎所有的海外闽商企业集团的投资领域都涉及制造业为主的第二产业、服务业为主的第三产业，包括近年来兴起的高新技术产业，可谓全方位的多元化经营。

（三）海外闽商资本与其他资本相互联合开展合作经营

海外闽商早在19世纪末20世纪初，就有聚集在一起筹集资本、形成一定资金规模来创办企业的传统。1898年，陈齐贤、林文庆、李俊源、邱丽容、陈若锦、曾江水等闽商共同筹集资本，组建成立联华橡胶有限公司，种植6000多英亩的橡胶树，成为当时马来西亚最大规模的橡胶树种植公司。可见，海外闽商早就善于依靠乡缘的关系来形成一股合力，在商业竞争中获得一定的优势地位，进而为之后的发展打下稳固的根基。

海外闽商在住在国虽早已融入当地的经济发展之中，但依然非常重视和沿用已有的海外华商网络和乡缘形成的合力优势。因此，海外闽商在企业发展至一定规模时，为进一步提升企业的市场竞争能力，有效整合资源结构，共同解决资金、市场、技术等方面的难题，往往会和其他闽商或者华商及土著商人以互相参股的方式开展合资经营，这种合作经营通常表现为共同合资经营某个企业或行业。如同为印尼福清籍闽商的林文镜和林绍良等人于1965年联合创办了华仁谊集团，后发展成林氏集团，集团拥有世界上最大的水泥厂和面粉厂；1971年，林绍良和徐清华合作创办大都市根札那有限公司，开展房地产业务。1979年，林绍良、徐清华与印尼原住民企业家苏坎达尼联合创建印尼佩尔卡萨水泥有限公司。尤为引人瞩目的是，1993年，以杨应琳、施至成、吴天恩、吴奕辉、郑少坚和陈永栽为首的菲律宾最大几家华人企业集团组成亚洲腾龙公司，积极参与包括扩建机场、兴建电厂、修筑公路等在内的基础设施建设投资。[①] 菲律宾的这六位

---

① 汪慕恒主编：《东南亚华人企业集团研究》，第23页。

华人企业家，祖籍均为福建，这些企业家各自的企业集团在其住在国均属实力最为雄厚的企业集团之列，即便如此，面对一些重大项目的投资建设，因所需资金数额庞大，绝非一两家企业集团可以独自承担。在这个背景下，海外闽商联合在一起，将各自资本汇集，形成了远远超出单个企业集团所具备的资本实力，参与原本无力独自承担的工程项目建设，实现了多赢。

此外，海外闽商资本与其他华商资本的相互合作与渗透也是经常之事。1992 年，郭鹤年与粤商李嘉诚在香港八佰伴超市集团主席和田一夫的引领下，以 60 亿元港币的巨资，前往日本札幌发展地产，共同合资兴建公寓及购物中心。此次海外闽商与海外粤商的资本合作，在当时日本商界引起了不小的震动。

海外闽商资本无论是彼此之间，还是与其他华商资本或住在国土著资本之间的相互合作与渗透，都以其商业利益为出发点。虽然如此，不可否认的是，海外闽商的这种合资经营方式，在壮大和提升其经营事业方面无疑发挥了巨大的作用，既避免了资金不足，分散了经营风险，又极大地加速了企业成长的历程。

第三节　海外闽商的地域文化、特点及存在问题

一　海外闽商地域文化的基本形态

福建位于中国东南沿海，与台湾隔海相望，拥有漫长而曲折的海岸线，沿线分布着众多的海湾和半岛，具有丰富的良港资源。福建省省内地势以丘陵山地为主，西北高，东南低。自古以来陆路交通不甚便捷，与外界的交往很大程度上依靠海路。这种"山多地少、人多地狭、以海为生"的生存环境，造就了福建历史上独特的、自成体系的以海洋文化特征为主体的闽文化。

远古时期，生活在福建的是闽越人，他们通常以从事农业和渔猎等生产活动来维持生计，经济发展水平远远落后于中原地区。虽然如此，但闽越人至迟在公元前 2 世纪就已掌握了造船技术并外出航海。由此，福建的海外贸易开始发展起来。在汉朝平定闽越之后，中原汉人开始迁徙进入福

建，自西晋末年以来，中原战争不断，南迁至福建定居的中原人更多。唐中期的"安史之乱"和唐末战乱促使中原人再次大规模地迁移定居福建。北方中原人几次大规模地移民入闽，带来了大批的劳动力和先进的中原文化，在与闽越土著的杂居交往中，中原文化与闽越文化相互交融、扬弃，最终融合在一起。与此同时，海外贸易进一步发展起来，福州港和泉州港兴起，与日本、新罗、三佛齐、印度、大食等国均有贸易往来，福州港更是成为当时各国商船争相往返之地，乃一中外商贾云集的商业都会。

宋元时期，泉州港的海外贸易出现空前繁盛的景象，与海外逾 70 个国家和地区有贸易往来，是当时世界上最大的贸易港口之一。众多阿拉伯、波斯等国商人往返贸易，长期交往中部分商人定居当地，与闽人通婚，繁衍生息，同时，他们把阿拉伯文化等外来文化也带入福建，成为闽文化的一部分。因此，闽越人的本土文化、南徙至福建的中原文化与海上贸易带来的海洋文化和其他外来文化共同构成了闽文化，这些文化长期以来又不断地交融、碰撞，使闽文化具有独特气质。正是这种展现出强烈的开放性、博大性和兼容性的闽文化，使其中的海洋文化内涵在冲突和交融后得以加强和丰富。闽人在海外贸易中不断地开拓着已知和未知的领域，面对和解决各种未知的困难和险阻，养成了闽人勇于冒险、不畏险阻的"敢为天下先"的拼搏意识。海洋为他们的生存和发展提供了广阔的前景，成为他们创造物质财富最重要的平台。在这个过程中，坚韧、不屈、勤勉的特质最大限度地发挥出来，"四海为家"这个典型的海洋文化特征在闽商身上也展露无遗。一些闽商因经商所需而侨居海外诸国以从事贸易往来。在明代，已有大量闽人侨居东南亚各地，从事商贸活动，至鸦片战争前夕，闽商基本上主导着海外华商网络。所以，海洋、贸易、移民等要素，已与闽商的生活深深地融合在一起，成为闽文化中独特的部分。

福建地理位置远离中原，传统儒家文化中的"重农抑商"思想影响相对有限。艰难的生存环境，使得闽人更加注重改善自身生存的物质条件，他们重利并逐利。商人的地位不像在中原般被贬抑，反而因其具有的经济实力和影响力而受到推崇，因而闽文化中有着浓厚的重商主义色彩。闽人重商意识在汉唐之际就已存在，为求生计，他们驾驭商船运贩于海外各国。到宋元时期，海外贸易的兴盛，进一步增强了闽人的重商意识。南宋诗人刘克庄在《泉州南郭二首》中写道："闽人务本亦知书，若不耕樵必业儒……海贾归来富不赀，以身殉货绝堪悲。似闻近日鸡林相，只博黄金不博诗。"① 诗中描述了闽人在海上贸易中的崇商逐利、冒险进取。在闽南地区，重商和从商的观念更是根深蒂固，人们往往崇尚经商，以商为荣。闽人悠久而强烈的重商主义意识，锻炼和养成了他们超前的市场意识和务实逐利的进取精神，善于根据商业环境来判断和预测商机，灵活机敏地应对和处理各种复杂问题和事件，为商业活动的有序和顺利开展创造良好的环境和条件。当然，闽商的重商并不与中国传统的道德价值取向相违背。在他们眼里，传统的道义和利益是一个完整统一的有机体，不能离开利益单纯地讲道义，因而在闽商的逐利过程中，诚信为本的理念成为其中的精髓和根本。

二 海外闽商的特点

历史上逐渐形成和发展的独具特质的闽文化，造就了闽商个性鲜明的商业文化，即以海洋性为其主要特征。外化在闽商身上，表现为一种勇于冒险、拼搏、敢为天下先的气势和力量。面对巨大的生存压力，他们毅然远离故土，无畏地走向宽广的海洋，在未知的土地上，用智慧、汗水来描绘他们新的人生。冒险进取、善观时变、灵活敏捷、顺势有为、大气开放、爱拼会赢、豪爽义气、勤俭敬业、乐善好施、恋祖爱乡、回馈桑梓等，都是海外闽商用他们的经历亲笔书写的优良品质和特点。

（一）经营与管理具备现代化和国际化的特征

海外闽商在企业初创阶段，因受资金、规模及文化程度的制约，通常实行传统的家族经营模式。20 世纪前期前往东南亚的海外闽商大多受教育程度不高，但他们懂得利用实践知识来弥补受教育不足的缺憾，不断地学习新知识、了解新事物，在企业达到一定规模后，他们开始改变传统的经营方式，打破旧有的家族陈规，将现代企业制度引入企业集团的经营管理之中，虽然企业的核心层管理人员仍由家族内部成员担任，但"逐次扩展

---

① （宋）刘克庄：《后村先生大全集》卷十二《泉州南郭二首》，四川大学出版社 2008 年版，第 341 页。

企业化之组织架构，运用商业机器设备及专业经营管理人才，建立制度"①，实现企业所有权和经营权的分离，将传统家族式的管理变为科学化、社会化的管理，有助于企业集团的长足发展。适时将企业推向市场，为企业的规模化、跨国化经营募集资金，选取一个或若干个行业作为主营行业，开展跨国的多元化经营。

海外闽商企业集团的投资可谓遍及全球，目前仍以亚洲地区为投资的主要区域，并热衷于在海外设立投资基地，其中中国香港是东南亚海外闽商设立海外投资基地最多的地方。除了以香港为其海外投资的重要基地之外，改革开放以来，中国大陆地区也成为其在亚洲投资的重点区域之一，投资行业涉及各个领域，海外闽商除了大量投资工业制造业之外，还将其擅长的房地产业、酒店服务业、金融业等第三产业引入大陆，可谓其海外事业在大陆的延伸。凭借着丰富的操作和管理经验，获得了巨额的收益，进一步增强了资本实力。综观东南亚海外闽商在20世纪60年代至90年代的发展，可谓"令世界产业界惊叹不已"②。

然而，在1997年亚洲金融危机中，海外闽商遭受重创，但并未因此而一蹶不振，而是趁机吸取经验教训，展开企业重组，及时调整和优化产业结构，增强企业抵御风险的能力。正是由于海外闽商一直以来与全球经济同步发展、与时俱进的战略思维，因而在国际上出现了一批颇具影响、在某些行业领域占据重要地位的海外闽商企业集团。在2018年《福布斯》全球亿万富豪榜中，在海外闽商集中的东南亚地区，上榜的68位亿万富豪中，有50位海外华商上榜，其中闽商即占据了其中的34位，高达50%的比例。这些上榜的海外闽商企业集团所具有的共同特征便是，在某个或某几个行业领域中占据绝对主导优势地位，具有一定的辐射范围，其影响超越住在国，辐射至周边国家乃至整个亚洲和世界。除了主营行业之外，基本上都涉及工业资本、金融资本和商业资本等多个领域，在资本的相互融通中，最大限度地发挥它们各自的作用。

---

① 陈怀东：《海外华人经济现状及发展趋势》，载周南京主编《华侨华人百科全书·总论卷》，中国华侨出版社2002年版，第179页。

② ［日］井上隆一郎编：《亚洲的财阀和企业》，宋金义等译，《前言》，生活·读书·新知三联书店1997年版，第1页。

（二）善于利用社会关系网络实现自身的发展和壮大

二战后，东南亚各国相继独立，很多闽商陆续选择加入住在国的国籍，主动地融入住在国。但东南亚国家除新加坡外，在战后无一例外地都颁布了一系列排华法令，闽商的生存和发展环境在20世纪70年代之前，可以说是较为恶劣的。即使是在这样不利的生存环境中，海外闽商在经济上还是取得了较为突出的成绩，这和东南亚各国发展民族经济的大背景有关，更为重要的是，海外闽商凭借智慧动用一切可用的资源为经济发展服务，特别是善于利用社会网络关系资源来实现自身的发展和壮大。

海外闽商利用的社会关系资源中，最重要的便是海外华商网络。对于那些难以靠自身力量独立创业的闽商而言，通过华商网络资本的联合，可以降低企业的交易成本，实现企业间资金、市场、信息等资源的优势共享。强强联合更是可以达到双赢或多赢的效果。有些闽商甚至通过联姻的形式来拓展海外华商网络中的社会关系资源。如菲律宾闽商杨应琳，其岳父薛敏老是著名律师，与木材大王李清泉合办中兴银行；李清泉之孙彼得任中兴银行总经理，与杨应琳长女结婚，中兴银行与杨应琳的黎刹银行互相参股，互派董事。[①] 利用华商网络组建的利益共同体，最终实现彼此之间的互惠和共同发展。海外闽商除了利用华商之间的社会网络关系，还与住在国土著民营资本、国家资本结合，来拓展自己的商业网络。闽商通过构建各种商业网络，不仅有效地扩展了企业可以利用的资源边界和发展规模，也进一步增强了海外华人企业适应经济全球化发展的能力。[②] 当然，这种同种族间构建的商业网络并非独存于海外闽商乃至海外华商群体中。虽然如此，但在国际经贸领域活跃着的众多族裔网络中，华商网络最为引人注目，也取得了较为可观的经济成就。[③] 而且华商网络"会尽力使政治对经济的影响最小化"[④]。

[①] 周倩：《二战后东南亚华人企业集团迅速发展的原因及特点》，《云南社会科学》2006年第5期。
[②] 唐礼智、黄如良：《海外华商网络分析及启示》，《宁夏社会科学》2007年第5期。
[③] Gordon Redding, *Overseas Chinese Networks: Understanding the Enigma*, Long Range Planning, Vol. 28, No. 1, 1995, pp. 61–69.
[④] Francis Fukuyama, *Trust: The Social Virtues and the Creation of Prosperity*, New York: Free Press, 1995, p. 88.

在东南亚各国的特殊环境下，法制大多不完善，排华风潮至今都未曾真正停止过，闽商企业往往面临着意想不到的风险和意外。因此，他们往往"把大量时间投入构建关系网络和建立信任上"①，并通过建立与住在国政府的实力派人物或组织的密切关系来寻求政治上的保护，以利于获得经营方面的便利或优先权利。其中有些闽商还通过为政治选举提供经费来达到影响政府决策的目的，有些甚至由其本人亲自担任一定的政治职务，以其拥有的政治影响力谋取在经济领域中的超额利润。据曾任菲华商联总会理事长的李永年（福建晋江人）于1998年5月2日的访谈中指出，科拉松·阿基诺为竞选总统筹措经费期间，他亲自开车送科拉松到当时的商总理事长庄清泉（福建晋江人）家，收取菲华商联总会（简称商总）提供的政治献金。李永年与科拉松总统私谊深厚。② 在菲律宾，既为企业家又为政府公职人员的闽商不在少数，如杨应琳、周清琦二人都为菲律宾实力雄厚之企业家，又都曾担任菲驻华大使等外交职务。此类双重身份有助于他们借政治之势，化不利环境为有利因素，达到运势制胜的良好效果。此外，海外闽商还注重通过在住在国发展公益事业来拓展社会关系网络。

（三）凭借其对商机的敏锐洞察和前瞻，精于把握机会来发展自己

长期以来深受海洋文化的影响和熏陶，加上在与海洋搏击获利的实践过程中积累的冒险体验，成就了闽商"爱拼才会赢"的典型性格特征，他们不畏艰难，勇于冒险，敢为人先，善于抓住任何一线可以利用的机会来开拓生存和发展空间。早在19世纪末20世纪初，随着欧美汽车工业的兴起，对橡胶的需求迅速增长，东南亚的海外闽商首先看好橡胶业的广阔市场前景，于是大力提倡开辟橡胶园种植橡胶树。1898年，马六甲闽商陈齐贤在同乡林文庆的鼓励下，从新加坡引种橡胶树进行试种，大获成功后，闽商纷纷组建橡胶树种植园和相关的橡胶制品企业，在马来半岛和新加坡，橡胶树种植业和橡胶加工业迅速成为海外闽商经营的主要行业之一。众多闽商资本因此获得了快速的增长，出现了诸如陈嘉庚、陈祯禄、李光

---

① Ian Rae and Morgen Witzel, *The Overseas Chinese of South East Asia: History, Culture, Business*, Houndmills, Basingstoke, Hampshire: Palgrave Macmillan, 2008, p. 138.

② 张存武、王国璋：《菲华商联总会之兴衰与演变：1954—1998》，"中研院"近代史研究所，2002年，第79页。

前、陈六使等资本实力雄厚的闽商。他们中的相当一部分人士在经营橡胶业中获得巨额利润，为之后投资其他行业奠定了坚实的资金基础。

改革开放后前往美国的福建新移民，经过若干年的打拼，到20世纪90年代，利用积累的资金进行创业，短短的一二十年间，闽商经营的中餐馆便在美国东部地区站稳脚跟，在有些城市甚至已经是趋于主导地位。闽商在经营餐饮业的过程中，发现随着新移民人数的日益增长，餐饮业市场也日趋饱和，便将投资目光转向与新移民生活密切相关的其他服务行业，如职业介绍所、驾驶学校、长短途巴士、主营华人汇款及储蓄的华资银行、婚纱摄影、食品批发、室内装潢等，在将华埠经济带活的同时，也壮大了自身的实力。从其经营的各种细分的服务行业来看，闽商对商机可谓具有极其敏锐的洞察力，并果敢地付诸行动。海外闽商正是善于发现和瞄准商机，凭着一股敢想敢做的劲头，才在海外闯出一片属于自己的天地。

三　当代海外闽商发展存在的主要问题

（一）过于依赖当地政府资源，事业易受政局变动而遭受冲击

海外闽商集中的东南亚各国，在发展民族经济的过程中，对华商的经济发展采取种种限制性政策和措施，在这种背景下，部分闽商通过建立与当地政府或高官的亲密关系，甚至自己也参政，以获取经营方面的种种特权和便利条件来获得大规模发展的机会。海外闽商林绍良就是凭借早年与印尼军政官员建立的深厚关系，获得了经营方面的诸多便利和特权，使其经营的三林集团能够在短短三十多年中发展成为印尼乃至东南亚最大的华人企业集团。但在1998年苏哈托政权垮台后，原有的政商关系不复存在，丧失了原先政府给予的多项优惠和垄断特权，再加上1997年亚洲金融危机的打击，三林集团遭受前所未有的重创，被迫出售多家企业偿还债务。三林集团尚且如此，其他政商关系紧密的闽商企业集团在政治危机或经济危机到来之时，无不成为众矢之的，面临被清算的风险。由此可见，政商关系的紧密结合是把双刃剑，它可以在短时期内使企业发展出庞大的规模，获得巨大的成功，但在经济或政治动荡时期，企业除了要承担经济风险，还要应对政治风险，这与当今世界经济全球化所要求的政治经济民主化和透明化是背道而驰的。事实上，这种政商紧密结合的海外闽商企业集

团，早就因其享有的特权和便利而招致当地民众和国际社会的不满和非难，商人本人也易被作为政治上的替罪羊和种族冲突的牺牲品。①

（二）虽然资本实力雄厚，但在产业转型升级方面相对滞后

二战后，海外闽商加入住在国民族经济发展大潮中去，到20世纪70年代，出现了多元化经营的闽商跨国企业集团，但经营行业多集中于金融、房地产、酒店、商业等第三产业和资源产品加工业为主的轻工业制造。这些行业有助于创业初期闽商资本的快速积累，但易产生资本泡沫，在遭遇经济危机之时，行业便会遭受冲击，资本也会急剧缩水。70年代中后期以来，虽也有企业集团涉足重化工业和高新科技产业，但缺乏独立研发的能力，多依赖发达国家已有的技术，采取与发达国家合作或购买方式获取。到80年代中期，东南亚国家开始调整产业结构，海外闽商企业集团也着手计划从劳动密集型产业向高附加价值产业转型，但收效甚微。虽然已出现一些技术密集型产业，但依然以劳动密集型产业为主，随着中国、印度、越南等国经济的快速发展，海外闽商企业在劳动力、价格等方面的已有优势逐渐丧失。1997年亚洲金融危机中，海外闽商的传统制造业、金融业、房地产业等优势产业都是遭受冲击最大的行业。在金融危机后，海外闽商对企业进行重组和调整，基本上都围绕着增强企业的核心竞争力展开，收缩战线，强化优势产品和业务，退出部分经营状况不佳的领域，进一步整合核心产品。在经济全球化的今天，经济增长点已转向高新科技产业，处于这般大环境中的海外闽商也从金融危机中吸取教训，部分闽商已有意识地将部分资本从易受经济危机影响的金融业和地产业等传统领域转投信息技术产业、制造业等行业，企业也加强了技术研发的投入，以期实现由劳动密集型产业向技术密集型产业的转型。

（三）在住在国的历史虽然悠久，但依然频受当地政府排挤

欧洲海外浙商因为文化、习俗、经营理念等方面与住在国存在差异，导致近年来海外浙商遭遇住在国民众排斥，彼此之间由于经济竞争、灰色操作、文化差异等原因造成各类冲突，难以融入当地主流社会。海外闽商

---

① 林梅：《金融危机与印尼的华人企业集团》，《南洋问题研究》2000年第2期。

在东南亚各国的发展历史要悠久许多,虽然多数闽商已加入住在国国籍,在法律上已成为住在国公民,但在实际的政治经济生活中,他们被住在国政府和民众看作区别于原住民的"外族",在企业经营和发展方面并没有获得平等的国民待遇,除了新加坡之外,其他国家对华人依然采取程度不一的排挤和偏见。如海外闽商较为集中的马来西亚、印尼、菲律宾,长期以来实行的经济民族主义和种族主义情绪依然存在。这些国家中,种族主义问题最严重的国家当属印尼。由于历史原因和长期以来印尼政府执行的多项排华政策,在印尼国内,一旦出现政治动荡,华商往往成为被冲击的首要对象。1997年亚洲金融危机爆发后,众多印尼闽商企业遭到当地原住民的打砸抢烧,损失巨大。

之所以会出现诸多冲突,除了住在国政府长期以来实行的排华政策,最关键在于华商与原住民之间存在着巨大的贫富差距。海外闽商因从事商业经营活动,家底都颇为丰厚,消费奢侈,有时甚至公开炫富,原住民则受雇佣于华人企业主,生活水平与华商形成鲜明的对比,而且部分华商经营和发展并没有遵守当地法律法规,官商关系密切等,这也使得原住民对华商抱有一种敌视的眼光和态度。诸多因素结合在一起,产生了隔阂,政治经济领域一旦有什么风吹草动,海外闽商便如惊弓之鸟,因而,真正地融入当地社会也就非常困难。

第三章　海外浙商与祖籍地关系

第一节　海外浙商与祖籍地关系的历史回顾

近代以来，浙江人为谋生计，前往日本、朝鲜及欧洲等国，多数从事小商贩活动，其中只有极少数人积累了一定的资本，因而，在20世纪50年代之前，海外浙商中资本实力雄厚者人数甚少。基于自身有限的经济实力，他们在祖籍地投资的实业也屈指可数。但中国人传统的爱国爱乡观念却根深蒂固，海外浙商虽然只有少量资金，但依然热心于祖籍地的公益福利事业，捐钱赠物，以期能对祖籍地有所裨益。

一　改革开放前海外浙商投资祖籍地实业概况
（一）近代海外浙商投资实业概况

在近代，浙江人出国经商多在19世纪后半期，其中绝大多数为出国谋生者，文化水平低，手头也毫无资金可言，他们在抵达欧洲各国后，绝大多数人以从事小型商贩活动为生，所得收入极为有限。即使稍有资金积累，也多投资开设小型工场、中餐馆、杂货店等，无力再做其他打算。能够开设商号工厂的海外浙商少之又少，虽然他们的资本额相对于那些从事小型商贩活动的人而言，已为经济实力雄厚之人，但事实上，他们所经营销售的茶叶、生丝、瓷器、古董等商品，因受关税等因素的制约，盈利也大受限制。开办小型工场生产领带、皮革制品等产品的浙商，也都处于最初的急需资金的创业阶段。在经营稍有起色之时，第二次世界大战爆发，在将近六年的欧战中，海外浙商的经济遭到了严重的破坏，原有的经营成果毁于战火之中。因而，近代欧洲海外浙商根本无力投资祖籍地实业。所获微利，或用于继续投资扩大自己的经营事业，或者汇往祖籍地用于家用，再有结余便在祖籍地购置田产来耕种或租与他人。

相对于欧洲海外浙商而言，这时期在日经商的浙商资金实力要雄厚得多。但因这部分海外浙商人数也极少，因而，在祖籍地的投资也屈指可数。其中较有影响的是1885年前往日本发展的慈溪人吴锦堂，在短短的十几年中，因其独到的投资眼光和经营战略，在进出口贸易和实业领域均取得了不俗的成绩，他也因此成为大阪和神户地区知名的大企业家。20世纪初，吴锦堂将日本经营所获利润投资祖国的实业，投资领域广及纺织、冶炼、采矿、金融、航运、铁路建设等方面，投资区域远远超出浙江省域范围。就祖籍地而言，吴锦堂主要是投资浙江商办铁路，认购了浙江铁路优先正股200股，约为6.6万元，① 这在当时是一笔巨大的钱款。投资浙江商办铁路除了经济上良好的预期收益外，更多体现的是他作为华商深深的爱国爱乡之情，希冀以自身的经济实力和投资实践来抵制帝国主义国家对祖籍地铁路的控制。

抗战时期和国共内战时期，相当部分在国内经营实业颇有成就的浙商将企业迁往港台及美国、加拿大等地。囿于经济力量的有限及特殊的时代背景，海外浙商返回祖籍地投资，基本上都是在改革开放之后。

（二）20世纪50年代至改革开放前海外浙商对祖籍地的投资概况

新中国成立初期，海外浙商激动于祖国的独立，纷纷尽己之力为祖籍地的经济建设献上一份力量。这时期中国处于计划经济体制下，不允许华商直接经营企业，故投资总量不大，总额仅1亿美元。② 祖籍地对于海外浙商而言，自然是他们关注的重点区域，投资主要以捐资投资为主，以捐资企业和兴办侨属企业为具体的形式。

浙南温州和青田作为海外浙商重要的发源地，祖籍地的发展牵动了每一位海外浙商的桑梓之情。在荷兰经营餐馆生意的温州籍浙商胡克林，20世纪50年代回乡时有感于家乡没有电灯，于是在旅荷浙商和侨胞中集资，1957年，用集资款项建立了瞿溪火力发电厂，使瞿溪成为当时浙南地区最早用上电的乡镇。60年代，欧洲的浙商如意大利的胡锡珍、胡仲山；荷兰

---

① 陈守义主编：《吴锦堂研究》，第29页。
② 林金枝：《海外华人在中国大陆投资的现状及其今后发展趋势》，《华侨大学学报》1993年第1期。

的陈康祥、胡品山、郭南斋、张景和；奥地利的任德球；日本的王树福等也都捐资祖籍地的生产建设事业。

逐渐成长起来的欧洲海外浙商，在住在国的经济事业上已开始有所发展壮大，而祖籍地的经济建设正需要他们贡献力量，于是，拥有海外浙商资源优势力量的浙南地区便成立相关的华侨投资公司，吸纳他们的资本来支援当地的建设事业。1958年，温州地区专门成立华侨投资公司，由统战、财政、银行、工业、侨务等部门负责人和归侨、侨眷代表组成，并在部分县设立了办事处。到1966年，共吸收温州籍旅居日本、法国、荷兰、新加坡、葡萄牙、美国、印尼、巴西等国和港澳地区的浙商共计40.38万元人民币的投资。① 公司资金主要投向温州各地侨乡兴办和扩建企业，主要有温州动力机厂、华侨棉针织厂、华侨旅馆等，基本以侨属企业为主。1959年，旅法浙商杨岩生等人在瑞安创办当地的第一家侨资企业——丽岙华侨陶瓷厂（后改为瑞安华侨电瓷开关厂），② 解决了当地一批人的就业问题。

浙东地区海外浙商在20世纪50年代以后迅速崛起。1958年，宁波市华侨投资公司成立，业务范围包括宁波市区及镇海、鄞县、慈溪、余姚、奉化五县，至1961年，吸收资金达104.24万元。同年，宁波出现了首家侨属企业——甬江酒厂。1960年，香港的浙商王宽诚自宁波解放后第一次回乡，见全市没有一所涉外饭店，深为家乡的落后感到窘迫，遂出资80万元，投资兴建宁波第一家涉外旅游宾馆——华侨饭店。③ 60年代中期以后，受国内环境和政策影响，投资渐少。据统计，到1965年，浙江省共吸纳华侨投资约160万元人民币。④

二 改革开放前海外浙商在祖籍地兴办的公益福利事业

（一）捐资兴学

1. 近代海外浙商捐资兴学概况

海外浙商在祖籍地捐资兴学，最早为慈溪籍旅日浙商吴锦堂。1885年

---

① 吴鸿鸣主编：《温州市金融志》，上海科学技术文献出版社1995年版，第231页。
② 王国伟主编：《瑞安市华侨志》，中华书局2011年版，第135页。
③ 楼小娴：《惊喜如莲次第绽放百丈路》，《东南商报》2008年7月27日。
④ 周望森主编：《浙江省华侨志》，第228页。

赴日贸易和兴办实业的吴锦堂,在侨居日本的数十年间,深切地体会到教育对一个国家的强盛所发挥的关键作用,"日本富强,悉基教育,虽贩夫牧竖,无不勤学读书"①,在日期间就与好友麦少彭在神户为华侨创立同文学校,积累了一定的办学经验。1905 年,吴锦堂回乡省墓,"慨故里之学校不兴,水利不治,毅然引为己任",当年即出巨资兴建学堂,于"东山头地方,依傍故居,辟地百余亩,创办两等小学一所"②,被命名为"锦堂学校"。学校从 1905 年初建,历时三年,到 1908 年年底修建完成,整个学校占地 50 余亩,"造成高大洋式楼房讲堂,及寄宿舍房屋五十二幢,夫役室、厨室平房十一间,谷仓杂物室二间,蓄水池一口,厕室一间,门房二间,浴室三间,花园一所,操场一方"③。当年年底第一次招收初等生40 人,高等生 80 人。1909 年农历元月正式开学。学校规模在当时而言,非常宏大,浙江巡抚在给光绪皇帝的请赏奏折中就把它誉为"浙江私立学校之冠"。学校给予在校学生相应的学费减免措施,使得学生不因家境困难而失学。不久,深谙实业教育重要性的吴锦堂,调整锦堂学校章程,1910 年,将锦堂学校改为初等蚕业学校,1911 年又改名为锦堂农业中学堂。在《慈溪锦堂农业中学堂遵造册报呈请》第九条显示:备堂 10 间、自修室 11 间、寝室 33 间、职教员室 18 间、食堂 6 间,还有其他用房 67间。学校另有农事实验场、桑园约 76 亩。④ 学校还全额资助赴日留学生的一切费用,至一战爆发之时,吴锦堂投入学校的资金高达 28 万银圆。⑤ 此外,他还资助陈谦夫发起创办效实中学。

吴锦堂作为海外浙商的一员,在事业取得巨大成就的同时,对家乡教育事业也投入巨资,不遗余力,而且创办的锦堂学校为中等教育性质的学校,后又改为农业中学堂,无疑秉承着以实业教育来强国的理念,这也足见其眼光之卓越。除了兴办中等教育外,还有海外浙商积极资助家乡的师

---

① 叶瀚、杨振骥编撰:《续刻杜白两湖全书》,《录开锦堂学校捐款前清浙抚增咨度支部学部文》,1917 年,第 41—42 页。
② 叶瀚、杨振骥编撰:《续刻杜白两湖全书》,《录前清浙抚增奏请立案折》,第 44—45 页。
③ 叶瀚、杨振骥编撰:《续刻杜白两湖全书》,《录委员陶慈溪县仲会详查明请奖详文并抚院批》,第 54 页。
④ 陈守义主编:《吴锦堂研究》,第 55 页。
⑤ 陈守义主编:《吴锦堂研究》,第 58 页。

范学校。1928 年，留学奥地利的青田人陈瑛捐资 1 万银圆，与留学日本的陈梓芳，在青田创办私立阜山简易乡村师范学校，为家乡培养专业的小学教员。30 年代，学校因入学人数增加急需扩建校舍，在巴西的青田籍浙商周继文获悉情况后，当即汇款 5 万美元作为建校经费，学校用这笔经费顺利地完成了扩建工作，剩下余款则购置了教学设备和置办校田。周继文在抗战期间，还多次汇款资助阜山中学共约 2 万美元，用以购置当时学校所需的设备。① 更多海外浙商捐资兴学的着眼点在小学初等教育上。1927 年，鄞县籍旅德浙商陈纪林回乡探亲，捐田 30 亩，在家乡创办"培本小学"；胡嘉烈于 1943 年到 1949 年间，每年资助家乡的胡家坟小学 3 万多斤稻谷为经费；旅港的湖州籍浙商沈炳麟于 1949 年在故乡双林兴建小学。

这时期大多数海外浙商并未如吴锦堂般具备雄厚的经济实力，多处于创业初始阶段，即使如此，他们依然尽力资助家乡的教育事业。此后，二战爆发，欧洲海外浙商的经营遭受战火的冲击，教育捐助受到很大影响，一直到 50 年代以后才重新恢复。

2. 20 世纪 50 年代至改革开放前海外浙商的捐资兴学概况

二战结束后，欧洲的海外浙商获得了发展经济事业的良好时机，虽然前期积淀的物质基础大多毁于战争，却收获了经营管理方面的经验，在此基础上，他们重新创业，在事业初见起色的情况下，便再次为祖籍地的教育事业奔忙。从 50 年代初期开始一直到 60 年代初，文成籍海外浙商就相继在周壤乡捐建大南小学校舍、在玉壶镇捐建长丰小学、凉漈小学和炭场小学校舍，他们多以数人集资捐赠的形式合力助学。② 1957 年创建的温州华侨中学，更是将海外浙商的集体合力淋漓尽致地展现出来。这所由温州归侨和旅居海外的华侨提议创办并筹资开办的华侨中学，汇聚了众多海外浙商的心血。在当年筹建学校的申请获得政府批准后，浙江海外华侨华人便成立了由旅法浙商任岩松、旅意浙商陈玉法和马来西亚归侨陈靖中等人组成的筹备委员会，开始多方筹集办学经费，在短短三个月中，就筹集到 1.3 万元，并于当年 9 月 1 日开学，招收初一新生共 300 人。同年 10 月成立第一届董事会，推选了 77 名国外名誉董事长和董事，为的就是发挥海

---

① 周望森、陈孟林主编：《青田华侨史》，浙江人民出版社 2011 年版，第 244 页。
② 朱礼主编：《文成华侨志》，中国华侨出版社 2002 年版，第 309 页。

外浙商的经济力量和他们在侨胞中的号召力和影响力。至 1957 年年底，董事会募集到人民币 6 万余元，建成教室 12 间和教职工宿舍 1 幢，及传达室、厨房等附属设施。之后，加入捐赠队伍的海外浙商和侨胞越来越多。从 1963 年到 1965 年，捐资筹建温州华侨中学的海外浙商和华侨有日本的林恒吉、新加坡的谢阿元、黄益华；欧洲的梅仲微、胡锡珍、何仁芳等，超过百余人。截至 1965 年，共募集到办学经费 18 万余元。[①] 学校的工程建设也于 1965 年完工，并建成一栋建筑面积达 1542 平方米、在当时堪称温州地区一流的教学大楼。

20 世纪五六十年代多处于创业起步阶段的欧洲海外浙商在自身经济实力有限的情况下，基于对祖籍地教育事业的支持和爱国爱乡之情，克服重重困难，聚众人之力，实践他们对教育的资助。更多的海外浙商虽心系教育，但因经济实力弱小，多以集资办学形式进行联合资助。青田华侨中学也是海外浙商和侨胞于 20 世纪 50 年代中期集合力兴办的。对于独立的海外浙商捐赠个体而言，他们有的捐赠学校的设备，如铜鼓、挂钟、办公桌椅等，有的资助家乡学校修建校舍，也有的出资聘请教师对家乡儿童展开免费教学等。

宁波籍浙商大多是在 20 世纪 40 年代前往港台地区，并经港台前往海外各国，他们凭借在中国大陆地区经营多年的经济基础，为他们在世界各地的发展提供了坚实的物质基础，出现了众多实力异常雄厚的海外浙商，因而，他们对祖籍地教育事业的捐助，相对于欧洲海外浙商，投入更多。1962 年，王宽诚回到家乡鄞县，在获悉当地的教育困难时，当即捐资 100 万元人民币在鄞县的宋严王村兴建东恩中学及东恩小学，此举开创了浙东地区浙商在家乡捐资兴学的先河，对海外浙商日后在家乡的捐资兴学产生了深远的影响。

20 世纪 60 年代中期以后，海外浙商资助教育中断，即便如此，还有浙商不忘家乡的教育。在 1972 年到 1976 年，荷兰的文成籍浙商林昌奶先后捐资人民币共 0.32 万元，资助修建文成县周壤乡大坑小学校舍。[②]

纵观近代以来海外浙商的捐资兴学义举，体现在他们身上的是浓浓的

[①] 章志诚主编：《温州华侨史》，第 245—246 页。
[②] 朱礼主编：《文成华侨志》，第 319 页。

爱国爱乡之情。长年旅居海外的他们，无不切身体会和感受到兴教强国的重要意义，也正因如此，只要他们的经济力量允许，便毫无保留地、竭尽所能地全部奉献出来。改革开放以来，随着他们经济力量的巨大提升，这一点更是最大限度地付诸实践中。

（二）慈善救济赈灾

当祖籍地发生灾情，官方赈灾救济能力有限的情况下，海外浙商往往主动地承担起赈济灾民的责任，其中捐资和平粜为最常见的形式。早在清光绪年间，余姚人毛纪在日本长崎经商致富后，便不时对家乡进行赈灾救济。光绪十四年（1888），余姚发生水灾，毛纪便"集捐筹赈"。光绪二十六年（1900），侨居长崎的鄞县籍浙商沈炽昌回到家乡，"适逢岁歉，独力创办家乡平粜"①。1911年秋，宁波三北地区淫雨海啸，大批农田被淹，农民粮食歉收，为缓解灾情，吴锦堂邀请虞洽卿、陈邦瑞组织"三北筹赈会"，委托他们从外地购进大米，在家乡各地设立乡局救济。各局按户口视贫困情况或赈，或平粜，受益群众达54339人，共平粜大米16516袋，计贴补购米差价银15282元，施赈893袋计银7500元，另外在裘市赈米23袋，洋175元。三项合计共银22968元。仅吴锦堂一人，从20世纪初到20年代，对家乡赈灾的总额即达纹银3万余两及银圆13.1万多元。②

设立善堂也是海外浙商进行慈善救济的重要机构。1941年，胡嘉烈在家乡设立慈善机构片云堂，对贫困者实施救济，规定凡在胡家坟生活的困难民众，每年给予稻谷500斤。

物资援助也成为海外浙商赈灾救济的重要形式。20世纪60年代初期，在国家经济最困难时期，胡嘉烈从香港运入大量化肥支援农业生产，并从泰国购买数吨大米，救济家乡群众。1960年，平阳县桥墩水库大坝被洪水冲毁，田地被淹没，印尼的平阳籍浙商杨庭臣获悉家乡情况后，即捐赠紧缺的化肥190吨，帮助家乡灾民恢复生产建设。

（三）兴建公共基础设施

改革开放以前，海外浙商在祖籍地兴建的公共基础设施主要为水利工

---

① 《抚部院增札饬准农工商部咨长崎华商举定咨议局参议员文》，《浙江官报》，宣统元年，1909年，第7期，第58页。

② 陈守义主编：《吴锦堂研究》，第26页。

程、桥梁、道路、水电站等，兼购买一些农业用具，以改善祖籍地人民生存的基础设施事业为主。吴锦堂除了斥巨资捐资家乡的教育和赈济事业外，对关系家乡民众生产生活的水利工程也极为关注和重视。1905年，回乡的吴锦堂目睹家乡杜湖和白洋湖水利设施年久失修，导致当地水旱频发，灾情不断，百姓生活困苦。为解除家乡的水旱之灾，他决计捐资兴修两湖水利工程，至1909年年底基本完工，共捐助银70476.169元。[①] 工程完成后，沿湖稻田40余万亩，得以解决灌溉水源问题，附近50余万亩棉田，也免受洪涝之灾。为公平分配灌溉用水，吴锦堂设立水利局共同管理两湖工程，因此而受益的乡民达数十万。

桥梁和道路一直以来都是海外浙商捐资兴建的最主要的公共基础设施。在20世纪40年代之前，捐资助建数额十分有限，一直到40年代以后才逐渐增加兴建项目。1949年，旅法瑞安籍浙商徐存伦，捐资帮助家乡修筑前河两岸及双桥中心路路面；同年，胡嘉烈捐资修建鄞县花园村的豫章桥和太平桥，修铺胡家坟、花园两村较差的道路；20世纪60年代，荷兰青田籍浙商郑献仁，意大利温州籍浙商何洪芳在家乡捐建3座桥梁；70年代，旅居日本的青田籍浙商林三渔捐资25万元修建全长约20千米的山口至仁庄的公路，兴建山口、下陈、阮垟、仁庄、罗溪等地桥梁6座、凉亭4个。六七十年代事业初有起色的海外浙商对家乡道路、桥梁的建设事业投入也在不断增加当中。

20世纪50年代后，为使村民用上电，提高农业生产效率，海外浙商还捐资修建水电站，购买农具设备。1965年，日本的青田籍浙商王仕福回到家乡探亲，其间捐资冯垟村15000元人民币，建造1座小型水电站，购置1台碾米机，服务家乡民众；1974年，旅法的瑞安籍浙商蔡正深捐赠家乡竹溪村发电机一台、碾米机一台及农具等。此外，还有赠送拖拉机等农用设施。

这时期出现了海外浙商捐资筹建医院。1929年，旅美的青田籍浙商金美斋捐资1000银圆，筹建县立医院，县长郑迈书赠"急公好义"匾额嘉奖。[②]

除了兴建必需的基础设施建设之外，海外浙商还将资助款项投入兴建

[①] 叶瀚、杨振骥编撰：《续刻杜白两湖全书》，《录禀浙江巡抚增报告捐款清册湖图等文》，第31页。

[②] 周望森、陈孟林主编：《青田华侨史》，第240页。

电影院、家乡侨联办公大楼等改善民众休闲娱乐及办公等设施方面的建设中去。形式也不拘泥于自己捐资建设，还充分信任政府部门，将集资捐款委托政府来兴办相关公益事业。20世纪50年代，胡克林在海外发动侨胞筹集10万荷兰盾支持温州市政府有关部门兴办公益事业建设。

（四）小结

近代以来一直到改革开放前，海外浙商由于自身经济实力的限制及其所处的时代背景的影响，与祖籍地的关系表现为，以捐赠福利事业为主，实业投资为辅。即使有所投资，在很大程度上也多带有浓厚的感情色彩，以帮助祖籍地的经济发展为主要目的。在捐赠福利事业方面，除个别资产实力雄厚的海外浙商在家乡的捐赠及福利事业方面投入较大外，绝大多数多以极其微薄的力量来资助祖籍地的各项福利建设事业，这主要与绝大多数海外浙商处于创业的积累时期有关。浙东地区海外浙商实力相对雄厚，但人数很少。他们对祖籍地的捐资数额远远大于以温州籍、丽水籍为主的浙南地区海外浙商，于他们而言，更多地是以个体的形式进行捐助。而与宁波籍为主的浙东地区海外浙商经济实力差距甚远的浙南海外浙商，更多地以集体的力量进行捐资建设。

浙东地区海外浙商人数的壮大是在20世纪40年代以后，他们中的大多数人将国内已有稳固根基的事业迁至港台地区，再从港台地区前往美洲等地。在这之前，作为国内商帮的重要的一支："宁波帮"商人，随着鸦片战争后宁波和上海的开埠，逐渐成长为国内一支耀眼的商帮群体，实力异常雄厚，他们通常不惜投入巨资在祖籍地开展慈善福利事业来服务民众。因此，从20世纪50年代开始，海外浙商对祖籍地的投入随着经济力量的增强不断地增加。60年代中期以后捐资数额有所下降。到70年代后期，中国实行改革开放以来，随着海外浙商从之前的创业走向发展和成长，形成了在住在国某些行业的优势地位后，他们对祖籍地的投资和捐赠呈现出前所未有的力度。

第二节　改革开放以来海外浙商与祖籍地的建设和发展

1978年十一届三中全会以后，中国进入改革开放的新时期，党和政府的工作重心转移到经济领域中来。在侨务工作领域，政府也进行了重大调整，为推动经济发展，海外华商资本成为从中央到地方各级政府引进的重要外资之一。1979年1月，邓小平在和工商界人士谈话时就提到："现在搞建设，门路要多一点，可以利用外国的资金和技术，华侨、华裔也可以回来办工厂。"① 在政府有利政策的导引和良好投资环境的营造下，众多海外浙商纷纷回国回乡投资建设，成为外资构成中的一支重要力量。在此过程中，他们在提升自身实力的同时，也大大推动了祖籍地的建设和发展。

一 改革开放以来海外浙商在祖籍地的投资概况

改革开放以来，为吸引海外华商资本来中国大陆投资，党和政府先后制定了系列方针政策和法律法规，保护并规范华侨华人的投资权益，并为营造良好的投资环境展开积极的努力。浙江省人民政府也根据实际情况，制定和颁布了吸引华商的法规条例和具体实施方案。1979年，浙江省委在[1979] 71号文件中就提出："兴办侨属企业是一件利国利民的大好事，各级政府与有关部门要积极支持，大力扶持。"在国家及各级政府出台的诸多有利于外资和华侨华人的投资政策之后，海外浙商投资祖籍地的热情逐渐被激发出来。作为在中国大陆投资的第一站，众多海外浙商选择在祖籍地浙江迈出事业的第一步，投资兴办实业，开展商品贸易往来，并充分利用他们在海外的影响力和号召力，为浙江介绍和引进国外先进的技术和管理经验，为促成项目合作而奔走呼号。香港的宁波籍浙商曹光彪，在众多海外企业家观望中国大陆投资环境和政策之际，率先大胆地首开外资投资的先河，于1978年在广东珠海投资设立"香洲毛纺厂"，成为第一位投资大陆的外资企业家。在获得成功后，他将资本投向祖籍地浙江。1980年，在浙江湖州投资200万美元，创办"湖州第一毛纺厂"。1979年，意大利的青田籍浙商胡锡珍回乡省亲，看到家乡民众生活水平还很低，鉴于青田地处山区，牧草资源丰富，于是投资50万元人民币（三年免息）兴建青田华侨乳制品厂。工厂于1980年动工，1982年正式投产，占地面积有18000多平方米。

---

① 邓小平：《邓小平文选》第二卷，人民出版社1994年版，第156页。

1984年，国务院确定开放包括宁波、温州在内的14个沿海港口城市，并逐步建立经济技术开发区。1985年，中央批准在包括6个浙江城市在内的长江三角洲开辟沿海经济开放区，由此，浙江沿海地区初步形成全方位、多层次的对外开放格局。同年，为鼓励海外华侨对中国大陆的投资，国务院颁布了《国务院关于华侨投资优惠的暂行规定》，给予华侨投资以多种优惠措施，这部暂行规定也成为新时期最早专门针对华侨投资的规定。投资环境的不断改善，极大地鼓励了海外浙商投资祖籍地的热情，加上前期在曹光彪、胡锡珍等成功投资祖籍地的示范作用下，越来越多的海外浙商加入祖籍地的经济发展建设中来。

自20世纪80年代伊始，海外浙商虽在祖籍地有所投资，但多为规模较小的纺织、服装、皮革、五金制品、食品加工、塑料制品、工艺品及电子产品等以轻工业为主的制造业，这些行业所涉及的资本额相对有限。从90年代中期开始，随着海外浙商自身经济实力的明显提升，加上中国经济的高速增长，他们在祖籍地投资的步伐明显加快，在投资项目的规模和额度上与之前相比都有了一个较大幅度的提升。1992年，浙江省政府颁布了《浙江省关于鼓励华侨和香港澳门同胞投资的规定》（1992年2月24日浙江省人民政府第17号令），出台针对华侨与港澳同胞投资浙江的优惠政策。因此，在政府各项政策的激励下，海外浙商掀起了对祖籍地的新一轮的投资高潮。在海外浙商相对集中的温州的"三资"企业中，温州籍海外浙商的投资企业数和投资金额都增长迅速，从1989年的39家增至1996年的787家，投资额达12.22亿美元，占外资投资总额的83.19%。① 在经营领域，海外浙商在祖籍地将资本主要投向传统的以服装加工制造、鞋业、五金等为主的制造业，并涉及房地产业、旅游业、酒店业、能源业等诸多领域。如房地产业，从初期的千万元资金到20世纪末21世纪初的上亿元资金。德国的温州籍浙商冯定献，从1995年起在浙江投资房地产业，先后在温州、湖州、台州等地，开发了献华商寓、献华商厦、利府花苑、博林大厦、浙江国贸大厦、织里人家等项目。2001年，荷兰的青田籍浙商吴焕民、吴洪刚兄弟在青田县城投资1.47亿元，建造占地面积达6600多平

---

① 章志诚主编：《温州华侨史》，第265页。

方米、南北两栋主楼为22层的新世纪大厦商住综合楼。据统计，自1991年到2008年，青田房地产开发投资总额约为64亿元，其中海外浙商投资就近50亿元。① 在瑞安，截至2008年，投资在1亿元以上的海外浙商开办的房地产公司就有5家。② 由此可见，90年代以来的海外浙商，随着他们在住在国经济实力的大增，表现在祖籍地的投资上，也呈现出强劲的投资力度。

2000年以来，国内经济依然保持高速增长的态势，海外浙商在住在国多年积累的经济实力也进一步凸显，在经济日益全球化的时代，其经济活动呈现跨国经营的常态，与祖籍地的关系也呈现出前所未有的紧密，其中相当部分海外浙商以"前店后厂"的形式在全球范围内开展国际贸易和生产活动，这一经营模式也推动着海外浙商加大在祖籍地的投资额度。在温州，至2007年，全市累计批准侨资企业逾1800家，总投资超50亿美元。③ 2008年的国际金融危机对海外浙商的经济事业也产生了一定的影响和冲击，但浙江省政府自2012年实施"浙商回归"工程以来，海外浙商在祖籍地的投资基本上保持一个较为良好和稳定的态势。在侨乡青田，据青田侨办统计，2012年、2013年两年间，约有5万青田华侨陆续回国投资创业，侨资企业已达500多家。④ 截至2016年，青田籍华侨回国投资人数已达10万人，投资与贸易资金总规模达2000多亿元。⑤

海外浙商在祖籍地的投资，经历40余年的发展历程，已成为当地经济建设中的一支举足轻重的发展力量。据统计，截至2013年，有60多个国家和地区的海外浙商回乡投资，主要集中在杭州、宁波、温州以及嘉兴、绍兴等经济发达地区。⑥ 截至2017年，在浙侨资企业已达3.8万余家，总投资额3700多亿美元，占浙江省外资企业总数和外资总额的

---

① 周望森、陈孟林主编：《青田华侨史》，第142页。
② 王国伟主编：《瑞安市华侨志》，第136—138页。
③ 璩静、张乐：《华侨经济反哺温州》，《人民日报·海外版》2008年7月18日。
④ 俞菀、裘立华、段菁菁：《青田华侨"回归潮"》，《人民日报·海外版》2015年8月3日。
⑤ 张永恒、黄江林：《小小青田城 荟萃大世界》，《人民日报·海外版》2017年7月28日。
⑥ 吴晓波、陈凌、李建华等：《2014全球浙商发展报告：国际化发展的浙商》，浙江大学出版社2014年版，第10页。

60%以上。①

二 海外浙商在祖籍地投资的特点

（一）以第二产业为主，第三产业投资比例偏低

海外浙商在祖籍地的投资，20世纪80年代主要投资于规模较小的纺织、服装、皮革、五金制品、食品加工、塑料制品、工艺品及电子产品等以轻工业为主的制造业，这些行业所涉及的资本额亦较为有限。进入90年代，海外浙商投资的领域开始向多元化发展，除了继续加大对原有传统行业的投资外，还将资本投向房地产业、交通运输业、能源产业、酒店业、商贸服务业、旅游休闲业、电子信息技术等行业，并加大对建筑材料、石油化工及机械制造等重大项目的投资。2000年以来更是向信息经济、电子商务、健康医疗、文化创意等新型产业转型发展，尤其是以房地产、商贸服务业为主的第三产业的增速迅猛，但新兴服务业的增速较为缓慢。

虽然海外浙商大大地拓宽了投资的行业领域，但资本仍高度集中于以制造业为主的第二产业。1995年浙江省7350多家侨资项目中，纺织、服装、小型机械制造等劳动密集型项目有6071家，占当时引进侨资项目的82.6%；而电子、IT、生物制药领域的项目约650家，只占当时引进侨资项目的8.8%。90年代中期以后，资金流向高新科技行业的比例开始上升。1995年至2000年，浙江省引进的5200多家侨资项目中，涉及电子、IT、生物医药等高新行业的有1600多家，占此期间引进侨资项目的30.8%；从2000年至2004年年底，浙江省引进的14000多家侨资项目中，电子、IT、生物医药、新型材料、基础设施、交通能源等行业的项目近6700家，占此期间引进侨资项目的47.3%。② 这也成为海外浙商投资结构调整的趋势，即减少对传统制造业的投资，加大对高新科技产业和第三产业领域的投资。近年来，海外浙商将资本更多地投入战略性新兴产业。截至2017年，浙江侨商会所属的300多家会员企业，从房地产、服装、

---

① 白丽媛：《我省侨资企业达3.8万余家》，《浙江日报》2018年5月26日。
② 姜敏达：《海外侨商来浙投资发展情况调查报告》，载姜敏达《侨缘》，浙江人民出版社2011年版，第46页。

制革、食品、电镀、机械制造等传统行业向信息经济、电子商务、旅游休闲、健康医疗、文化创意等新兴产业转型发展。① 由此可见，海外浙商对祖籍地的投资过程中，已在有意识地转变产业结构，努力实现企业产业结构的转型升级。

（二）在祖籍地的投资与其在住在国的经济紧密相连

老一辈的欧洲海外浙商经过 20 世纪五六十年代的发展，到 70 年代，已经具备一定的经济实力。70 年代末 80 年代初前往欧洲和美洲等地的新一代海外浙商，在经过十几年的创业和发展后，到 90 年代中后期，相当部分人已完成了原始资本积累。而 20 世纪三四十年代前往港台和欧美等地的浙东籍海外浙商，在原有发展基础上，随着六七十年代港台地区经济的迅速崛起，他们也获得了前所未有的发展机遇，和当地腾飞的经济一样迅速发展壮大，成为当地具备相当实力的一支商帮群体。当他们在住在国或住在地获得充分发展形成一定实力后，便将资本中的相当一部分投资于祖籍地。一方面，海外浙商更为了解和熟悉祖籍地的投资环境、政策、劳动力等投资要素；另一方面，祖籍地快速发展的经济也为海外浙商提供了广阔和良好的市场前景。他们将祖籍地投资与住在国经济联系在一起，彼此相辅相成，从而形成内外联动的新型经济发展模式。

价廉物美的"中国制造"，为众多海外浙商提供了充足的货源，使得他们在国际贸易中游刃有余。20 世纪 90 年代中期以来，海外浙商从事的国际贸易已形成规模效应。基于对市场竞争、产品研发、外贸产品发展空间等因素的考虑，他们开始改变原来的外贸采购者和订单提供者身份，萌发在祖籍地投资办厂的想法。于是，在合适的时机和投资环境背景下，海外浙商大多会选择独资或合资的形式在祖籍地投资兴办实业，这种以市场为导向的生产，使企业和贸易的利润都得以最大化地实现。"前店后厂"的运作模式成为众多从事国际贸易业的海外浙商最主要的一种贸易经营模式。侨资企业生产的产品，通过这些从事国际贸易的海外浙商销往世界各地，在祖籍地浙江与中东、欧洲、非洲和美洲的批发

---

① 白丽媛：《浙江省侨资企业转型势头强劲 加速布局战略性新兴产业》，2018 年 1 月 22 日，浙江新闻网，https://zj.zjol.com.cn/news/855485.html。

市场上，构建起一个内外联动的集生产与销售于一体的庞大网络。正因为海外浙商与祖籍地在经济上的联动，实现了祖籍地经济和海外浙商发展的共赢，2008年以来，侨乡青田提出打造"华侨总部经济"的目标，便很能反映二者之间的互惠互利。

近年来兴起的跨境电子商务，为海外浙商创造了另一种内外联动的新型经济发展模式。与以往从事"中国制造"的国际贸易不同的是，他们开始将市场需求的关注点转移至祖籍地，根据当地民众的不同需求，精选住在国的优势商品，结合多年来从事国际贸易的经验和优势，在住在国与中国之间开展跨境电子商务，从而进一步拓展了其所擅长的国际贸易的范围和领域。

（三）投资规模和总量不断增加，企业的竞争力、科技力逐渐增强

海外浙商自20世纪80年代投资祖籍地以来，从最初有限的资金投入创办中小企业开始，经过多年的发展和积累，目前投资虽然仍以中小规模企业为主，但在前期投资的基础上，原有的企业已形成一定的规模优势。90年代中期以后进入祖籍地投资的海外浙商，因其在住在国经济实力的大增，出于对中国广阔市场和发展前景的良好预期，投资普遍呈现出投入资金量大、项目多元化的特征。据浙江省侨联课题组的调研统计，1995年浙江省7350多家侨资企业中，投资总额在1000万美元以上的有1228家，占当时全省登记侨资企业的16.7%，投资总额在3000万美元以上的有265家，占当时浙江省侨资企业总数的3.6%；到2000年，浙江省12287家侨资企业中，投资总额在1000万美元和3000万美元以上的企业有3970家和1068家，分别占当时侨资企业的32.3%和8.7%。[①] 温州籍海外浙商则创造了温州经济中的"80%"现象，这80%指的是温州市侨资企业数量、投资额均占三资企业总数及总投资额的80%。据2014年侨情调查统计，温州的侨资企业已达3784家，[②] 占三资企业总数及总投资额的80%。

20世纪70年代末80年代初在海外成长起来的浙商，所从事行业多为

[①] 姜敏达：《海外侨商来浙投资发展情况调查报告》，载姜敏达《侨缘》，第45页。
[②] 《侨情调查求真实 把脉实力谋发展 我省基本侨情调查工作圆满结束》，《浙江日报》2014年10月29日。

低技术的劳动密集型产业，企业规模和实力也相对有限，无力进行产业结构的转型升级。也有部分海外浙商受制于创业时期有限的资金，只能从低端产业入手，在积累资金后，顺应市场经济发展的潮流和趋势，主动地调整产业结构。如荷兰青田籍浙商傅旭敏 1989 年前往荷兰创业，1997 年开始将中国的电子产品和工业品出口到荷兰，并组建荷兰得力浦集团公司，1999 年，在浙江宁波成立宁波得力信电器有限公司，研发生产电子节能灯、变压器、镇流器等产品，在欧美国家注册 TULIP 商标，在生产和管理过程中，将飞利浦的先进技术和管理理念引入企业，从而推动宁波电子工业的跨越式发展。

20 世纪 80 年代中期后前往海外留学的一部分浙江人，经过多年的勤奋苦读，学有所成后自主创业，他们的创业多与知识、科技创新结合在一起，成为知识型创业的海外浙商。在住在国的事业取得一定成就后，他们也将事业拓展至祖籍地。近年来，知识型海外浙商以自己的科技专利回乡创业更是成为一种趋势。祖籍宁波的张霞昌，80 年代末前往芬兰留学，留学期间就专注于研究新型电池。为推广研究成果，2002 年，他和芬兰的同事共同创办 Enfucell 有限公司，公司致力于研发和生产薄型柔性纸电池，他发明的这一柔性纸电池技术被美国《时代》周刊评为 2006 年世界八大最佳创新技术之一，并被世界经济论坛授予"2007 科技先锋奖"。2010 年，张霞昌决定将他在芬兰开发研究的低能耗环保电源技术引入中国，在家乡宁波国家高新区注册成立宁波博能印刷电子科技公司，公司致力于具有环保型电子产品的开发及应用。

三 海外浙商在祖籍地经济发展中的地位和作用

（一）在将"浙江制造"推向国际市场的道路上起到重要的作用

改革开放以来，浙江的民营经济迅速崛起，成为中国著名的民营经济大省，而浙江民营经济的成功很大程度上依赖于以商带工的"小商品，大市场"的经济运作模式。即在资金有限的情况下，以生产低技术和低运输成本的日用小商品为主，销售模式主要以大型贸易批发与零售相结合，依托人口的流动性构建遍及全国各地乃至世界各地的市场销售网络。通过这种运作模式，"浙江制造"的小商品已占据全国五成以上的市场份额，在国际市场中也占据越来越重要的地位。"浙江制造"能够走向国际市场，海外浙商在其中发挥了巨大的作用，尤其是20世纪90年代中期以来，随着"中国制造"商品在国际市场的崛起，部分海外浙商在前期资金积累的基础上，也趁势调整产业结构，投身于国际贸易行列中。海外浙商从事的国际贸易业，贸易商品多为服装纺织类、鞋类、电子产品、五金及日用小商品等轻工业产品，这些商品中相当部分都是由民营经济发达的浙江生产制造，属于"浙江制造"的优势产品。凭借多年海外经营管理的经验，海外浙商能够及时把握国际市场商品的需求变化，善于捕捉商机，并利用海外华商网络，先后在美国、巴西、匈牙利、意大利、西班牙、俄罗斯和保加利亚等国促成建立专营"浙江制造"商品的大型批发和销售市场，从而成功地将"浙江制造"推向国际市场，并使其在国际市场的占有率不断地得到提升。

海外浙商在世界各地建立的诸如巴黎欧拜赫维耶市场、匈牙利的中国商城和四虎市场、塞尔维亚的70号市场、迪拜中国商品城、迪拜中国志远鞋城、葡萄牙的维拉德贡德市场、南非约翰内斯堡中国商贸城、西班牙马德里的"亚洲商城"等经销"中国制造"商品的批发市场中，"浙江制造"的商品无不占据重要的一席之地。据不完全统计，温州籍海外浙商相继在巴西、美国等31个国家创办专业市场。① 此外，海外浙商创办的大大小小的从事进出口贸易的公司，经销的贸易商品多数也都来自祖籍地浙江。正是海外浙商构建的国际销售网络，将"浙江制造"的商品推向国际市场的同时，还不断推进浙江企业融入全球经济一体化的进程，根据国际市场对商品的需求品质、技术标准来规范和要求企业，企业自身的生产经营能力也获得很大程度的提升。

（二）有力地提升祖籍地企业的市场开拓能力和国际竞争力

海外浙商在祖籍地的投资额度，占到外资在浙江投资总额的相当比例，成为浙江省利用外资的重要力量。在温州，截至2013年，侨资企业已达3784家，占三资企业总数及总投资额的80%。在宁波，截至2017年

---

① 林明：《探索更多好做法 继续走在全国前列》，2018年6月7日，温州日报瓯网，http://www.wzrb.com.cn/%25252525255C/article865566show.html。

10月,在宁波投资的侨资企业已有8000余家,总投资额490多亿美元。[①] 涉及制造业、文化教育、生物医药、环保、新材料、新能源等行业。在杭州,截至2014年,共有侨资企业7224家,[②] 占到外资投资总数的六成。在青田,截至2014年,青田华侨回国投资的侨资企业共491家,[③] 其中绝大多数在浙江省内,投资涉及房地产业、餐饮酒店服务业、食品制造、服装制鞋、水电站、进出口贸易及机械制造等行业。

在青田,数以万计的青田籍海外浙商从事着国际贸易业,不仅推动了青田侨资企业和外贸企业的发展,而且带动了一批与侨资企业相关产业的兴起和发展。随着青田外贸服装业的兴起,在温溪镇就衍生了比盛、新时代等扣业公司6家,宏康、雅顺、亚中、华邦等拉链公司7家,新盛、机化服饰辅料公司2家。制鞋业的发展,则派生了鞋楦、鞋底公司各1家和包装制品公司3家。[④] 侨资企业外向型经济及其与之产业配套的其他企业的协调发展已成为祖籍地经济发展的一支重要力量。近年来,由祖籍地侨资企业兴起而带动起来的海外浙商及其亲朋好友往返于住在国与祖籍地之间,或投资或返乡省亲,或探亲旅游或就业等,为适应与日俱增的各类人员,酒店及餐饮服务业、旅游休闲业、房地产业等服务业为主的第三产业,在祖籍地也开始兴起并迅速发展,成为拉动青田经济的又一要素。

改革开放初期,作为外资企业的领头羊,海外浙商先行在祖籍地展开投资生产,为众多外资企业进入浙江起到示范效应。在祖籍地经济技术落后的情况下,海外浙商兴办的侨资企业带来的先进经营管理经验和国际先进技术,在提升企业品质、国际竞争力、创造力和市场开拓能力等方面起着重要的作用,并有力地推动浙江科技进步和产业创新的步伐。

(三)在"以侨引资""以侨引外"中发挥着重要的桥梁作用

海外浙商一方面利用祖籍地的产业资源优势,投资实业和贸易,另一方面充分发挥其在海外的信息和网络资源特长,在祖籍地和住在国间搭建起互动互惠的平台。客观上,海外浙商已成为外资引进的重要媒介之一。

---

① 陈飞:《全市侨资企业座谈会召开》,《宁波日报》2017年11月15日。
② 徐埔:《杭州籍海外侨胞分布在127个国家和地区》,《杭州日报》2015年10月28日。
③ 孙云弋:《我县现有华侨279646人》,《青田侨报》2015年3月25日。
④ 周望森、陈孟林主编:《青田华侨史》,第153页。

如西班牙的青田籍浙商朱光然，2002年应宁波市侨办的邀请，参观了慈溪的杭州湾新区，被这里的投资环境和乡土风情所吸引，尤其是当地拥有众多的水暖器材配套生产企业，可以形成产业生产链。作为在西班牙第一个从事水暖器材生意的华商，朱光然当即决定在当地投资兴建欧洲工业园。2003年，由西班牙科鲁斯兰集团（Corusland, S. L.）与加泰罗尼亚集团（Industrias Tecnocatalunya, S. L.）共同投资建设宁波欧洲工业园，园区建成后，作为西中友好促进协会会长的朱光然，利用自己在西班牙经营多年形成的与西班牙客户之间的商业合作关系和经营网络，及其在住在国建立的影响力和公信力，在西班牙积极宣传慈溪经济开发区，在他的积极奔走下，园区的外资引进工作进展非常顺利。目前在工业园内，有7个欧洲国家投资，涉及行业包括卫浴、水暖器材、汽车配件、风力发电等30多家企业，其中来自西班牙的企业就有十多家。仅2014年，就为宁波市纳税达4000万元。① 这个欧洲工业园得以建立并顺利地引进外资，朱光然在其中发挥的桥梁作用举足轻重。

　　海外浙商在投资祖籍地时，在考虑投资地的产业优势外，为进一步拓展其产品的国际市场，通常会选择引入有实力的外资企业共同投资合作，既可以增强企业的资本实力和竞争力，又能冲破发达国家对某些"中国制造"产品设置的贸易壁垒。2005年，曹光彪选择在纺织业发展较好的嘉兴，与在北美拥有最大市场份额的美国国际纺织集团董事长威尔伯·罗斯，共同投资9500万美元建立康龙纺织，此合作项目成为美国国际纺织集团在北美地区以外的最大一笔纺织行业投资。曹光彪通过与美资合作生产纺织品，可以不受美国对中国实行的纺织品配额制度影响，将产品销往北美地区。

第三节　改革开放以来海外浙商与祖籍地的公益福利事业

　　改革开放以来，大批浙江人前往世界各地，其中以前往欧洲的人数为

---

① 王海霞:《侨商朱光然的实业报国路》,《中华建筑报》2015年7月10日。

最多。经过多年的发展，海外浙商已成长为一支重要的商帮力量，经济实力更是出现飞跃式增长，总体资本实力不容低估。海外浙商在住在国经济实力的日益壮大及其在祖籍地投资事业的兴旺发展，无不将他们捐赠报效祖籍地的热情最大限度地激发出来。爱国爱乡、造福桑梓历来就是海外浙商的优良传统，此外，他们在祖籍地兴办的公益福利事业，也有助于改善他们在祖籍地的社会地位，提升在社会公众中的影响力。

对于海外华侨华人对祖籍地公益事业的捐赠，国家和各级政府历来十分重视，并制定专门的法律条例予以保护。1995年，浙江省人大通过《浙江省华侨捐赠条例》（浙江省第八届人民代表大会常务委员会公告第40号，2004年7月修改），条例总则第一条就明确，制定该条例的目的在于鼓励华侨捐赠，规范捐赠和受赠行为，保护捐赠人、受赠人和受益人的合法权益。总则第四条规定华侨捐赠的财产受法律保护，任何单位和个人不得侵占、贪污、挪用、损毁。该条例的制定有力地保障了浙江省华侨华人的捐赠权益。2006年，浙江省人民政府颁发《浙江省华侨权益保障暂行规定》（浙政发［2006］75号），共24条，对华侨在浙江省的政治权益、经济财产权益、人身权益、受教育权益和其他方面的权益提出政策性规定。其中第七条明确规定：在安排修建华侨捐赠项目时，要符合当地建设规划和有关布局的要求，尽量避免捐赠项目建成后在短期内被拆迁、撤并。对确需拆迁、撤并的捐赠项目，要事先听取捐赠人的意见。涉及项目重建、资产处理、用途调整、纪念性或象征性标志保留等事项，按照有关法律、法规规定执行。在2006年《浙江省华侨权益保障暂行规定》的基础上，2018年，浙江省人民政府下发《浙江省人民政府关于印发浙江省华侨权益保障规定的通知》（浙政发［2018］2号），进一步明晰和细化了浙江省华侨权益。与此同时，浙江省还对捐赠者授予各类荣誉，如"爱乡楷模""荣誉市民"等，并颁发荣誉证书和奖章。这类荣誉既是对捐赠者捐赠行为的鼓励和认可，也提高了捐赠者的社会地位，树立了良好的社会形象。无疑，也有利于他们在祖籍地的投资。

截至2013年，浙江籍侨胞和港澳同胞在国内捐赠折合人民币150亿元，约占全国华侨捐赠总额的1/6。其中，在浙江省内捐赠超过45亿元人民币。① 在宁波，1984年到2013年，共有650多位宁波籍华侨华人为家乡捐资兴办各类公益事业2500多项，捐资总额超过17亿元人民币，在全国公益事业的捐资总额超过76亿元人民币。② 在青田，至2013年，华侨华人捐赠达3亿多元。③ 在温州，至2012年，华侨华人捐赠逾5亿元。④ 浙江三大重点侨乡的华侨华人捐赠额占到捐赠总额的近56%。

一 改革开放以来海外浙商在祖籍地的捐资办学事业

自近代以来，海外浙商不论事业的大小，都保持着对家乡教育事业的一份执着和投入，竭尽所能地资助家乡的教育。20世纪70年代以来，经济实力日渐雄厚的海外浙商，更是以前所未有的力度来资助祖籍地的教育事业。捐资办学范围从捐资兴建、助建各类学校及相关教学设施，到设立各类教育研究基金、奖教金、奖学金等，其资助金额之大、受众群体之广，自捐资办学以来从未有过。

（一）捐资兴建、助建各类学校

1. 捐资兴建、助建高校

改革开放前，海外浙商基本以捐资中学和小学教育为主，兼及职业教育和师范教育，对高等教育的投入几近空白。1984年，香港的宁波籍浙商包玉刚回乡探访，面对家乡500万人口的城市没有一所综合性大学的现实，深受家乡先贤投资办学义举影响的他，积极响应邓小平发出的"要把全世界的宁波帮都动员起来建设宁波"的号召，当年即与宁波市政府签署了《关于创办宁波大学的洽谈纪要》，捐资2000万美元创建宁波大学。宁波大学从1985年10月29日奠基到1986年9月10日开学招收第一批学生，前后不到一年。此后，包玉刚几乎年年都到宁波大学，先后又捐资500万元港币和630万元人民币修建宁波大学体育中心和图书馆。在包玉刚的号召下，邵逸夫、包玉书、包陪庆、曹光彪、顾国华、朱英龙、李达

---

① 陈爽：《强化平台——科学引导侨智侨资，共建"两美"浙江》，《浙江日报》2014年10月27日。
② 邵燕飞、黄晶晶：《"宁波帮"30年为家乡办公益事业2500多项》，2014年7月30日，中国新闻网，http://www.chinanews.com/hr/2014/07-30/6443103.shtml。
③ 《青田：山里的"欧洲城"》，《青田侨报》2014年8月12日。
④ 《温州市基本侨情》，《温州日报》2013年12月1日。

三、赵安中、李景芬等宁波籍浙商及其他们的第二代、第三代都纷纷捐资助建宁波大学。包玉刚病逝后,包氏家族继续资助建设宁波大学。2015年12月16日,李达三、叶耀珍夫妇与孙子李本俊向宁波大学捐资1亿元人民币,用于支持宁波大学海洋与医学学科的建设发展,这是截至当年宁波大学成立以来收到的最大一笔捐资。建校30年来,以港台地区宁波籍浙商为主先后捐赠7亿元用于宁波大学建设。①

几乎与创建宁波大学同时,温州在1984年被国务院列为全国14个对外开放的沿海城市之一后,为适应温州经济建设的需要,温州市政府开始筹划创办温州大学。但温州市政府财政拨款用于建校的经费十分有限,于是动员和号召社会力量来集资办学。海外浙商在获悉消息后,踊跃捐资助学,到1990年,以温州籍海外浙商为主的浙江海外侨胞共捐资405万元人民币,占温州大学第一期基建工程资金的35%,保证了温州大学第一期基建工程的顺利完成。其间,旅荷华侨总会捐建了"爱国楼";旅法华侨俱乐部捐建了"爱乡楼";新加坡温州会馆捐建了"星洲楼";同为瑞安籍法国浙商的任岩松和林昌横分别捐建了"任岩松礼堂"和"林昌横教学楼",意大利的何春林捐建了"勤思楼";荷兰的潘娟妹捐建了"春晖楼"。由海外浙商和侨胞、侨团筹建的大楼达15913平方米,占学校总建筑面积的31.8%,②台湾的温州籍浙商何朝育、黄美英夫妇先后捐资270万元人民币和450万元港币兴建原温州大学育英图书馆。至2004年,原温州大学共接收以海外浙商为捐资主体的办学经费共1177.85万元人民币。何朝育夫妇在捐资温州大学外,自1991年以来,还捐资1500万元港币助建温州医学院儿童医院大楼,之后又多次捐资助建原温州师范学院育英大礼堂、温州医学院育英学术馆,累计向温州市捐资1.3亿元人民币,其中绝大多数用于资助温州大学和温州医学院及其附属医院的有关项目。③

1984年,浙江省政协筹办的民办浙江树人大学,遭遇办学经费困难,香港的海宁籍浙商查济民在了解学校办学情况后,于1986年捐助100万

---

① 蒋炜宁:《宁大建校30年,宁波帮捐了7亿》,《宁波日报》2016年10月28日。
② 刘时敏:《温州大学有今天侨胞功不可没》,《华声报》,2002年10月21日,源自中国网,http://www.china.com.cn/chinese/ChineseCommunity/220480.htm。
③ 徐华炳、张东平:《侨胞捐助温州高等教育》,《八桂侨刊》2010年第2期。

美元，作为建造教学大楼的专项资金，澳门的杭州籍浙商贺田捐资兴建贺田图书馆。

1994 年，筹建绍兴大学的筹备委员会建立，获悉消息的香港绍兴籍浙商陈元钜当即捐资 1000 万元港币，同年，香港的绍兴籍浙商高月明、倪铁城、车越乔、章传信等先后捐资，款项达 5500 多万元，[①] 以实际行动支持家乡高等教育事业。香港的湖州籍浙商陆增镛、陆增祺兄弟，1989 年以来先后捐资 400 万元港币兴建湖州师范学院教学楼、图书馆和体育馆。

浙江大学作为全国知名高校，也是海外浙商捐赠的重要对象。2000 年，香港的宁波籍浙商曹光彪捐资 1800 万元港币建造的浙江大学曹光彪高科技大楼建成。2007 年，朱敏捐资 1000 万美元，用于建立浙江大学国际创新研究院，希望以此推动浙江大学向世界一流大学迈进。2014 年，香港海宁籍浙商查懋声捐赠 4000 万元人民币，用于紫金港校区求是文化建筑群的建造。除硬件建设捐资外，近年来，海外浙商还注重在软件及科研经费等方面提升高校办学水平。2000 年，丹麦的杭州籍浙商范岁久捐资 160 万丹麦克朗建立浙江大学范岁久生物医学国家实验室。2001 年，香港的宁波籍浙商叶杰全向宁波大学工学院捐赠价值 220 万港元的 PRO—E 软件，并帮助培训使用，以此来推动模具制造学科的发展。2015 年，李达三捐赠浙江大学教育基金会 1 亿元人民币用于再生医学研究。

诸如此类的对祖籍地高等院校建设和发展的投入，海外浙商可谓不遗余力。邵逸夫对高等教育事业的投入成为众多海外浙商学习的楷模。1985 年，邵逸夫捐资 1500 万元港币兴建浙江大学邵逸夫科学馆，之后，陆续捐资全国多所高等院校兴建体育馆、科学馆和图书馆等。截至 2012 年 10 月赠款金额累计达 47.5 亿港元。[②] 其中投入高校的资金占据主要份额。在浙江，除了浙江大学外，原浙江农业大学、原宁波师范学院、原温州师范学院、浙江师范大学、宁波大学、原中国计量学院等众多高校都有邵逸夫捐建的项目。

---

① 裘浙锋、吕禹：《绍兴大学：一所城市学府的百年变迁》，《绍兴日报》2008 年 7 月 9 日。
② 张林、李丽：《邵逸夫生前热心教育事业　捐赠金额超 47.5 亿港元》，2014 年 1 月 8 日，人民网，http://culture.people.com.cn/n/2014/0108/c172318-24062128.html。

2. 捐资兴建、扩建及资助基础教育

近代以来,海外浙商资助的基础教育多为中小学教育,很少涉及幼儿教育。改革开放以来,海外浙商继承先辈的优良传统,除继续重视中小学教育外,还捐资兴建幼儿园,从而形成从幼儿教育、小学教育到普通中等教育的完整的基础教育体系。他们除了捐资兴建新校区外,还在原有基础上给予扩建、兴修教学设施,通过诸种捐资助建形式,以期为祖籍地的教育创造良好的教学环境。因历年来捐资兴建、扩建及资助中小学校和幼儿园的海外浙商人数众多,捐建学校及设施无法一一详尽罗列和统计,只能挑选部分具有代表性的学校来见证海外浙商对祖籍地基础教育的投入热情和力度。具体见表3—1。

表3—1　　改革开放以来部分海外浙商捐资助建基础教育一览表

国别或地区	籍贯	姓名	项目或用途	年份	金额或实物
中国香港	宁波	包玉书、包玉刚、包玉星、包素菊、包丽泰、包美菊兄妹六人	宁波兆龙小学	1984	100万元港币
			宁波龙赛中学	1992	1000万元港币 150万元人民币
中国香港	宁波	包玉刚、包从兴、邵逸夫、叶庚年、叶谋彰、赵安中	重建宁波中兴中学	1985	1000万元港币
中国香港	奉化	王剑伟等	奉化奉港中学	1985	150万元人民币
			大堰中学教学楼	1987	10万元人民币
日本	绍兴	王华甫及五个儿子王永泰等	绍兴华甫高级中学	1987	30万美元
			教学大楼	2000	100万元人民币
日本	青田	林三渔	青田中学三渔礼堂	1985	16.6万元人民币
			罗溪小学	1988	12万元人民币
荷兰	瑞安	胡克林、胡永进	三溪中学图书馆	1987	12万元人民币
巴西	温州	潘方崇、吴朝英	温州青少年美术学校	1988	30万元人民币
中国香港	宁波	李惠利	宁波李惠利中学、李惠利中专、李惠利小学、李惠利幼儿园	1987—1991	3900万元港币
中国香港	慈溪	姚云龙	慈溪云龙中学	1987	300万元港币和60万元人民币
法国	瑞安	任岩松	温州任岩松中学	1984	45万元人民币
中国香港	舟山	董建华家族	舟山航海学校教学设备	1990年以来	1400万元人民币

续表

国别或地区	籍贯	姓名	项目或用途	年份	金额或实物
中国台湾	东阳	王惕悟	东阳巍山镇初级中学	1991	300万元港币和300万元人民币
法国	瑞安	蔡正深	竹溪小学蔡正深教学楼	1992	10万元人民币
			仙岩第二中学	1995—1999	80万元人民币
法国	青田	郭胜华	青田华侨中学	1992 1997 2007	8万元人民币 5万元人民币 88万元人民币
			石溪中心学校	2007	480万元
德国	宁波	陈名豪	培本小学	1994	98万元人民币
西班牙	青田	徐松华	青田华侨中学	2007	50万元人民币
美国	宁波	应行久	镇海应行久外语实验学校	2001	100万元人民币
		应立人		2006	1000万元人民币
			镇海立人中学	2011	500万元人民币
日本	宁波	张爱芳	宁波仁爱中学	1996	800万元人民币
中国香港	宁波	江兴浩	宁波惠琴幼儿园	2012	200万元人民币

资料来源：浙江省侨办、宁波教科网、金华新闻网、宁波中兴中学网、《瑞安市华侨志》等。

海外浙商捐资兴建学校外，还捐助教育所需的设备。1989年，台湾地区的慈溪籍浙商应昌期和应明皓父子捐资140万美元重建宁波江北区中城小学，1992年捐资1550万元重建慈湖中学和捐资450万元兴建宁波江北倡棋幼儿园。这些学校建成后，专门赠送与学校配套的226万元的教育设备，[①] 以创造更好的教学环境。

（二）创办教育基金会，设立各种教育研究基金、奖教金及奖学金

海外浙商在捐建学校、改善办学的硬件设施环境外，还设立奖助学金、教育基金会等，从早期的"硬件办学"向"基金助学和奖学"发展。据统计，截至2013年，仅宁波市，宁波籍侨胞在宁波的高校和中小学校设立了"教师奖励基金""奖助学金""高层次人才引进基金"以及"师

---

① 陈春玲：《百年树人 海外侨胞情重如山》，《东南商报》2008年9月20日。

生交流基金"等形式多样的教育基金，资金总额近 3 亿元人民币。[①] 既有鼓励和促进教师科研教学的教育基金，也有资助教育设施、设备的基金，更多的则是为优秀学子设立的资助和奖励学生学习、研究的各类奖学金。

海外浙商设立的教育基金会在全国辐射面较大的是王宽诚教育基金会。它由王宽诚 1985 年出资 1 亿美元在香港设立，主要目的是为中国培养高级科技人才，对中国大陆及港澳台优秀人才出国深造、留学学习研究及学术交流等给予资助。在祖籍地浙江，王宽诚在宁波市、宁波大学、宁波工程学院、浙江大学、浙江树人大学及宁波多个中小学设立多个基金会资助项目。仅宁波大学，就有专门设立的王宽诚教育基金会资助项目、宁波大学王宽诚幸福基金优秀教师资助项目和宁波大学王宽诚育才奖基金，到 2007 年，资助金额超过 1000 万元人民币，[②] 主要用于宁波大学教师出国进修、参加国际学术交流及邀请国外学者开展合作交流等项目的经费资助。在宁波市，1989 年，王宽诚家人向宁波市人民教育基金会捐赠 50 万元设立"王宽诚育才奖"，之后又捐赠 100 万元，到 2007 年，本金已经超过 150 万元，每年使用基金利息，奖励宁波优秀中小学和幼儿园教师。从 1989 年首次颁发至 2007 年，共有 2057 名教师获此奖励。[③] 截至 2018 年，宁波市王宽诚育才奖已举办了 30 届。2014 年，王宽诚教育基金会向浙江大学教育基金会捐赠 1300 万元港币，[④] 用于支持浙江大学引进和培养医学领域的高层次人才。

海外浙商还专门设立用于奖励和资助教师教学和研究的奖励基金。阿联酋的温州籍浙商陈志远在 2010 年捐资 100 万元，成立"阿联酋温州商会教育基金会"，每年安排温州市优秀教师出国交流学习。为吸纳顶尖的学者，海外浙商设立专项基金，引进优秀的教育和研究人员。2001 年，曹

[①] 陈捷、陆灵刚：《"宁波帮"80% 捐赠用于教育 培养家乡建设急需人才》，2014 年 7 月 29 日，中国宁波网，http://news.cnnb.com.cn/system/2014/07/28/008123057_01.shtml。

[②] 崔小明：《宁大举行王宽诚育才奖颁奖仪式》，2007 年 6 月 24 日，中国宁波网，http://photo.cnnb.com.cn/powerTheme.asp?id=9198。

[③] 毛信意：《王宽诚家属再次捐资宁波教育事业》，2007 年 8 月 11 日，中国宁波网，http://news.cnnb.com.cn/system/2007/08/11/005332333.shtml。

[④] 姚文和：《林广兆先生、胡国赞先生及王宽诚教育基金会向浙江大学教育基金会捐赠仪式隆重举行》，2014 年 9 月 16 日，浙江大学教育基金会，http://www.zuef.zju.edu.cn/index.php/webSite/webColumn/showarticle/3642.html。

光彪捐资 2000 万元港币，设立"浙江大学曹光彪高科技人才基金"，以基金年增值作为专项资金支持浙江大学引进国际知名学者和专家，以推进高新学科的建设和发展。

当代海外浙商重视教育从重视教师、鼓励教师出发，对于品学兼优的学生则设立各类奖助学金，资助经济困难的学生完成学业，同时给予有创造力、学习力的学生以学习和研究领域的奖励，并创设条件，开展国际性的学习或学术交流，使他们有更多的机会接受世界最先进的教育。何朝育于 2001 年捐资 100 万元，资助温州医学院学生赴美开展"眼视光学硕士、博士连读项目"。海外浙商对于这类奖助学金的捐资则遍及大中小学校，捐助金额从几千元到上千万元不等，捐助和奖励范围从中小学生到大学生、研究生，涉及各个教育群体。他们的目的不外乎期望通过自己的捐资促进祖籍地教育事业的进步和发展，培养出更多有用的人才。他们所设立的针对学生的各类奖、助学金，数目众多，金额巨大，因篇幅有限，列举代表性的基金项目，即可了解海外浙商对祖籍地教育事业的投入和贡献。具体参见表 3—2。

表 3—2　　改革开放以来部分海外浙商在祖籍地设立的奖学、助学金及教育基金等一览表

捐资人	籍贯	所在国家或地区	基金名称	捐资年份	捐资额
孙明权、陈玉华	青田	意大利	青田县孙明权、陈玉华夫妇育才奖学金	1988	20 万美元
邱伯庄四兄弟	青田	美国	青田华侨中学邱伯庄兄弟奖教金、奖学金	1996	20 万元人民币
郑同舟、朱小珍	青田	奥地利	青田中学郑同舟先生、朱小珍夫妇解困助学金	1999	5 万美元
冯定献	温州	德国	浙江大学"献华奖学金"	2003	100 万元人民币
陆增镛、陆增祺	湖州	中国香港	浙江大学陆氏研究生教育国际交流基金	2007	200 万元港币
曹其镛	宁波	中国香港	宁波大学曹光彪学生科研奖励基金	2000	100 万元港币
				2014	300 万元人民币

续表

捐资人	籍贯	所在国家或地区	基金名称	捐资年份	捐资额
严信才	宁波	中国香港	宁波北仑区实验小学严信才奖育奖学基金	2003	100万元人民币
傅在源	镇海	日本	浙江大学富的奖助学金	2007	每年捐资30万美元
何纪豪	温州	中国台湾	温州育英事业发展基金	2008	550万元人民币
赵安中	宁波	中国香港	宁波大学杏琴园教育基金	1997	1000万元人民币
郭胜华	青田	法属圭亚那	石溪中心学校"郭胜华先母教育基金"	2010	50万元人民币
许旭升	乐清	美国	乐清中学助学金	2011	108万元人民币
包陪庆	宁波	中国香港	宁波大学包玉刚讲座教授基金	2007	1000万元人民币
朱敏、徐郁清夫妇	宁波	美国	宁波中学徐郁清国际教育基金	2009	1000万元人民币
陈永祥、陈励君、陈福祥三兄妹	文成	澳大利亚	陈伯远先生教育基金会	2012	1000万元人民币
陆章铨	宁波	中国台湾	宁波"太平洋助学基金"	2008	1000万元人民币
金卓尔	温州	意大利	温州上成中学"金道来"奖学金	2012	60万元人民币
李达三	宁波	中国香港	宁波大学李达三国际交流发展基金	2011	500万元港币
李达三	宁波	中国香港	宁波大学李达三叶耀珍伉俪李本俊海洋生物医药发展基金	2016	1亿元人民币

资料来源：浙江省侨办、中国宁波网、宁波大学网、浙江在线、温州教育网、中国新闻网等。

海外浙商还专门捐资高校教师进行相关课题的研究。1995年，曹光彪在浙江大学捐资1000万元港币设立曹光彪高科技发展基金，以年增值资助浙江大学教师的科研项目。[①] 2005年，赵安中的杏琴园教育基金向浙江大学捐

---

① 《曹光彪先生》，浙江大学网，http://www.zuef.zju.edu.cn/web/show/661。

赠1400万元，在浙大设立"安中科技奖"专项基金，用于奖励浙大每年获得浙江省科技一、二等奖的科研项目完成者，年奖励金额为70万元人民币。① 2010年，香港的宁波籍浙商杨大毅捐资宁波大学500万元，与宁大合作成立"宁波帮文化研究基金"，用于资助宁大教师对专项课题的研究。② 资助教学设施设备也涵盖在某些教育基金项目中。1985年，王宽诚捐助150万元设立浙江树人大学暨王宽诚教育基金会，用于资助浙江树人大学采购香港教育设施设备。可见，海外浙商的教育捐赠进一步拓宽了覆盖面。

海外浙商还在住在国设立教育基金会，以海外华人的力量来资助祖籍地的教育。1994年，荷兰的瑞安籍浙商叶世顺发起成立"荷兰华侨华人希望工程基金会"，以基金会形式向荷兰华侨华人筹集资金来资助祖籍地教育，先后赞助了1100多名贫困学童入学，捐建洞头、文成两所希望小学。③ 成立于1997年的荷兰瑞安教育基金会，截至2014年，已资助以瑞安籍学生为主包括中国其他省份学生共1700多名，资助金额达700多万元人民币。④

海外浙商捐资祖籍地教育事业，这其中既有邵逸夫、王宽诚、朱敏、曹光彪等实力雄厚的海外浙商，也有众多中小海外浙商，以他们既有的经济力量资助着家乡的教育，表达着他们的爱乡之情和对祖国、对家乡未来的期许。

二 改革开放以来海外浙商在祖籍地兴办的公共事业和公益事业
（一）捐资祖籍地基础设施建设

海外浙商在祖籍地捐资兴建的基础设施项目，最多的便是为家乡修路筑桥、修建水电站、水坝和自来水工程等。为推动家乡的经济发展，海外浙商首先着手捐资修建便捷的道路和桥梁，以改善家乡与外界交流的基本通道。他们以独资或合资的方式修路筑桥，捐资修建数目和参与人数众

---

① 鲁小双：《赵氏家族来访浙江大学》，2011年11月4日，浙江大学网，http://www.zuef.zju.edu.cn/web/show/8111。
② 《宁波成立首个港胞捐赠的"宁波帮文化研究基金"》，2011年1月4日，中国新闻网，http://www.chinanews.com/zgqj/2011/01-04/2763999.shtml。
③ 周望森主编：《浙江省华侨志》，第238页。
④ 厉婷婷：《荷兰瑞安教育基金会捐资助学 圆15名学子大学梦》，2015年9月30日，温州市外侨办，http://www.wzwqb.gov.cn/art/2015/9/30/art_1340372_7866382.html。

多,极大地改善了当地的交通基础设施条件,方便民生。以浙江瑞安为例,从1986年至2008年,以瑞安籍海外浙商为主捐资为家乡修建的大小桥梁近30座,铺设公路、机耕路、水泥路等近100条,建路亭8座,还有隧道、供电线路、防洪堤、河坎等多处。其中单笔捐资金额最大的是法国的蔡新土,在2005年捐资68万元修建航浦村至江山村水泥路、山下村水泥路。集资捐资数额最大的是1993年荷兰、意大利、葡萄牙和德国的海外浙商捐资修建的永峰公路,共投入137.7万元,其中的5座桥梁共捐资46.7万元。[①] 海外浙商在家乡捐资修路以乡村水泥路为主,兼及机耕路、公路,甚至还涉及铁路。20世纪90年代金温铁路修建时,温州籍海外浙商也曾捐资90万元助建。对于桥梁的捐资助建,海外浙商抱着同样的热情。90年代后期,青田籍海外浙商集体捐资300多万元助建青田西门瓯江大桥。[②] 2009年,法国温州籍浙商徐定华捐资76万元助建瓯海仙岩繁荣大桥。[③] 2010年,意大利瑞安籍浙商蒋运泽捐资100万元,建设玉壶镇外村酒厂至玉壶华侨医院的大桥。[④]

海外浙商在祖籍地捐资的基础工程还有电站、水坝和自来水工程,以改善基本的民生。尤其是20世纪80年代以来,农村纷纷建造自来水厂,实行卫生饮水。海外浙商也不遗余力地捐资帮助家乡开展改水工程。如在文成县海外浙商较为集中的玉壶镇、东溪乡及周壤乡的李山自来水、大坑自来水、外林自来水、桥头村自来水等工程项目,都为海外浙商捐资建成。2000年以来,海外浙商开始助力祖籍地的新农村建设。如2014年,智利的乐清籍浙商黄信桂捐资43万元为家乡柳市镇西宋村安装联防监控及路灯。

(二)捐资体育文化休闲设施

海外浙商也注重丰富家乡百姓的业余生活,提升生活品质,从20世纪80年代中期开始,捐资体育文化休闲设施。在体育设施方面,海外浙

---

① 王国伟主编:《瑞安市华侨志》,第123—128页。
② 周望森、陈孟林主编:《青田华侨史》,第277页。
③ 薛新山:《海外侨胞慷慨捐资建大桥 为家乡新农村建设添砖加瓦》,2009年11月21日,温州侨联网,http://wzsql.66wz.com/system/2009/11/12/010068905.shtml。
④ 薛新山:《温籍侨胞捐资百万支持新农村建设 受乡亲称赞》,2010年12月17日,中国新闻网,http://www.chinanews.com/zgqj/2010/12-17/2729318.shtml。

商主要捐资兴建体育运动所需的体育馆或运动中心。早在1986年，包玉刚就捐资300万元港币兴建了杭州包玉刚游泳场，1987年建成时，为杭州设施最优、水质最好、环境一流的游泳场地。1993年，比利时的青田籍浙商夏廷元捐资100万元，在青田鹤城镇建造了以其父亲名字命名的、建筑面积达3544平方米的"夏康体育馆"，可进行篮球、排球、乒乓球、体操等项目的比赛。

在文化休闲设施方面，海外浙商主要捐资修建公共图书馆、博物馆、电影院和影剧院、青少年宫、文化休闲活动中心、公园等。较早捐资修建图书馆的是顾国华与顾国和兄弟，他们于1987年捐资100万元港币兴建北仑宗瑞图书馆，建筑面积2000平方米。2010年顾国华之子顾建纲再次捐资30万元作为图书馆修缮资助经费，以更好地服务读者。捐资数额较大的是1987年包玉刚捐资500万元港币兴建的宁波"包玉刚图书馆"，建筑面积7300平方米，1988年建成后，宁波市图书馆迁入包玉刚图书馆，包玉刚图书馆作为宁波市图书馆的下属单位，两馆合署办公，从而大大充实了宁波图书馆的馆藏资源。海外浙商还将图书馆办到乡镇一级。自2006年起，意大利温州籍浙商马振忠共捐资89万元兴建了吉夫图书馆，内有藏书6000余册，丰富了农村的文化生活。其他浙商还有捐资兴建图书阅览室及捐赠购书款，更多的是捐建学校图书馆，直接服务于学校的师生。

海外浙商在海外奋斗多年，期望将先辈艰苦奋斗创业的历程和爱国爱乡之事迹予以梳理展示，以史为鉴，激励后人。中国香港、新加坡等地的绍兴籍浙商在20世纪90年代初获悉绍兴市政府决定建造绍兴博物馆时，纷纷积极响应，集体捐资350万元，成为博物馆建设的首笔资金。1992年，青田籍海外浙商集资286万元建立青田华侨历史陈列馆，馆内展品以实物、照片及文字资料为主，是广大百姓了解侨乡文化的重要场所。2014年，欧洲瑞安籍浙商得知家乡正在筹建华侨历史陈列馆的消息后，纷纷捐资助建，截至2015年年底，实际捐资到位资金达200万元。① 2015年，青田籍海外浙商捐资助建仁庄镇华侨陈列馆，截至当年7月，已收到捐资资

---

① 黄丽云：《市侨联打好"侨"牌做足"侨"文章》，2016年1月8日，瑞安网，http://www.66ruian.com/system/2016/01/08/012237478.shtml。

金 310 余万元，各类华侨史料 120 余件，① 助力陈列馆的建设。

海外浙商早在 20 世纪五六十年代就开始在家乡捐资兴建电影院，丰富百姓的业余文化生活。改革开放以来，海外浙商捐资兴办文化娱乐场所的积极性更是空前高涨，在 80 年代，以建立电影院和影剧院为主，在瑞安、平阳、文成等地，有多个海外浙商捐资兴建的电影院和影剧院。在青少年的休闲文化生活方面，海外浙商专门捐资建设青少年宫。1987 年，日本镇海籍浙商张爱芳捐巨资助建宁波市青少年宫；1992 年，顾国华兄弟捐资 90 万元建立宁波市宗瑞青少年宫；香港的宁波籍浙商黄庆苗于 1992 年捐资 40 万元助建宁波江东区青少年宫，异地重建后再次捐资 50 万元助建少年宫内的科技中心。2012 年，温州籍海外浙商集体捐资 1038 万元兴建温州市少艺校艺术大楼，为当地培养艺术少年提供资金支持。② 这些文化休闲场所的兴建，为丰富青少年的业余文化生活、提升综合素质提供了专业的活动场地。

20 世纪 90 年代以来，海外浙商在改善家乡民生方面，更多的是捐资修建和助建公共的休闲娱乐场所，如各类文化休闲活动中心。2004 年，由德国、意大利、荷兰等国 20 余位海外浙商捐资 220 万元修建的瑞安市桂峰乡文化活动中心，建筑面积为 1500 平方米，内设影剧院、图书馆、乒乓球室、棋牌室、书画展览室等，提供的服务可满足群众的各类需求，极大地丰富了百姓的文体生活。

祖籍地日渐增多的老龄人口也引起了海外浙商的关注。为使家乡老人老有所归，老有所享，安度快乐惬意的晚年生活，老人活动中心、老人公寓、敬老院等以老年人为主体的场所，成为近年来海外浙商捐资助建的热点。在瑞安，自 2001 年到 2008 年，捐资 5 万元以上兴建的老人活动中心和老人公寓就有 9 家，捐资金额达 250 多万元，其中桂峰乡坳后村晚年宫就捐资达 106 万元。③ 法国的青田籍浙商项龄燕于 2008 年捐资 100 万元兴

---

① 《创业天下不忘桑梓情怀 爱心义举助推家乡建设 仁庄镇举行华侨陈列馆建设捐资仪式》，2015 年 7 月 8 日，中国青田政府门户网，http://www.qingtian.gov.cn/qtdt/xzdt/201507/t20150708_218404.htm。

② 王科特：《鹿城华侨心系家乡 捐资千万兴建少艺校艺术大楼》，2012 年 9 月 23 日，温州网，http://news.66wz.com/system/2012/09/23/103370744.shtml。

③ 王国伟主编：《瑞安市华侨志》，第 131 页。

办项龄燕侨爱福利院，使孤寡老人可以在此安享晚年。2011年，香港的宁波籍浙商王伟明捐赠500万元助建宁波慈城镇黄山敬老院，极大地缓解了当地五保老人集中供养难、供养条件差的问题。2015年，西班牙青田籍浙商孙小敏向浙江省慈善总会侨爱分会捐赠100万元，专门用于关爱以社区、农村老年人口为主的慈善公益项目。

20世纪90年代中期以来，海外浙商还开始关注祖籍地的生态环境建设，意识到不仅要改善家乡民生，还要从本源上创造适宜居住生活的美好环境，于是改变之前单一地捐资建设道路、桥梁等基础设施建设，捐资助建公园、景区及修复名胜古迹等，优化生态环境，为新农村建设添砖加瓦。

（三）捐资医疗卫生事业

因兴办医疗卫生事业所需金额较大，因此近代以来财力有限的海外浙商捐资医疗卫生事业数额相对有限。改革开放以来，实力增长的海外浙商对医疗卫生事业的投入逐渐增多，大多为捐资助建现代化的医院、地方卫生院，购置医疗设备等。

海外浙商捐资医疗卫生事业的大笔金额主要用于助建现代化医院。1985年，包玉书和李包丽泰、张包素菊捐资500万元在镇海协建"龙赛医院"，成为改革开放以来浙商捐资医疗卫生事业首笔较大的数额。1993年，李惠利捐资3000万元港币助建宁波李惠利医院，宁波市政府配套出资建造，该院成为当时宁波规模最大、设备最先进的综合性医院。同年，台湾东阳籍浙商王惕悟捐资500万美元给巍山医院，后经整合成为东阳市人民医院的巍山院区。邵逸夫于1994年捐资1亿元港币助建的浙江大学附属邵逸夫医院，成为历年来海外浙商捐资医疗卫生事业单笔捐资的最高数额。1991年至2004年，何朝育多次捐资助建温州医学院附属育英儿童医院，温州医学院附属二院育英病房大楼、育英门诊综合楼医疗设备等，历年来捐资医疗事业的金额共计3000万元港币。① 台湾地区的杭州籍浙商潘方仁在2006年捐资1亿元人民币，用于改建浙江大学医学院附属医院院区。2013年，邵逸夫基金捐赠2亿港币给浙江大学，用于支持浙江大学

---

① 应继永：《台胞无私奉献医院增名纪念浙江省立育英医院上午挂牌》，《温州晚报》2004年7月10日。

邵逸夫医疗中心和邵逸夫医学研究中心的建设。这些捐资金额超过 500 万元的海外浙商多属于经济实力较为雄厚者。资产实力相对一般的海外浙商，多采取联合集资的形式进行捐资助建。1987 年，助建青田县人民医院住院部大楼的 30 万元便由荷兰、西德和巴西等国海外浙商集资捐助。1998 年，文成籍海外浙商集资捐助了 142 万元，助建玉壶华侨医院，2015 年到 2016 年，又再次集资捐资 101 万元用于该医院的电梯建设。海外浙商还捐资为经济困难的民众免费实施医疗救助。2008 年，台湾地区的温州籍浙商何纪豪向美国微笑联盟基金会捐赠 10 万美元，专用于温州"幸福微笑"公益医疗救助项目，为温州 112 名贫困唇腭裂儿童免费实施修复整形手术及术后治疗。① 意大利瑞安籍浙商詹杨毅，得知家乡部分困难群众无力支付医疗保险费用后，于 2010 年捐资 50 万元资助村民参加农村新型合作医疗保险。

祖籍地众多的卫生院，是当地百姓看病最方便、最常去的医疗场所，因而也是海外浙商捐资的重点对象。以宁波市为例，20 世纪 90 年代中后期，当地就有 18 所卫生院争取到侨胞捐资 852.85 万元，其中包括香港的宁波籍浙商姚祥星捐资江北区庄桥卫生院 105 万元，赵安中捐资镇海骆驼和蟹浦卫生院 93 万元，邵逸夫捐资宁海黄坛卫生院 50 万元，姚云龙捐资慈溪鸣鹤卫生院 50 万元等，② 这些经费多用于业务用房的修建和医疗设施的更新采购，为当地百姓营造了良好的就医环境。目前海外浙商对于卫生院的捐资，依然集中于硬件设施的投入。如香港的宁波籍浙商叶泰海以其夫人陈美重的名义，于 2007 年向奉化市裘村镇卫生院捐赠 80 万元用于新院迁址改造建设；香港的宁波籍浙商李名麟于 2011 年捐赠 100 万元用于修建宁波北仑区戚家山街道养正公共卫生楼等。

海外浙商在捐资助建医院、卫生院时，通常都会附带捐赠医疗器械。香港的宁波籍浙商陈廷骅就多次向宁波市保黎医院、妇儿医院、第二医院、第三医院等赠送医疗仪器设备、救护车等。香港的宁波籍浙商包景表自 1995 年以来多次向宁波镇海区中医院捐款添置彩超、CT、眼科器械等

---

① 吴敏、胡恩强、郑恩同：《让"幸福微笑"花开全球》，《温州日报》2009 年 5 月 15 日。
② 何一天、朱兴德：《多渠道筹集资金加快乡镇卫生院建设步伐》，《中国初级卫生保健》1999 年第 2 期。

医疗设备，以进一步完善和更新医院的硬件设施，至 2011 年，已累计为镇海区中医院捐赠 1665 万元。①

海外浙商还通过慈善基金会的形式捐资医疗卫生事业。2007 年，台湾地区的余姚籍浙商陆章铨捐资 1000 万元创建太平洋慈善基金会，到 2011 年，助医 173 万元，其中：用于捐赠给宁波、余姚急救中心、陆埠镇卫生院高性能救护车 5 辆，金额为 153 万元，用于市人民医院设立先天性心脏病患者救助基金 20 万元；② 2015 年，出资 150 万元为余姚 1.3 万名困难群众购买有关重大疾病的保险。③

（四）海外浙商捐资的其他公益慈善事业

海外浙商积极与祖籍地政府合作，在政府的协调引导下，参与公益事业。作为国务院侨办为广大海外侨胞捐资公益福利事业提供良好平台的"侨爱工程"，海外浙商踊跃参与其中。2008 年，温州市侨办联合温州市农办和经合办开展"百侨助百村联千户——海外温州人牵手'139'行动"，从基础设施建设到百姓的文体休闲生活、教育资助和项目引进发展等，海外浙商争相出资献力，截至 2011 年，已结对帮扶 135 个村，落实帮扶项目 135 个，投入资金达 7328 万元，④ 为结对的困难村庄带去实际的帮助。

海外浙商还通过捐资政府设立的相关慈善机构展开公益慈善事业。2005 年，郭玉恒、郭胜华父子向浙江省慈善总会捐赠 2000 万元人民币，成立"胜华慈善基金"，主要用于援助省内贫困的大、中学生，奖励表现突出、成绩优秀的学生，以及用于突发事件的紧急救助等。⑤ 海外浙商甚至在祖籍地的慈善总会成立专门的慈善分会。2010 年，400 位温州籍海外

---

① 钟新、朱将锋：《浙江省爱乡楷模包景表情系桑梓 捐赠家乡医疗事业》，2011 年 4 月 27 日，中国新闻网，http://www.chinanews.com/zgqj/2011/04-27/3001198.shtml。
② 余侨：《太平洋慈善基金会扶贫济困作贡献》，2011 年 11 月 21 日，宁波侨网，http://www.ocao.ningbo.gov.cn/info.jsp?aid=15842。
③ 李华：《慈善基金出资 150 万元 为余姚上万困难人群买保险》，《钱江晚报》2015 年 12 月 21 日。
④ 乔迅：《7300 余万海外温州人的钱 回乡助建逾百农村联络上千农户》，《温州日报》2011 年 11 月 23 日。
⑤ 丁军、蒋琪华、董华平：《2000 万善款资助贫困生 留本冠名慈善基金设立》，《今日早报》2005 年 6 月 9 日。

浙商自发捐资成立温州市慈善总会侨爱分会，抱团开展慈善公益事业。成立当天，就募得善款 555 万元和 6100 美元。[①] 该慈善分会根据实际情况，有针对性地开展工作。其在 2011 年 7 月启动的"爱心温州·侨爱光明行"活动，以捐赠的 100 万元为启动资金，计划每年资助 500 位温州地区贫困家庭的中老年白内障患者免费实施医疗手术，为期两年，到 2012 年年初，该活动已经让 200 余位家庭经济困难的中老年白内障患者重获光明。[②] 截至 2016 年，温州市侨爱分会共募集资金 2324.35 万元，支出善款 1600 万元，共帮扶结对 123 个项目。[③]

在扶贫帮困方面，海外浙商针对困难群众和乡镇捐助扶贫款，设立专门的扶贫帮困基金。1988 年，日本的宁波籍浙商李世明捐资 10 万元建立"李世明福利基金"，利用基金利息，为宁波鄞州区三里村的孤寡老人、贫困老人及因意外造成生活困难的人员提供福利救济；香港的宁波籍浙商徐鸣翔，2008 年捐赠 200 万元设立"启发工业慈善扶贫基金"，基金的年收益专门用于宁波腾园村经济社会公益事业的建设。海外浙商设立的众多诸如此类的扶贫帮困基金，在一定程度上缓解了农村乡镇和受困群众的经济困难。

近年来，部分海外浙商通过在祖籍地设立专门的公益基金会，来推动慈善公益事业。如 2012 年，奥地利绍兴籍浙商鲁家贤、高央父子捐资 2000 万元成立浙江"青田之家"公益基金会，致力于在青田县境内，政府财政无法覆盖或不能完全覆盖的公益事业领域，打造一个能让全世界青田人广泛参与、弱势群体普遍受益的公开透明的公益平台。[④]

海外浙商对家乡由各种自然灾害造成的社会经济和百姓生活的损失，也多次积极捐助赈款。1988 年宁波、奉化遭受特大台风灾害；1990 年、1994 年、1996 年温州连续五次遭受台风灾害；1991 年、1998 年包括浙江

[①] 施世潮、陈佳寅：《我市成立省内首个华侨慈善分会 侨爱分会昨现场认捐超 500 万元》，《温州商报》2010 年 5 月 7 日。
[②] 刘时敏：《海外侨商助温州 200 余名贫困白内障患者重获光明》，2012 年 1 月 13 日，中国新闻网，http://www.chinanews.com/zgqj/2012/01-13/3601808.shtml。
[③] 陈装装：《温州三位爱心侨领入围第五届"浙江慈善奖"》，2016 年 10 月 18 日，温州市外侨办网，http://www.wzwqb.gov.cn/art/2016/10/18/art_1340372_7866538.html。
[④] 《浙江青田之家公益基金会》，2013 年 7 月 29 日，浙江青田之家公益基金会网，http://www.zjqtzj.com/text_jgjs.asp?id=55678。

省在内的长江流域发生特大洪灾；2013 年余姚遭受台风灾害、2015 年文成县遭受强台风灾害等，迄今为止，历次台风洪水给家乡带来巨大灾难和损失时，海外浙商都会自发地团结在一起，发起募捐赈灾事宜，以支持家乡渡过难关。

此外，海外浙商还热心支持家乡侨务事业的开展，捐资建造侨联办公大楼、活动中心，捐赠轿车、面包车等交通工具，为侨乡更好地服务侨胞、开展侨务工作创造良好的办公环境。

三　改革开放以来海外浙商捐赠的特点

（一）捐赠资金来源以香港的浙商为主

改革开放以来，截至 2013 年，浙江籍海外侨胞在浙江省内捐赠达到 45 亿元。浙南地区的海外侨胞自改革开放以来对祖籍地的捐资总额为 8 亿元左右，占到 17.8% 的比例，这部分捐资金额基本上来自欧洲海外浙商。宁波籍浙东侨胞在 1984 年至 2014 年的 30 年中，对宁波地区的捐赠超过 17 亿元，占到 37.8% 的比例，这还不包括他们在浙江其他地方的捐资额度，如果加上其在浙江其他地区的捐资金额，估计比例应超过 40%。可见，宁波籍侨胞对浙江的捐赠占到海外浙商对浙江捐赠总额的相当比例。宁波籍侨胞基本上以分布在香港的人数最多，实力也最为雄厚，加上舟山、湖州等的捐赠也都以香港的浙商为主，因此，浙江省接受的侨捐以香港的浙商为多。

从海外浙商捐赠家乡的代表人物来看，以浙江省政府授予"爱乡楷模"荣誉称号的海外侨胞和港澳同胞为参照。"爱乡楷模"荣誉称号从 1994 年起，由浙江省政府授予，以表彰为全省社会公益事业捐款 1000 万元人民币以上的海外侨胞、港澳同胞。港台地区浙商在祖籍地的捐赠，就捐赠额度而言，可谓投入巨大。这从历年以来浙江省政府授予的"爱乡楷模"荣誉称号也可看出他们在祖籍地公益慈善事业中发挥的重要作用。从 1994 年浙江省政府授予第一批"爱乡楷模"起，至 2016 年，共有 89 位浙江籍及外省籍海外侨胞和港澳同胞获得浙江省"爱乡楷模"的荣誉称号，[1]

---

[1] 《浙江省"爱乡楷模"家族又添新成员》，2016 年 4 月 25 日，浙江省人民政府网，http://zfxxgk.zj.gov.cn/xxgk/jcms_files/jcms1/web13/site/art/2016/4/29/art_7565_205244.html。

其中香港的浙商共 56 位，占到总数的 63% 左右。由此可见，香港浙商在祖籍地捐资中的主导地位。

（二）在祖籍地的捐赠结构和形式呈现区域化差异

海外浙商在祖籍地的捐赠投向教育、基础设施建设、医疗卫生事业、体育文化休闲事业、扶贫济困助残养老、赈济救灾等各个方面，涉及领域宽泛。但他们在捐赠结构上呈现区域性差异，主要表现在浙东地区海外浙商和浙南地区海外浙商捐赠具有各自的侧重点。以宁波籍、湖州籍为主的浙东地区海外浙商，捐赠主要投向教育领域。据不完全统计，到 2008 年，宁波全市有 460 多所学校（含幼儿园和青少年宫）接受过"宁波帮"的捐赠。① 在包玉刚捐资 2000 万美元创建宁波大学的引领和示范作用下，从 1986 年至 2016 年，"宁波帮"人士捐赠近 7 亿元用于宁波大学校园建设。② 由宁波籍港台地区浙商捐资兴建的大楼、科研用房等项目共计 60 余个，总金额达到 3.29 亿元人民币。③ 正是有他们在财力上的大力支持，宁波大学才能在短短的二十几年中，获得跨越式的成长和发展，成为国内具有一定影响力的综合性高校。

浙南地区海外浙商捐赠的主要领域集中在公共基础设施建设和公益福利事业领域。以温州为例，自 2000 年以来，截至 2008 年，温州籍海外浙商捐赠新农村建设专案达 1.2 亿元，占总数的 60%；捐赠文化、卫生、教育等公益福利事业达 6000 多万元。④ 因此，与浙东地区海外浙商主要将捐赠投向教育领域不同的是，浙南地区海外浙商更倾向于捐赠农村基础设施建设，投向教育领域的捐赠额远逊于浙东地区海外浙商。

浙东地区浙商和浙南地区浙商因各自不同的海外发展历程，在经济实力上存在一定的差距。浙东地区海外浙商多集中在港台地区发展，之后从港台地区再次移居至美洲等地，因其 20 世纪三四十年代在大陆发展

---

① 陈春玲：《百年树人 海外侨胞情重如山》，《东南商报》2008 年 9 月 20 日。
② 李佳赟：《桑梓情深"宁波帮"：港商李达三为宁波大学捐资 1 亿》，2015 年 12 月 21 日，中国新闻网，http://www.chinanews.com/df/2015/12-21/7681051.shtml。
③ 陈捷、陆灵刚：《"宁波帮"80% 捐赠用于教育 培养家乡建设急需人才》，2014 年 7 月 29 日，中国宁波网，http://news.cnnb.com.cn/system/2014/07/28/008123057.shtml。
④ 刘时敏：《温州 42 万侨胞关注家乡民生 2008 年捐赠 4806 万元》，2009 年 1 月 14 日，温州侨网，http://www.wzqw.gov.cn/view.jsp?id0=z0gkrwhqp0&id1=z0gkrwi47k&id=z0glirn4q9。

的基础，六七十年代，又经历港台地区经济高速发展时期，实力大为增强。因而，他们在祖籍地的捐赠多以个体形式展开，捐赠数额较大。浙南地区海外浙商多集中在欧洲各国，在 70 年代之前人数不多，直到 70 年代中后期才不断地有新移民前往，时至今日，虽然已形成一定规模，而且不乏资产实力雄厚者，但多为中小资产规模的商人，与浙东地区浙商相比，在经济上还存在较大的差距，因而，他们在祖籍地的一些较大规模捐赠项目中，更多的是先由若干在海外浙商中有影响的人来牵头，在他们的影响下，采取联合捐资的形式，以集体的合力助资祖籍地的公益福利事业。

（三）捐赠具有继承性和延续性

改革开放初期回到祖籍地开展公益福利事业的海外浙商，多出生于祖籍地，并在祖籍地成长，虽然在海外经营发展事业，但对祖籍地都怀有深深的眷恋之情。当他们在海外的事业取得一定成就后，会发自肺腑地想为祖籍地奉献一些自己的力量。因而，当老一辈的海外浙商回到家乡时，目睹家乡的一草一物，无不勾起他们的爱乡之情，希望通过捐资帮助家乡改变落后的面貌。海外浙商回乡捐资兴办公益福利事业，很多时候都是父子共捐、夫妻共捐、兄妹共捐及朋友共捐，或以各类侨团组织为单位集体捐资等方式进行。此外，第二代、第三代等新一代海外浙商也自然地秉承了先辈的桑梓之情。如香港的宁波籍浙商赵安中，在获悉包玉刚去世后宁波大学陷入财政上的困境时，毫不犹豫地捐资在宁大修建了林杏琴会堂和林杏琴体育馆。为使后代有和他一样的爱乡桑梓之情，多次以儿子的名义进行捐赠，并动员祖孙三代回乡参与公益福利事业。自 20 世纪 80 年代中期以来，赵安中开始捐助家乡宁波的公益事业，尤其是多次捐资教育事业。其开展的公益福利事业多以父子名义共同开展，以期儿子能够传承自己的爱乡之情。在赵安中的带动下，1999 年，儿子赵亨文设立"宁波大学杏琴园教育专款"。2000 年之后，赵亨文多次跟随父亲赵安中赴宁波大学访问。在父亲的影响下，赵亨文也逐渐培养起对家乡的深厚情感，2002 年，捐资 1500 万元助建宁波大学安中大楼。2005 年，赵安中、赵亨文父子以杏琴园教育基金的名义，向浙江大学捐赠人民币 1400 万元，设立"安中科技奖励金"专项基金，用于奖励该校每年获得浙江省科技进步一、二等奖的教师。2007 年，赵安中去世后，2008 年，赵亨文又携其家属捐资20万元成立宁波大学"杏琴园研究生奖助学金"。其他如法属圭亚那的青田籍浙商郭玉桓和郭胜华父子、曹光彪和曹其镛父子、顾国华和顾建纲父子，日本的绍兴籍浙商王华甫和王永泰父子、新加坡的绍兴籍浙商徐春荣和徐忠清、徐又清父子、香港的宁波籍浙商张济仁的遗孀张爱芳、李达三和李本俊祖孙、王明康和王伟东父子等，都是捐赠继承性和延续性最经典的海外浙商代表人物。

第四节 海外浙商与祖籍地关系的提升与引导

一 海外浙商在祖籍地投资的提升与引导

（一）海外浙商在祖籍地投资存在的问题

1. 投资产业结构不合理，转型升级任务艰巨

海外浙商在祖籍地投资的侨资企业，虽然投资的产业在近年来已有所调整，但以制造业为主的第二产业依然占据相对主导的地位，而且多以技术含量低的劳动密集型产业为主。对第三产业的投资额度虽逐年增加，但主要是在房地产业、商贸服务业等行业的投资增速较快。尤其是房地产业的投资比重过大。这与近年来中国持续升温的房地产投资热的大环境密切相关，众多侨资企业看到房地产业回报率高，跟风进入该行业，所以使得房地产业的投资总量增速迅猛。第三产业中的现代服务业比例仍然偏低。虽有部分资金进入高新科技产业，但这部分资金在总体资金的投入中份额极小。因此，海外浙商在祖籍地投资的产业结构虽然已有所调整，但并未发生质的改变，仍然以技术含量低、附加值低、以价取胜的劳动密集型产业为主。海外浙商企业要实现从低端的劳动密集型产业向资本和技术含量高的产业转型，提升企业的核心竞争力，仍然是其在未来的投资发展中亟须解决的现实性难题。

2. 海外浙商投资的某些软环境欠佳

浙江作为中国民营经济大省，民营经济相当发达，投资的整体环境也相对较好，并拥有良好的产业配套；政府各部门相继出台多项鼓励海外华侨华人回乡投资创业的政策和措施，为华商提供便利服务；社会治安良好；基础设施建设齐全等，这些都为海外浙商在祖籍地的投资创设

了有利的外部环境。但在一些具体的领域，还有待改善。一是法制环境不完善，缺乏专门针对保护侨商权益的法律法规，使得侨商在权益受到侵犯时，维权非常困难。二是受国内相关政策调整的影响，海外浙商在浙江的经济纠纷及投诉案件呈现逐年增加的态势。由于海外浙商身处住在国，立案、调解及开庭等诉讼服务需跨境展开，耗时耗力，诉讼成本成倍增长。仅温州瓯海区，2011年至2017年，瓯海法院就已受理涉侨民商事及行政案件近700件，涉案标的额2.91亿元。[①] 涉侨纠纷难以得到及时和有效的解决，从而影响侨商的投资热情。三是地方政府重引进，轻服务。为完成招商引资的任务，一些地区和部门只重视如何将项目引进来，至于引进后的服务、管理及软环境建设都甚少重视，后续服务无法及时跟上，引起侨商的诸多不满。以上存在的诸种问题，都会挫伤海外浙商在祖籍地投资的热情和积极性，甚至出现涉侨经济纠纷，使侨商投资的合法权益受到侵犯。

3. 侨资企业存在融资难问题

融资难的问题已经成为困扰大多数侨资企业进一步发展的主要问题之一。海外浙商投资的企业仅一部分资产实力雄厚，大多为中小规模。他们的融资基本上依靠金融机构进行，直接融资的比例很低。中小规模企业的资产结构中固定资产数量有限，用于抵押则难以达到金融机构的放贷要求，且企业彼此之间能够相互担保的也很少，加上金融机构对中小企业某种程度的信贷歧视、企业自身存有的问题等因素，导致融资担保渠道不畅，企业融资少且困难。即使获得一定额度的贷款，多为流动资金，贷款周期很短，无法满足企业进行技术设备的升级改造和新上项目的发展需要，因而容易丧失市场和发展机遇，导致企业转型升级困难。

4. 侨资企业抵御风险能力差

海外浙商投资设立的侨资企业多为劳动密集型的外向型企业。改革开放初期，因劳动力成本和原材料价格低廉等因素，侨资企业获得快速成长，但企业的利润多依靠大规模和低成本的运作模式。企业生产的产品技术含量不高，不具备核心竞争力，缺乏对自主品牌的设计和规划，一般都

[①] 黄伟：《瓯海法院跨国"在线"化解一起涉侨纠纷》，2018年7月20日，温州日报瓯网，http://www.wzrb.com.cn/article875667show.html。

是为国外企业进行贴牌生产，产品的核心技术及营销网络等多掌握在对方手中，造成企业对国际市场的过分依赖。随着近年来劳动力、原材料及环境治理成本等生产要素价格的上涨，企业生产成本增加，使得侨资企业的利润出现下滑甚至亏损，尤其是一些高度依赖能源消耗和低廉劳动力、原材料生产的中小侨资企业更是面临生存威胁。一旦国际市场有波动，企业可能会破产。2008年以来的国际金融危机证实了这一点。以外贸为导向的侨资企业，在金融危机的影响下，出口规模缩小，订单锐减，企业自身的生存和发展受到极大的挑战。

（二）海外浙商在祖籍地投资的提升与引导

海外浙商在祖籍地投资的侨资企业存在的种种问题，有企业本身存在的问题，也有外部环境问题，诸多因素都制约和影响着侨资企业的进一步发展，因而，针对这些现存的难题，如何去破解和消除，这对于浙商和政府而言，都是极具挑战性和现实意义的。

1. 加大力度引导侨资企业转型升级

由于海外浙商的原始资本大多通过传统的经营餐馆、从事纺织皮革制造业及贸易业等积累而来，因而在祖籍地的投资也集中在以发展高能耗、低技术的劳动密集型产业为主，现代服务业和高新技术产业增速缓慢，仅依靠其自身的力量很难实现转型升级，须依靠政府加大力度来引导侨资企业的转型升级。产业的转型升级不仅仅指发展高新科技产业，还包括在劳动密集型企业及传统产业领域中提升企业的科技研发与技术创新能力，实现企业管理的科学化和现代化，提高效率，降低成本，使企业由简单的、粗放的加工制造企业转变为具有自主产权和核心技术及竞争力的企业。这就首先要求政府相关部门制定政策，利用政策杠杆来推动侨资企业的转型升级。如设立专门针对侨资企业转型升级的企业创新发展基金，以奖励创新的形式鼓励侨资企业增加对研发资金的投入，改进生产技术，走品牌发展和技术发展之路。对于自主创新能力较强的侨资企业给予重点扶持，可以考虑给予企业配套专项资金，并进行跟踪服务，及时了解企业的发展情况，对企业转型过程中出现的问题予以关注和解决。其次，政府要建立引导侨资企业转型升级的产业投资平台，通过平台及时向侨资企业提供转型升级的产业资讯，以市场运作的方式引导侨资企业转型，并听取侨资企业在转型升级中的诉求。发挥组织优势，联合政府各相关部门对侨资企业的转型升级提供有效的咨询和建议，展开政企对话，主动推出一批有利于企业转型升级的优质项目，引导侨资企业直接投资；积极为企业向高新技术产业和现代服务业的方向转型升级牵线搭桥，帮助企业争取项目和资金。

2. 完善投资环境，营造良好投资氛围

投资环境的好坏，直接关系到侨商投资的意向和可持续性。作为硬环境条件相对不错的浙江省，如何改善海外浙商投资的软环境，对于吸引海外浙商资本回祖籍地投资及企业的长远发展显得尤为重要。近年来，浙江省各地通过政府、银行、企业对接合作恳谈会等方式，为侨商回归做好服务工作。如宁波市侨办在市行政服务中心设立"海侨服务窗口"。温州市侨办推行侨商投资项目全程无偿代办制，为创业人员提供政策咨询、业务代办、产业引导、辅助决策、人才引进、项目申报等服务。这些针对侨商的措施，为在祖籍地投资的海外浙商带来了切实的便利。

在硬环境之外，是否拥有良好的法制环境，会在很大程度上影响海外浙商投资祖籍地的热情和积极性。而法制环境最基本的要求就是公平和公正，良好的法制环境须依靠全体公民法制意识的增强来共同营造。作为政府部门，更是要具有高度的法制意识和责任意识，做遵纪守法和依法行政的表率，通过人大和舆论的力量来加强对法律法规和政策执行力度的监督和公示。即使是再细微的事务，也都要秉承公平公正的原则。浙江某地侨办曾在2010年邀请一批当地的侨资企业负责人和侨商代表参加侨务工作座谈会，会上一名西班牙侨商就提及他的一位亲友曾有意来此地投资，但在此地停留期间，因发现当地执法人员在处理交通事故上存在着有法不依、执法不严的情况，从而放弃原有的投资计划。一个在国人看似平常习惯的事情，在侨商眼里，这样的细节，使他从当地对交通事故处理的态度延伸至一个城市在对待处理日常事务中的态度，再与其在这个城市的投资相联系，看似与投资毫无关联的事情，却让侨商不看好这个城市的投资环境而放弃投资。因此，良好的法制环境是依靠全体公民共同创造的，政府部门的法制形象显得尤为重要。

政府在处理涉侨经济事务中的服务意识和信用意识不够，导致近年来的涉侨经济纠纷数量大增，进入诉讼程序的案件比例上升。针对此种现状，建议政府涉侨部门实行政务公开制和服务承诺制。对于已颁布的涉侨投资政策和法规，通过座谈会、交流平台等形式，使侨商能够熟悉和明白各项政策法规的相关规定，听取侨商对政策法规的意见和建议，根据侨商所提问题进行整改和完善。重视相关部门在政策实际执行过程中的落实程度，对于正在进行和开展中的项目实行公示制度，及时通报项目的进展程度及出现问题后的整改措施，改变以往的"重引进，轻落实"的状况，政府应保持政策应有的持续性和连贯性。对于涉侨经济纠纷，由于涉及的相关职能部门众多，案件又涉及多个部门，时常出现互相推诿的情况，建议在听取侨商的意见后，实行处理程序的公开化、透明化，并着重做好涉侨经济案件的回访制度。

3. 多渠道解决侨资企业融资难的问题

侨资企业普遍存在的融资难问题，单纯依靠企业自身很难解决，建议政府要从政策方面着手，推进融资方式创新和改革，建立多种形式的融资服务体系。银行作为当前主要的融资机构，政府应发挥桥梁作用，组织开展形式多样的侨资企业与银行之间的融资合作，定期组织银行工作人员到侨资企业或者侨商会，提供中小企业的融资宣讲，使企业熟悉和了解银行信贷的政策和程序，并帮助搭建中小侨资企业融资担保平台。2013 年，宁波银行温州分行响应温州市委市政府提出的"温商回归"工程，推出了5D 新概念金融服务体系——"华侨金融"，对在温州投资的侨商提供更加倾斜的融资便利。[①]

政府根据侨资企业的规模大小，通过财政给予一定时限的贷款利息补偿，以降低企业的融资成本。在侨资企业之间，可由政府牵线，在具有良好信誉度的侨资企业之间建立互保式担保机制，扩大企业的担保范围。

除了政府在融资方面发挥的桥梁作用，侨商会的作用也不容小觑。如温州市侨商会，为解决当地侨资企业融资难的问题，于 2011 年成立专门的互助基金，首批资金由 50 家会员企业各出资 100 万元，总计共 5000 万元作为启动资金，并与中国银行、中国工商银行签订协议，将启动资金交由银行负责管理，侨资企业可根据需求向政府相关部门申请，符合条件者

---

① 黄泽敏：《宁波银行"5D 金融"助力温州侨商回归》，《温州商报》2013 年 11 月 4 日。

由银行审批发放。因此，在融资问题上，浙江其他地方的侨资企业，可参照温州市侨商会的做法，充分发挥侨商会的作用，适时成立由会员互保的侨商信用担保协会和侨商会担保公司，在与银行合作的基础上，积累经验，在具备经营条件后组建侨商小额贷款公司和侨商银行，并可联合众多海外浙商商会组建侨资信托投资公司，广泛吸收海外浙商的资本，为祖籍地的浙江侨资企业提供长期借贷及融资服务。

4. 促进侨资企业的联合，将企业做强做大

海外浙商投资的侨资企业从事的行业多为低技术、产品附加值低的劳动密集型产业，且多为中小规模的外向型企业，产业链短，依赖于国际市场的需求而生存发展，一旦国际市场出现波动，企业的抵抗风险能力便很弱，容易遭受重挫，企业也难以成长发展。而侨资企业间通过资金、技术等联合，尤其是合力发展某个行业，实力远远超出单个的中小规模企业，抵抗风险的能力也大为增强。政府可在工作规划中，结合当地侨务资源，划定重点发展产业，以此为导向进行招商引资，从而形成区域性的产业集群。对已有侨资企业，除与当地其他侨资企业合作外，还可通过收购世界知名品牌的方式，迅速提升企业的形象，增加产品的附加值，不仅做外向型加工企业，而且还要向内需市场转型，拓展国内市场。

二 海外浙商在祖籍地捐赠的提升与引导

（一）海外浙商在祖籍地捐赠存在的问题

基于浓浓的爱国爱乡之情，海外浙商毫无保留地将这份感情以捐资赠物的形式表达出来。他们从教育、基础设施建设、医疗、文体设施等诸多方面，改变着家乡面貌，推动着社会进步。各级地方政府对华商的捐赠也显示出巨大的热情，积极欢迎海外浙商返乡捐赠。但一些地方政府由于经费短缺等问题，对于引进后的项目的维护和管理力度有限，造成了捐资项目出现问题却得不到及时处理的状况。在农村，海外浙商捐资建造的一些公益设施，如供路人休息的凉亭、敬老院等被无故占用；捐建的公共基础设施损坏后处于无人管理的状态。一些捐赠项目出现了资产闲置、流失甚至被侵占的现象，如侨商捐资助建的项目有些被大量拆除，有些被改变原来的公益用途，转手给他人成为盈利的场所等。在各地推进城市化的过程

中，政府对原有的城乡格局进行局部调整，这就涉及之前海外浙商捐赠项目的变迁，有些捐赠项目被拆除、迁移甚至是转制，这就关系到捐赠项目的权益问题。而地方政府因多种原因，未能就项目的变迁与捐赠侨商进行及时的沟通与协商，导致在侨商不知情的情况下，政府依照自己的意愿处理项目，尤其是以侨商名字命名的捐赠项目，这样的做法是对侨商的不尊重，无视侨商的知情权。这些问题在一定程度上影响了海外浙商捐赠的热情和积极性。

（二）海外浙商在祖籍地捐赠的提升与引导

1. 做好捐助项目的后续维护工作，保护侨商的捐资权益

海外浙商用自己的真情捐资助建各类公益福利事业，造福家乡民众。但各受赠地区和单位，因经费问题、管理上的疏忽等原因，对捐赠项目的后续维护工作，缺乏有效的监管。为此，政府在接受海外浙商捐赠的伊始，就要做好相关的配套服务工作，从当地政府的财政预算中划拨一定经费用于专项的捐赠项目管理，用以支持相关职能部门对捐赠项目进行定期或不定期的安全检查工作。尤其是一些有一定历史的捐赠项目，要予以特别的关注和巡查，发现问题后要及时排除和处理，以维护捐赠项目的完好和安全为宗旨，并将项目的使用和管理情况及时向捐赠者通报，接受捐赠者的监督和检查。对于捐资项目的拆迁、变更事项，应严格遵照《浙江省华侨捐赠条例》中的相关规定，尊重捐赠者意愿，对受赠款物不得随意改变用途，如有变更，应及时与捐赠者取得联系和沟通，在征得捐赠者同意后方可行事。由此，在充分尊重捐赠者的基础上，负责任地做好捐赠项目的后续维护、变更事项，真正地建立起捐赠者对受赠方的信任，激发他们继续捐赠的热情。

2. 进一步健全侨商捐赠制度建设

近年来，海外浙商的捐赠越来越多地以设立慈善公益基金会的形式展开运作，使捐赠资金的使用更具科学性。面对捐赠出现的新情况和新问题，有必要进一步健全侨商捐赠制度。浙江省在 1995 年的八届人大第二十二次会议上通过了《浙江省华侨捐赠条例》，对华侨的捐赠进行了规范，并就保护捐赠人的合法权益作出相关规定。之后，根据华侨捐赠出现的新特点，2004 年浙江省第十届人大常委会第十二次会议对《浙江省华侨捐赠

条例》进行修订，以使相关规定更能适应发展变化的新形势。2018年，浙江省第十三届人大常委会第五次会议通过《浙江省华侨权益保护条例》，其中的第十七、十八条，明确了华侨境外捐赠可以依法减征或者免征进口关税和进口环节增值税，以及华侨捐赠保护等权益规定。这些不断完善的行政法规，有力地保护了华侨的捐赠权益。

在具体的政策实施领域，要确保各项措施都能落到实处，检查和监督相关条例的实施情况就显得尤为关键。政府部门从侨商捐资助建项目起始阶段，就建立捐资项目数据库，备案项目的基本实施方案，根据项目的进展实时更新补充信息，捐资者可以随时随地对项目进展、经费使用明细及项目发挥的效益等具体事项进行查询，使捐资项目的各个环节公开化、透明化，捐赠者则对捐赠项目的各项情况了然于心，无形中增强了对政府的信任度。建立侨商回访制度，便于捐资项目完全落成后，侨商可以不定期地对受赠单位进行回访，若侨商无暇回乡，可由政府职能部门派专员代表侨商回访，并将回访结果及时告知侨商。对于捐赠项目，受赠单位有责任进行有效的监管，为此，可以建立受赠单位问责制，一旦出现监管缺失的问题，可直接问责受赠单位。对于捐赠者，无论其捐赠数额大小，政府都应对其行为作出表彰鼓励，以此肯定其捐赠的意义，进一步激发他们造福桑梓的热情。

第四章　海外闽商与祖籍地关系

第一节　海外闽商与祖籍地关系的历史回顾

一　改革开放前海外闽商投资祖籍地实业概况

与近代海外浙商相比，近代海外闽商的资本实力要雄厚许多，他们与祖籍地的联系非常的密切，也十分热衷于回乡投资，其在祖籍地的投资在当时亦形成一定的规模，在当地经济中的比重和地位举足轻重。近代海外闽商投资从1871年晋江安海籍海外闽商投资侨批业开始，至新中国成立前夕为止的七十多年中，投资的企业大小达4000家，投资金额总数达14000万元，占近代华侨投资国内企业7亿元资金总额的1/5，[①] 从事的行业涉及商业、矿业、农业、金融业、房地产业、交通运输业、服务业、轻工业为主的制造业等。资本投向厦门、漳州、泉州和福州等地，其中，厦门是抗战爆发前海外闽商在福建的主要投资地。

（一）近代海外闽商对祖籍地的投资概况

明末清初，通过与东南亚各国开展的海上贸易，闽商逐渐构建了遍及东南亚各地的海上贸易网络。至18世纪末，旅居东南亚的闽籍华侨人数已达几十万，大多分布在东南亚各要埠，基本上都从事商业活动。同治十年（1871），安海华侨郑贞伯、郑灶伯兄弟在晋江安海镇兴胜街开办福建首家办理侨批业务的侨批局：郑顺荣批馆，兼收代办"水客"托付的华侨银信业务，后逐渐发展成为专营华侨银信业务的批馆，开启海外闽商在福建最早的投资。海外闽商从1871年开始投资祖籍地，到1949年为止，前

[①] 林金枝：《近代华侨投资国内企业史研究》，福建人民出版社1983年版，第79、91页。

后 70 多年的时间中，共经历了三个阶段的投资历程。

第一阶段，从 1871 年到 1919 年，为近代海外闽商投资祖籍地的初始阶段。这一时期，海外闽商在福建投资的企业有 76 家，投资金额为 2106.72 万元。具体见表 4—1。①

表 4—1　　　　　　1919 年以前海外闽商投资福建企业统计表

业别	投资企业数	投资金额（单位：折合人民币元）	占投资总数（%）
工业	10	1875010	8.90
商业	44	1925522	9.14
农矿业	2	4308250	20.45
服务业	6	64312	0.31
交通业	3	8501500	40.35
金融业	10	1452638	6.90
房地产业	1	2940000	13.95
合计	76	21067232	100

由于闽商在海外多从事小商贩活动，因而在祖籍地的投资也多从商业或与侨汇相关的侨批局开始，涉及交通运输业和服务业领域。在商业贸易领域，与海外闽商在住在国多从事贸易行业相对应的是，他们在国内也热衷于开设进出口贸易商行，经营范围有土产、粮油、食糖、五金、化工、医药等种类，都是与民生关联紧密的行业。1890 年，侨居菲律宾的泉州人廖芬记投资 2 万余银圆在厦门开设芳茂茶叶行，经营茶叶的批发零售兼出口业务。进出口贸易商行规模较大的有厦门同安人张永福的永福公司。张永福早年随父前往缅甸经商，在缅甸仰光开设"集发号"进出口商行，在马来西亚槟榔屿又开办新裕隆公司，有感于侨胞每年汇款回乡的不便，于 1913 年在厦门开设永福公司，兼营侨批业，并通过侨汇款项进口缅甸大米

---

① 林金枝：《近代华侨投资国内企业概论》，厦门大学出版社 1988 年版，第 14 页。

来厦门贩卖。因对资金要求不高，进出口贸易商行遂成为当时海外闽商投资较多的行业之一。

在金融业领域，作为侨办金融机构的侨批局，继郑顺荣批馆之后，大批海外闽商经营的侨批局相继创立，19世纪90年代就有如鸿、新顺和、晋利、连春、三春、捷顺安、天一等侨批局。其中规模较大的厦门天一信局，由菲律宾的海澄人郭有品于光绪二十四年（1898）创办，雇佣职工100多人，在国内的分支机构达7个。① 除了侨批局以外，还出现其他经营金融业务的机构。1890年，旅居南洋的陈炳记在厦门设立厦门陈炳记，经营金融业务；② 1915年，菲律宾闽商庄天籁创办聚美当铺，资本额15万银圆。③

在交通运输业中，海外闽商投资祖籍地的航运、铁路和公路。光绪元年（1875），新加坡的海澄籍闽商邱忠坡集资150万元创办万兴船务公司，④ 所购置的客轮航行于厦门、香港、槟榔屿等地，设分公司于厦门，经营厦门和新加坡之间的客轮往返业务。新加坡的龙溪籍闽商林秉祥于1911年在厦门开设新加坡和丰航运公司分公司，购置客轮经营厦门到香港、新加坡、槟城、仰光等地的客运业务，一直经营到1949年。在祖国遭受各帝国主义侵略日益严重的情况下，海外闽商响应清政府的倡议，将资本投入路矿事业中。1905年，商办福建全省铁路有限公司在福州成立，海外闽商积极参与筹资，投资金额共达200万银圆，⑤ 1910年，修建成28千米长的漳厦铁路首期，成为福建省的第一条铁路。1911年辛亥革命后，海外闽商掀起筑路开矿的热潮，但仅少数几家得以开办，开办的数家公司又因政府的勒索等因素归于失败。在1918年后，海外闽商很少再去触及这个行业。

海外闽商还参与投资公用事业，尤其是创办电灯公司。如"厦门电灯公司""泉州电灯公司"及1917年新加坡闽商林秉祥开办的漳州石码的华泰电灯公司等，都是海外闽商在20年代前投资创办的。

---

① 江曙霞主编：《厦门市志》，第五册，方志出版社2004年版，第3615页。
② 吴同永主编：《福建省志·华侨志》，第194页。
③ 卓正明主编：《泉州市华侨志》，中国社会出版社1996年版，第213页。
④ 吴同永主编：《福建省志·华侨志》，第200页。
⑤ 林金枝：《近代福建华侨投资企业的历史及其特点》，《中国社会经济史研究》1983年第3期。

在制造业领域，海外闽商将他们在东南亚各国从事的以食品加工为主的生产制造业投资于祖籍地。光绪十三年（1887），同安人郭春秧在印尼经营糖业大获成功后，在厦门海沧东孚乡投资建立华祥公司，开办水头农场，种植糖蔗和果树，并设立榨糖厂。光绪三十一年（1905），马来西亚闽商郭观澜投资 20 万银圆创办福州华具机器制糖厂；宣统元年（1909），印尼龙溪籍闽商郭祯祥投资 45 万银圆创办漳州华祥制糖公司，① 都从事制糖业。为数不多的海外闽商还投资机器的生产制造。1918 年，菲律宾闽商王达金等 3 人集资 2000 银圆开办广义和国记公司，制造发动机、碾米机、榨蔗机、磅秤以及其他小型生产用具。② 此外，罐头加工、米厂等也多是海外闽商当时投资的主要产业。

此时，还出现了海外闽商开办的客栈。因厦门为福建各地华侨出入的必经港口城市，因而当地由闽商开办的客栈较多。如光绪年间就有菲律宾闽商在厦门开设安岷客栈。客栈除为客人提供住宿服务外，还代购车船票，代办出入口岸所需的相关手续等，服务极为周到。房地产业，已有海外闽商涉及，但人数较少。1901 年，陈嘉庚在厦门投资房地产，购地建楼，作为店面之用，开海外闽商投资房地产之先河。1918 年，越南的南安籍闽商黄文华在厦门创办黄荣远堂房地产公司，投资厦门的房地产。

第二阶段，从 1919 年到 1937 年，为近代海外闽商在祖籍地投资的发展阶段。这 18 年中，海外闽商在祖籍地投资的企业为 2762 家，投资总额达 9293.31 万元，远远超出 1919 年前投资的 2106.72 万元。海外闽商在吸取前期投资失败的经验教训的基础上，经过一战期间的发展，资本实力得以提升，加上 20 年代以后日美等国在经济上对南洋华商的压迫，使得众多闽商返乡投资，因而，海外闽商在祖籍地的投资额有较大幅度的增长，除了投向商业、金融业外，公共事业与公路业的投资也有所增加，尤其是房地产业的增额最为显著。具体参见表 4—2。③

---

① 张梁：《福建省志·对外经贸志》，中国社会科学出版社 1999 年版，第 216 页。
② 江曙霞主编：《厦门市志》，第 3616 页。
③ 林国平、邱季端主编：《福建移民史》，方志出版社 2005 年版，第 381 页。

表4—2　　　　1919—1937年华侨投资福建企业结构情况表

业别	投资企业数	投资金额（单位：折人民币元）	占投资总数（%）
工业	56	14999837	16.14
商业	128	10003238	10.76
农矿业	5	771760	0.83
服务业	106	250120	0.27
交通运输业	17	4873734	5.24
金融业	56	6263765	6.74
房地产业	2487	55770794	60.01
合计	2855	92933248	100

海外闽商在祖籍地投资的公共事业，主要投向厦门。如厦门的电灯电力公司、电话股份有限公司、自来水股份有限公司、鼓浪屿中华电器公司，都是由印尼的南安籍闽商黄奕住创办和接办的。对交通运输业中的公路投资也在1919年以后逐渐增多。1919年，旅日的晋江籍闽商陈清机和菲律宾闽商戴愧生创办福建最早的民办汽车运输企业——闽南民办汽车路股份有限公司，总投资113万银圆，其中侨资50万银圆，[①]修建安海至泉州的公路，1922年公路全线贯通，全长28千米，加上之后修建的7条支线，总长109千米，公司改称为民办泉安汽车股份有限公司，简称泉安公司。在这之后，海外闽商又成立了十多家经营公路工程和汽车运输的公司，如陈嘉庚的同美汽车股份有限公司、缅甸的南安籍闽商王尚玉的泉溪民办汽车公司，菲律宾晋江籍闽商李文炳、庄骏声集资创办的泉围民办汽车公司等。根据20世纪30年代闽南汽车联合会的估计，汽车路7/10在泉属，3/10在漳属。泉属汽车路的资本，华侨拥有7/10，漳属汽车路的资本，华侨拥有5/10。[②]但海外闽商在祖籍地经营的汽车公司在30年代后受国内环境因素等影响，大多难以为继，此后，停止对该行业的投资。

在金融业领域，海外闽商继续投资兴办侨批局，20世纪30年代中期，

[①] 卓正明主编：《泉州市华侨志》，第202页。
[②] 林金枝：《近代华侨投资国内企业史研究》，第86页。

侨批业发展至最鼎盛时期，到 1937 年全面抗战发生前，海外闽商投资的侨批局达 145 家之多。① 但 1929 年受世界经济危机等因素的影响，部分侨批局经营业绩下降，相继出现倒闭的现象。20 年代，海外闽商开始在祖籍地投资银行业。1920 年，缅甸闽商叶清池开设厦门商业银行，资本额为 20 万银圆。东南亚的海外闽商也纷纷在祖籍地开设分行，1921 年黄奕住集资 750 万元在上海成立中南银行，翌年在厦门设立分行；1925 年李清泉设立中兴银行厦门分行，同年，李光前设立华侨银行厦门分行。② 此外，还设立钱庄来从事金融业务。

这一时期海外闽商投资祖籍地最引人注目的便是房地产业，投资企业数和金额均为各行业最高，占到该时期投资总额的 60.01%。这主要与 20 世纪 20 年代厦门、泉州、石狮等地市政建设的推进和发展有关，加上自古以来中国人有购置田产的传统习惯，及 1929 年经济危机的冲击，诸多因素都促使海外闽商将资本投入房地产。海外闽商在福建各地投资兴建的房地产公司中，规模较大的有 20 多家，其中以菲律宾晋江籍闽商李昭北于 1927 年设立的厦门李民兴置业公司和 1930 年由黄奕住设立的厦门黄聚德堂规模为最大，资本额均在 200 万银圆以上。③ 海外闽商投资房地产业基本上集中在 1931 年以前，之后由于投资房地产所获利润低于银行存款利息，地价暴跌，导致几乎无人投资房地产。

工业领域，这一时期工业占到投资总额的 16.14%，是前一时期的将近两倍。食品业依然是投资的大宗，还出现了在化学工业、五金工业、印刷工业、造纸业等领域的投资。其中规模较大的是菲律宾归侨陈天恩于 1929 年倡议创办的福建造纸股份有限公司，在李清泉等人的赞助下，募集资本为 100 万银圆，其中侨资占 80%，④ 是当时全国十大化学工厂之一。但开工后受经济危机和洋货倾销影响，年年亏损。

在服务业领域，除投资传统的客栈外，还出现海外闽商投资开办的戏院、影业公司及游乐场所等，使当地百姓可以享受到一定的休闲文化。

---

① 福建华侨历史学会筹备组：《福建华侨史话》，1983 年，第 103 页。
② 江曙霞主编：《厦门市志》，第 3615 页。
③ 江曙霞主编：《厦门市志》，第 3613 页。
④ 林金枝、庄为玑：《近代华侨投资国内企业史资料选辑（福建卷）》，福建人民出版社 1985 年版，第 148、154 页。

第三阶段，1937年到1949年，是海外闽商在祖籍地投资的回落阶段。这一时期，因抗日战争和国共内战的发生，都大大影响了海外闽商的投资。抗战期间，福建的金门、厦门、福州等地先后沦陷，海外闽商在祖籍地投资的企业都遭到严重的破坏，商业、金融业和服务业大多停止服务，侨批局由原来的145家锐减为20多家。[①] 1941年太平洋战争爆发后，侨汇中断，海外闽商在祖籍地的投资也完全停顿。抗战胜利后，从1946年到1947年，海外闽商的投资出现了短暂的回升，之后，随着内战的进行和国民党政府恶性通货膨胀的蔓延，投资逐渐减少，尤其是生产性投资越来越少。投资非生产性的企业仍有一定的发展，其中商业占到投资总额的27.18%，投资集中在棉布、粮食及日用百货等与百姓生活密切相关的行业。1947年以后，国内通货膨胀日益加剧，投机性的商业活动也日渐增加。仅次于商业的是占投资总额21.57%的房地产业。[②] 海外闽商投资的众多企业在40年代中期以后，与国内民族工商企业一样，在国民政府和美帝国主义的压榨下，趋向于破产和崩溃的边缘，少数能够存活，维持到1949年的，也大多奄奄一息，处于异常艰难的生存挣扎中。

综观近代以来海外闽商在福建的投资，其在祖籍地投资的事业是其在住在国事业的对外延伸，发展的脉络与近代中国民族工业极其相似，深受本国封建势力和帝国主义的双重压迫，与其所在的受到西方列强统治和压迫的东南亚各国一样，处于艰难的发展历程之中。没有经济发展的良好内外环境，海外闽商在祖籍地的投资注定无法实现突破，企业也难以获得大的发展，其产业结构中投资工业的比例始终偏低，占主导地位的是以商业和房地产业为主的非生产性的投资。不可否认的是，近代海外闽商对祖籍地的投资，在一定程度上推动了福建在公用事业、基础交通设施及城市建设等方面向近代化迈进的进程，但由于其本身投资额度的限定及内外投资环境的影响等因素，使得他们很难在真正意义上推动祖籍地经济的发展，改变祖籍地的面貌。

---

① 林金枝：《近代华侨投资国内企业史研究》，第88页。
② 根据林国平、邱季端主编《福建移民史》，《1890—1949年华侨投资福建企业结构情况表》统计得出，第381页。

（二）近代海外闽商在祖籍地投资的特点

1. 投资房地产业为主，工业和商业领域的投资占一定比例

近代海外闽商从1871年安海华侨投资侨批局开始，到1949年为止，其间共为78年的时间，投资的领域非常广泛，包括工业、商业、农矿业、服务业、交通运输业、金融业和房地产业。工业中又包括食品制造、化学工业、公用事业、机械工业、卷烟业、纺织业等；商业中涉及土产、茶叶、棉布、粮油、食糖、五金化工、医药等。在海外闽商投资的各行业中，房地产业成为投资的主要行业，投资额达6334.5万元，占投资总额的45.77%。[①] 尤其是在1919年以后，海外闽商对房地产业的投资增速非常迅猛。这是因为投资房地产业相对于其他行业来说，风险小，收益稳定。在1929年世界经济危机爆发以后，海外闽商更是将众多资金投入房地产业中，既可以将闲置资金利用起来，同时也规避了危机带来的风险。

仅次于房地产业的是工业和商业，投资额为1924.33万元和1877.57万元，占投资总额的13.91%和13.57%，远远少于海外闽商对房地产业的投资。工业投资以轻工业为主，其中以水电为主的公用事业占了1/3。海外闽商凭借其在住在国从事商业的丰富经验，在祖籍地投资的商业企业数仅次于房地产业。交通业因行业特殊性，所需资金量大，因而虽然投资的企业数只有26家，但在投资总额中也占到11.80%的比例。其他行业如农矿业、金融业及服务业的投资比例均在10%以下。具体参见表4—3。[②]

表4—3　　近代（1871—1949）海外闽商投资福建企业结构情况表

业别	投资企业数	投资金额 （单位：折合人民币元）	占投资总数（%）
工业	159	19243268	13.91
商业	569	18775730	13.57
农矿业	26	12026988	8.69

---

① 林金枝：《近代华侨投资国内企业史资料选辑（福建卷）》，第56页。
② 林金枝：《近代华侨投资国内企业史资料选辑（福建卷）》，第55—56页。

续表

业别	投资企业数	投资金额 （单位：折合人民币元）	占投资总数（%）
服务业	45	710612	0.51
交通业	26	16332743	11.80
金融业	114	7955466	5.75
房地产业	3116	63345000	45.77
合计	4055	138389807	100.00

因此，近代海外闽商在祖籍地主要投向以房地产业为主的第三产业，在工业等第二产业的投资十分有限。

2. 在祖籍地的投资呈现阶段性特征

近代海外闽商在祖籍地投资的 78 年中，三个不同的投资阶段各自呈现出与住在国和祖籍地政治形势紧密相连的特征。

1871—1919 年，是海外闽商投资祖籍地的初始阶段，首先兴起的是架起海外华侨与祖籍地之间开展经济联系的与侨汇相关的侨批局。商业作为海外闽商在住在国经营的优势产业，自然而然也成为海外闽商在祖籍地投资的首要产业之一。20 世纪初期，在争取路权的斗争中，海外闽商出于爱国激情，纷纷投资祖籍地的铁路事业，在海外侨胞中募集资金修建铁路。同时，为方便广大侨胞与祖籍地的联系，轮船航运业开始发展起来。因而，虽然初始阶段海外闽商投资的交通运输行业企业仅 3 个，但资金额巨大，占到投资总额的 40.35%。[①] 同时，还出现了对公用事业的投资。

1919—1937 年，海外闽商投资祖籍地的发展阶段。海外闽商投资侨批局达到前所未有的高潮，到 1937 年时发展到顶峰。在侨批局之外，海外闽商投资的钱庄大量出现，并在祖籍地设立分行。海外闽商在投资铁路失败后，开始转向投资修筑公路，发展公路运输业。海外闽商进一步投资公用事业，发展祖籍地的水电业。在祖籍地相当和平的发展环境中，海外闽商出现了投资工业的小高潮，工业投资额占到投资总额的 16.14%，仅次于对房地产业的投资。海外闽商对房地产业的投资达到最高峰，占投资总额的 60.01%。

---

① 林金枝：《近代华侨投资国内企业概论》，第 14 页。

1937—1949年，是海外闽商投资祖籍地的回落阶段。这时期因国内战事频仍，受战争因素的影响，海外闽商对祖籍地的投资呈现明显回落的趋势，除了在商业领域的投资实现增长外，在工业和房地产业领域的投资比例大为减少。

近代海外闽商对祖籍地的投资受祖籍地和住在国政治经济形势变化的影响，各个阶段投资的行业又有不同的侧重点，其中，对商业的投资始终趋于平稳状态。

3. 以厦门为主要投资地，但投资总量不大

近代海外闽商在福建的投资以厦门为其主要的投资地，从1871年到1949年，海外闽商在厦门投资的企业达2668家，投资额达87486598元，占海外闽商在福建总投资额的62.88%，投资额排在第二位的是漳州，投资的企业数虽只有18家，但资本额达到9442059元，占总投资额的6.78%，可见，这些企业的资本实力相对雄厚，也颇具规模。在华侨人数聚集的晋江，海外闽商投资的企业数达632家，仅次于厦门，但多数企业资本额小，因此资本总量在厦门、漳州、福州和泉州之后，占投资总额的4.83%。总体而言，从海外闽商投资的区域来看，资本高度集中在厦门，海外闽商在福建其他城市的投资比例均在7%以下。①

近代海外闽商的资本之所以高度集中于厦门，主要是基于以下几个方面的原因：一是因为在鸦片战争以后，厦门作为五口通商的口岸，是对外贸易的窗口，相对于其他内陆地区，对外信息传递更为便捷，这对于跨越国界投资的海外闽商显得尤为重要。二是因为厦门自1684年清政府开"海禁"后，就一直是闽商开展与东南亚海上贸易的重要港口，承担着闽商与东南亚各地交通往来的重任。近代海外闽商开设的远洋轮船公司，都将厦门作为中国内地与东南亚各地之间交通往来的主要港口，在厦门设立分公司，经营赴南洋的客运和货运业务。在此进行投资，方便海外闽商从海外运回生产工具和设备，从事进出口贸易。三是因为厦门是海外闽商侨汇的重要据点，海外闽商的侨汇大多汇集于此，之后再转汇至福建省其他地方，这就大大方便闽商利用侨汇进行投资资金的周转流通。

---

① 林金枝：《近代华侨投资国内企业概论》，第38—39页。

20世纪40年代,东南亚海外闽商经过前期的发展和积累,经济上已经具备一定的实力,在祖籍地的工业经济中也占据相当的分量。1937年,由海外闽商兴办的厦门自来水、电话、电灯三大公用事业,淘化大同罐头厂,福建造纸厂,资本额就达500多万元,占当年福建省1300万元工业资本额的38.5%之多。① 但是近代海外闽商在祖籍地的投资总量相对于其在住在国的经济力量来说并不大。据统计,近代华侨投资国内的金额为人民币7亿元,其中在福建投资14000万元人民币,占全国投资数的1/5。② 以近代海外闽商在祖籍地投资的78年来计算,年平均的投资额仅为1784484元,与同时期的侨汇相比,仅占全部侨汇的3%,③ 因此,相对于他们的经济实力来说,在祖籍地的投资额度是极其有限的。由此可见,近代海外闽商将其投资发展的主要力量放在住在国,与住在国民众一起参与当地的发展建设事业。

近代海外闽商在祖籍地的投资受到两方面因素的影响。一方面,绝大多数近代海外闽商在住在国的投资和发展,要遭受殖民当局和当地政府的压制和迫害,并颁布相关规定限制华侨侨汇出境,导致闽商难以规模性地增加对祖籍地的投资。另一方面,近代中国国内政局复杂多变,战乱频仍,投资的企业及资产没有安全保障,这也在很大程度上影响到近代海外闽商扩大和增加对祖籍地投资的范围和额度,他们始终将祖籍地作为其住在国事业的有效补充。

(三) 20世纪50年代至改革开放前海外闽商对祖籍地的投资概况

1949年新中国的成立,激起了海外侨胞投资祖籍地的热情和信心,中央政府也实行鼓励侨商投资的政策,从50年代初开始,全国各地主要侨乡都筹建了华侨投资公司。1952年,福建华侨投资公司成立,在厦门、晋江和龙溪三个地区分别设立办事处,开展侨资企业的募股工作。为鼓励华侨对祖籍地的投资及保障他们的权益,1957年,国务院颁布《华侨投资于国营华侨投资公司的优待办法》,规定华侨汇款投资国营华侨投资公司,可以享受多重优厚的条件和待遇。这时期海外闽商无法对祖籍地进行直接

---

① 林金枝:《近代华侨投资国内企业史资料选辑(福建卷)》,第71—72页。
② 林金枝:《近代华侨投资国内企业史研究》,第91页。
③ 林金枝:《近代华侨投资国内企业史资料选辑(福建卷)》,第52页。

的投资，多将资本以股金的形式集中投向华侨投资公司，由华侨投资公司负责统一的投资及经营管理。福建华侨投资公司从1952年成立到1967年6月底停止募股的15年中，共吸收华侨、港澳同胞投资12000户，资金7250万元人民币。投资金额从数万元到几十万元都有，最大的一笔投资额为80万元，投资于福建全省的27个县市，兴建工厂11家，扩建工厂51家，①涉及食品加工、化学工业、橡胶业、造纸业、机械加工、电力行业、农垦种植业等众多行业。此外，海外闽商还在厦门、晋江、福州等地投资创办影剧院、戏院等休闲娱乐业，但规模都不大。

二 改革开放前海外闽商在祖籍地兴办的公益福利事业

（一）近代海外闽商在祖籍地兴办的公益福利事业

近代海外闽商在住在国的经济事业有所发展后，回到家乡投资，在促进祖籍地经济发展的同时，还以捐赠资助等形式，在家乡兴办教育、文化体育建设、医疗卫生、慈善救济赈灾等事业，并捐资修建基础设施，以此来造福家乡。近代以来闽商对祖籍地捐资兴办的各类公益事业，在一定程度上改变着当地的面貌，尤其是对教育文化事业的巨额捐赠，使祖籍地的教育文化事业获得了极大的发展，大大提升了当地的教育文化水平。

1. 捐资兴办教育事业

近代海外闽商热衷于在祖籍地兴办教育文化事业，以捐资创办学校、助建校舍、捐赠办学经费和设备及设立教育基金等形式，为祖籍地教育文化事业的发展做出了巨大的贡献。

近代海外闽商捐资祖籍地教育是在19世纪中后期。清咸丰年间（1851—1861），在南安淘莲坑村，就有菲律宾南安籍闽商杨肇基举办的道南义塾。② 光绪五年（1879），晋江安海镇创办"铸英学堂"，得到海外闽商资助。光绪六年（1880），菲律宾闽商资助创办厦门鼓浪屿"浔源学堂"③。光绪二十年（1894），陈嘉庚在家乡同安集美村首次捐资2000元，

---

① 李国梁、林金枝、蔡仁龙：《华侨华人与中国革命和建设》，福建人民出版社1993年版，第479页。

② 泉州市地方志编纂委员会编：《泉州市志》，第五册，中国社会科学出版社2000年版，第3353页。

③ 石益主编：《福建省志·教育志》，方志出版社1998年版，第597页。

创办"惕斋学塾",开福建省华侨独资办学之先河。① 至清末,近代海外闽商在家乡办学,已形成一定风气。1905年,清政府宣布废除科举制度以后,海外闽商捐资创办、助建和资助的学校逐年增加。从1896年至1911年辛亥革命前,以近代海外闽商为主的福建华侨捐资创建的小学有50多所。② 1906年起,海外闽商开始捐资兴办中学堂。1906年,永春华侨郑安邦捐资1000银圆,并向东南亚海外闽商募集资本,创办永春州立中学。

民国时期,海外闽商更是掀起在祖籍地捐资办学的高潮,其中捐资创办数量最多的是小学。民国元年(1912),印尼安溪籍闽商周明材、周祖例等捐资创办该县第一所侨办学校——龙门观山村贞元两等小学。胡文虎在20世纪30年代前期计划在五年之中在福建兴建100所小学,到全面抗战爆发前,在福建建起70所小学。据统计,自1912年到1937年全面抗战前,仅泉州各地由海外闽商捐资创办和助办的新式小学达530余所,③ 数目之可观,也足以见证海外闽商对家乡初等教育事业的重视和投入。幼儿教育也成为海外闽商的捐资范围。1919年,陈嘉庚创办集美幼儿园,开幼儿教育之先。在其他一些海外闽商捐资兴办的小学、师范学校中,也附设幼儿园或幼儿班。总体而言,这时期海外闽商捐资幼儿教育的数量较少。

在中等教育方面,这时期海外闽商除了捐资兴办和资助中学教育外,还创办职业学校和师范学校。1915年,菲律宾闽商集资创建南安职业学校,设立编织和织布两部,首开近代海外闽商捐资职业教育之先河。1917年,菲律宾闽商蔡联芳、邱维岩、李清波出资创办泉州华侨女子公学,成立泉州首家女子中等职业学校和女子中学。海外闽商捐资兴办的职业学校,涉及纺织、水产、农业、民用航空等方面人才的培养和教育。除了培养职业人才之外,以培养师资力量为主的师范学校更是闽商投资的重点。1918年,陈嘉庚创办集美师范学校,1920年创办集美女子师范学校。1920年,印尼泉州籍闽商蒋报企、蒋报策、蒋报察等于1911年创办的明新小学,增办初级师范班,后扩办为明新初级师范。其他如泉州西隅初级师范学校、斗南初级师范学校、南安乡村师范学校、泉州华侨女子初级师

---

① 吴同永主编:《福建省志·华侨志》,第216页。
② 石益主编:《福建省志·教育志》,第584页。
③ 卓正明主编:《泉州市华侨志》,第234页。

范学校等诸多师范学校都是由近代海外闽商所创办。1936 年，福建省政府以"统制"为名，下令停办私立师范学校，从 1940 年开始，海外闽商停止捐办师范教育。这时期海外闽商捐资办学以兴建校舍为重点之外，还注重建设与办学相关的配套场所。如陈嘉庚在集美学村，不仅兴办各类校舍，还在校内建起电灯厂、医院、科学馆、图书馆、体育场等与办学相配套的场所和设施；胡文虎则捐款建设厦门双十中学体育馆。

为实现救国的志向，陈嘉庚于 1919 年返乡后决定筹建厦门大学，当年在厦门"陈氏宗祠"召开的大会上，宣布筹办厦门大学，并当场认捐厦门大学开办费 100 万元，作两年开销，复认捐经常费 300 万元，作 12 年支出，每年 25 万元。① 经过两年的筹建，学校初具雏形，设"师范"和"商学"二部，于 1921 年 3 月在厦门和南洋各埠招收新生 136 名，同年 4 月正式开学。厦门大学由此成为福建省当时唯一的一所大学，也是中国近代历史上第一所由海外华侨创办的大学。自 1921 年创校到 1937 年全面抗战之前的 16 年中，陈嘉庚筹集资金兴建校舍 40 多座，3000 余间，建筑面积近 6 万平方米，图书仪器及其他设备逐年增加，并附设动物博物院、植物院、气象台、生物材料处、物理机器厂、煤气厂、皮革厂。② 在陈嘉庚的影响下，其他海外闽商如黄奕住、李光前、叶玉堆、曾江水等人也都相继捐资厦门大学。1937 年春，陈嘉庚因经济困难，恐耽误厦门大学的发展，在反复思量后决定将大学交由国民政府接办，改为"国立"，自己得以集中力量兴办集美的学校。

近代海外闽商捐资兴办教育，人数众多，而且捐资数量庞大。以陈嘉庚为例，他自 1894 年开始，耗尽毕生的心血和财力，在家乡集美捐资创办了包括幼儿园、小学、中学、师范学校、职业学校在内，涉及幼儿教育、初等教育、中等教育、职业教育和师范教育的集美学村，他还资助福建其他地方的 70 所中小学，并创建了福建省第一所大学。据统计，陈嘉庚自 1904 年到 1931 年为止的 28 年间，经商收益 1331 万元（叻币），扣除业务上亏损的 386 万元以外，用于兴办教育的开支达 837 万元，占总开

---

① 陈嘉庚：《南侨回忆录》，岳麓书社 1998 年版，第 14 页。
② 石益主编：《福建省志·教育志》，第 594 页。

支的63%。① 其他如胡文虎、李光前、黄奕住、陈六使等也都是捐资数额较大的海外闽商。

近代海外闽商捐资助建的学校大多集中在1937年之前，全面抗战期间基本上未捐资兴建新的学校，1945年抗战胜利后，海外闽商才又重新捐资办学。据统计，1915年至1949年，华侨在福建捐资兴建大学1所，职业学校6所，中学48所，小学967所，捐资总额达2000多万元（折人民币），② 其中捐资的绝大多数金额来自海外闽商。

近代海外闽商的捐资兴办教育事业，是以兴办及助建各类学校为主，但为保证办学的经费，已有意识地设立教育发展基金。为使集美学校的办学经费有长久的保证，陈嘉庚和李光前、陈六使等在永安创办"集美事业股份有限公司"和"集友银行"，以每年盈利的20%补助集美学校。③ 为鼓励学生成才，还设立奖学基金。1924年陈嘉庚在集美学校设立"成美储金"，以资助毕业生升学或出国留学。

2. 捐资兴办文化体育事业

虽然近代海外闽商捐资兴办文化体育事业的数量极少，但已经迈出了起始的步伐。清代咸丰年间（1850—1861），南安人蔡启昌在吕宋经商，获利颇丰，捐资修建泉州文庙考棚和南安文庙、书院。1913年，海外闽商捐资兴建南安县第一所图书馆。1919年，由菲律宾华侨李连朝等人倡议创办的晋江县金井镇石圳村"圳山阁书报社"，得到李清泉的大力资助。

在体育运动方面，海外闽商则捐资助建体育运动场所。1935年，胡文虎捐资2万元修建福州体育场，并在1936年赞助闽南运动会。

3. 捐资医疗卫生事业

近代海外闽商捐资医疗卫生事业从清末开始。光绪四年（1878），泉州士绅成立泉郡施药局，为百姓施医赠药。成立后一直得到吴记霍等众多海外闽商的支持，他们或寄赠各类中西药材，或者直接捐款。对于教会创办的医院，如惠安仁世医院、泉州惠世医院等，海外闽商也都在20世纪初和30年代捐资帮助修建和扩建楼房。

---

① 林金枝：《华侨华人与中国革命和建设》，第579页。
② 吴同永主编：《福建省志·华侨志》，第217页。
③ 林国平、邱季端主编：《福建移民史》，第385页。

为更好地服务师生大众，海外闽商还在学校设立校医务室和门诊室，为广大师生提供医疗服务。1919 年，陈嘉庚创办集美学校校医室，次年正式成立医院。1921 年，陈嘉庚创办厦门大学时，在校内设立门诊室，方便厦门大学师生及附近居民看病。

海外闽商出于对家乡民众的感情，有些甚至就在出生地设立医院。1920 年，黄奕住在其出生的南安金淘乡下圩街顶创立金淘慈善医院。1930 年，菲律宾南安籍闽商吕双合、黄文兰和黄奕住在吕双合的出生地南安诗山创建同仁医院。20 世纪 20 年代中后期，海外闽商开始创建颇具规模的医院。1928 年，黄奕住和新加坡闽商兼当时担任厦门大学校长的林文庆联络厦门地方绅商，发起创办厦门中山医院。医院的筹建得到胡文虎、胡文豹兄弟，林金殿、林义顺等海外闽商的资助，其中胡文虎兄弟捐助 8 万元用于扩建院舍，黄奕住捐赠开办费 1 万元，林文庆从厦门大学医院在新加坡华侨中募得的 7 万多元抽出部分作为医院建院费用，加上厦门各界人士募捐，共得 6 万多元。① 1932 年医院动工兴建，1933 年正式开业。为培训医院护理人员，院内还附设一所护士学校，以满足医院对护理人员的需求。30 年代海外闽商捐资兴建的医院，还有 1931 年由海外闽商和地方人士共同捐资创办的鼓浪屿医院，凡贫困者来院诊治者，一律免除医疗费用。胡文虎在捐助厦门中山医院之外，还于 1937 年捐资 20 万元在福州创办福建省立医院。1946 年迁往厦门，1947 年改称福建省立厦门医院。1951 年后又改称为厦门市立第一医院，此名一直沿用至今。40 年代，陈嘉庚在同安县捐资建立同安医院，福清籍海外闽商杨奇源捐资创办福清华侨莆田圣路加合组医院等。

4. 慈善救济赈灾

近代海外闽商赈灾大多以商会的名义，有组织地发动海外侨胞对家乡受灾民众展开捐赠活动。清光绪二十六年（1900），福建发生水灾，菲律宾厦门籍闽商陈谦善在华侨中"倡捐巨款，并鸠集数万金备赈"②。光绪三十一年（1905），泉州发生水灾，菲律宾马尼拉中华商会捐资 1.67 万元，

---

① 江曙霞主编：《厦门市志》，第五册，第 3623 页。
② 林学增等修、吴锡璜纂：《同安县志》，卷三十六，《垦荒录附华侨》，民国十八年（1929 年）。

交由泉州捐赈局。① 1948年6月18日，福建发生严重水灾，省内多地遭受程度不等的损失，海外闽商获悉消息后，新加坡星洲福州会馆即在6月24日召集福州商业工会等单位代表，召开筹赈会议，讨论捐赠事宜。菲律宾、印尼、马来西亚等地闽商也都纷纷募集救灾款项汇往福建。除直接捐资外，海外闽商还捐赠物资。1927年漳州水灾，胡文虎即捐赠灾民急需药品。

近代海外闽商还捐资修建水利工程，以防止水患之灾。海澄县浮公镇霞郭村自古就海潮泛滥，田地经常被淹，百姓流离失所。先辈华侨曾捐资修筑堤坝，潮患有所缓解，但未能根绝。面对此种景象，1929年，以印尼海澄籍闽商郭美丞为首的60名海外闽商，捐资200两黄金，购得上海招商局的一艘万吨旧轮，填石沉入堤边，筑起一条60米的铁身长坝，成功治理海潮之灾。

捐资慈善救济机构也是近代海外闽商慈善事业的重要组成部分。如胡文虎捐资给福州救济院、福州惠儿院和泉州开元慈儿院等慈善机构，支持民间慈善救济事业。

5. 捐资修建基础设施

近代海外闽商在祖籍地捐资修建的基础设施以修桥筑路为多。早在清光绪年间，海外闽商就积极捐资为家乡改善交通条件。在南安，印尼闽商李耀垣捐资修筑山腰至后安、凤山至朱渊的20余里的道路，并兴建澳江桥；越南闽商雷骏声捐资修建青山岭北的崎岖山路和芦溪桥；菲律宾闽商蔡启昌捐资兴建安平、曾庄、社庄、后溪仔等处桥梁，并修建通往官桥、泉州、安海、岭兜等处大路。在永春，马来西亚闽商李士祚捐资重修永春到泉州通道上的"通仙桥"。他们是近代海外闽商捐资修建基础设施的先行人物。

民国时期，海外闽商参与捐资修建基础设施的人数更多，对于工程量大的项目，多采取集资的形式。1917年，安溪澳江盘石桥兴建时，专人赴南洋劝募，不仅安溪籍海外闽商纷纷捐助，其他地方的海外闽商也多有捐资。在捐资修建石桥之外，还出现了钢筋水泥材质的大桥。1930年，新加

---

① 卓正明主编：《泉州市华侨志》，第264页。

坡闽商李俊承首捐1万银圆，后募集海外闽商资本共7万多银圆，捐资修建永春当时最大的钢筋水泥结构的云龙桥。①

（二）改革开放前海外闽商在祖籍地兴办的福利事业

二战结束后，东南亚各国相继获得独立，虽然受到住在国排华政策的影响，但海外闽商凭借其原有的经济基础和经营经验，依然获得了一定程度的发展。新中国成立后，党和政府也十分重视华侨工作，制定一系列侨务政策来鼓励和调动海外华侨华人参与祖籍地经济建设的积极性，这也激发了华侨华人捐资兴办公益福利事业的热情。这时期海外闽商捐资多以教育、医疗卫生、基础设施及农业生产为主，也涉及文体事业。陈嘉庚率先在50年代捐资兴建厦门华侨博物馆。60年代以后，印尼、马来西亚、缅甸等地发生系列排华事件，这在不同程度上影响海外闽商在祖籍地的公益福利事业中的投入，有些国家的海外闽商甚至被迫中断与祖籍地的联系。

1. 捐资兴办教育事业

海外闽商除了捐资兴办新的学校外，还在前期捐资兴建的基础上，扩大办学规模。李光前于20世纪三四十年代在家乡南安捐资兴办了国专幼儿园、国专小学和国专中学，1952年，他又捐资200多万元，用于扩建国专幼儿园和国专小学外，还兴建国专中学教学楼、宿舍楼13幢，到1956年，李光前共捐资400多万元用于建设国专学村，国专学村也发展成为福建省内仅次于集美学村的著名学府。到1965年，海外闽商在福建捐资兴建中学共58所，小学400所。②

20世纪50年代，陈嘉庚、李光前及陈六使等人先后捐资280万元港币作为集美学村的校舍修复和扩建经费，除了集美学村中的中小学教育获得恢复和发展外，职业学校也进行了调整并获得进一步发展。1920年，陈嘉庚创办的集美水产航海学校在50年代前期增设了专业，到1958年学校分为水产学校和航海学校，之后水产学校又经调整发展成为福建省集美水产学校，并在60年代中期增设了5个专业。

在高等教育方面，陈嘉庚、李光前等人继续资助厦门大学，1951年投入800万元扩建厦门大学，从1951年到1954年，厦门大学先后建成楼房

---

① 卓正明主编：《泉州市华侨志》，第227页。
② 吴同永主编：《福建省志·华侨志》，第218页。

24 幢，59000 余平方米，相当于 1949 年以前全部校舍面积的一倍。① 1956 年，又捐资在校内修建一座游泳池，为学生提供健身休闲的场所。正是以陈嘉庚为首的海外闽商对厦门大学持续的捐资投入，在物质上为厦门大学的办学提供了强有力的支持，使得厦门大学一直保持一个高速发展的水准，1962 年，厦门大学被教育部列为全国重点大学。60 年代，由国家创办的面向海外侨胞办学的华侨大学，海外闽商也捐资助建。

据统计，从 1949 年到 1966 年，以海外闽商为主的福建华侨华人捐资兴学款额共达 5495.34 万元，平均每年 323.25 万元。②

2. 捐资医疗卫生事业

20 世纪 50 年代，海外闽商捐资医疗卫生事业的热情高涨。捐资数额和项目超出近代海外闽商对家乡医疗卫生事业的投入，分布范围也大为扩展。1951 年，印尼和泰国的龙岩籍闽商捐资 40 多万元创建龙岩县医院。1952 年，印尼的莆田籍闽商捐资 20.9 万元兴建莆田平民医院。此外，晋江安海医院，福清高山医院、龙田医院，南安华侨医院，龙溪县医院和石码医院，福州亭江医院等，都是海外闽商捐资兴建的医院。据福建省侨务部门统计，到 1959 年，福建全省由华侨捐资新建、扩建的医院有 20 多所，医疗所 13 所，③ 分布在晋江、南安、永春、同安、闽侯、龙岩、永定等 13 个县市。60 年代前期，海外闽商继续捐资兴办和助建医院，当时福建全省有 12 所侨办医院。但从 60 年代中期开始，海外闽商基本停止捐资兴办医疗卫生事业。

3. 捐资赠物支持家乡生产建设

20 世纪 50 年代以来，海外闽商热衷于在家乡捐资修建农田水利、水电的工程建设，如水库、水塘、抽水机站、水电站、自来水设备等。1953 年，李光前在南安梅山街捐资兴建自来水厂和电厂。这时期，海外闽商主要以物资捐赠和直接捐资的形式来帮助家乡发展农业生产。50 年代后期，为帮助家乡百姓发展农业生产，实现粮食增收，海外闽商在住在国采购大量化肥，捐赠给家乡。以晋江县为例，这期间海外闽商捐赠的化肥达

---

① 吴同永主编：《福建省志·华侨志》，第 217 页。
② 林金枝：《华侨华人与中国革命和建设》，第 672—673 页。
③ 吴同永主编：《福建省志·华侨志》，第 229 页。

11433 吨。① 70 年代初，印尼的南安籍闽商洪天紫汇款 40 万元帮助丰州围溪造田，经过数年的治理，增地数百亩。

4. 捐资修建基础设施

20 世纪 50 年代以来，海外闽商捐资参与家乡基础设施建设的积极性更高。1951 年，李光前在南安梅山捐资修建村路、校路、公路和芙蓉桥；新加坡南安籍闽商蔡多华为家乡修建两座跨溪大桥，方便村民出行。从 50 年代中后期开始，海外闽商在家乡的基础设施捐资多倾向于修建侨乡各村之间的车路，包括板车路和机耕路。与此同时，他们还捐赠汽车发展交通运输。60 年代初期，惠安籍海外闽商从香港购买数辆大卡车赠送给家乡，组成惠安县汽车队，后发展为惠安县汽车运输公司。一直到改革开放前，海外闽商对家乡基础设施建设的捐资助建都未停止过。

第二节　改革开放以来海外闽商与祖籍地的建设和发展

到 20 世纪 70 年代，海外闽商已成长为东南亚各国民族经济发展的一支重要力量，并形成一批颇具实力的东南亚海外闽商企业集团。1978 年中国实行改革开放，海外闽商资本再次进入祖籍地开展投资。

一　改革开放以来海外闽商在祖籍地的投资概况

中国香港和新加坡是海外华商的经济之都，两地对中国大陆的投资，绝大部分由海外华商完成。东南亚华商亦经这两个金融中心与经济都市走向中国大陆，直接来自东南亚各国的投资并不多。② 因此，改革开放初期进入福建的外资主要来自香港和东南亚，其中海外闽商资本所占的比例相当高。

早在 1979 年 7 月，中共中央、国务院下达《中共中央、国务院批转广东省委、福建省委关于对外经济活动实行特殊政策和灵活措施的两个报告》（中发［1979］50 号文件），决定对这两个侨务资源丰富的省份实行

---

① 吴同永主编：《福建省志·华侨志》，第 210 页。
② 龙登高、张洵君主编：《海外华商在中国：2014 中国侨资企业发展报告》，中国工商联合出版社 2014 年版，第 9 页。

特殊政策和灵活措施，设立经济特区，率先利用外资进行经济建设。1980年10月，国务院批准成立厦门经济特区，面积为2.5平方千米。1982年，印尼福清籍闽商陈应登在厦门投资建立印华地砖厂，福建诞生改革开放后的第一家海外闽商独资企业，也是当年第一家外商独资企业。

1984年，根据邓小平视察厦门经济特区时的指示，厦门经济特区的范围由原来的2.5平方千米扩大至全岛。同年，福州也被列为全国14个开放城市之一。1985年，中央批准建立福州经济技术开发区，批准厦门、漳州、泉州等11个县市为闽南经济区，福建沿海地区初步形成多层次的对外开放格局。福建各地政府为吸引外资，也加大了对基础配套设施的建设。1986年，在国务院颁布鼓励外商投资规定后，福建省政府结合实际情况，颁布了《福建省人民政府贯彻国务院〈关于鼓励外商投资的规定〉的补充规定》（闽政［1986］84号），具体落实国务院的规定。之后又颁布相关规定，明细了具体的投资优惠政策和措施。由此，福建省外资投资环境逐渐改善。从1984年起，外资对福建的投资有较大幅度的增长，当年福建省实际利用外资就达4828万美元，超过1979年到1982年利用外资的总和，1985年更是达到1.18亿美元。[①] 1985年，中国工商银行福建省分行、福建投资企业公司、厦门经济特区建设发展公司和香港泛印集团有限公司合作投资的厦门国际银行，注册资本8亿港元，第一期实收资本4亿港元，中方共占股份四成，实际控股股东为印尼莆田籍闽商李文光旗下的香港泛印集团，占到六成的股份，[②] 这个项目成为当年福建省最大的外资投资项目之一。

20世纪90年代之前，来祖籍地投资的海外闽商，多为中小经济实力的商人，资本额相对有限。海外闽商企业集团投资祖籍地的数量不多，且相当部分海外闽商在祖籍地的投资并不是以其住在国商人的身份，多经由香港并在当地重新注册公司后，作为港商通过投资中小项目进行试探。

1992年邓小平南方谈话后，改革开放进一步深入，海外华商纷纷看好中国经济发展前景。海外闽商也从之前的试探性投资，逐渐增加投资或是

---

① 《福建统计年鉴（2016）》，5—14实际利用外商直接投资金额（1979—2015年），福建省统计局网，http://tjj.fujian.gov.cn/tongjinianjian/dz2016/index-cn.htm。

② 鲁涛：《中国第一家中外合资银行厦门国际银行开幕》，《中国金融》1986年第4期。

更多地倾向于投资大型项目，呈现出长久且稳定的投资经营布局。海外闽商企业集团巨头如印尼的林绍良、林文镜、李文正、黄奕聪，菲律宾的陈永栽、施至成、郑周敏，新加坡的黄祖耀、李成义，马来西亚的郭鹤年、郭令灿等开始大笔资金、大规模地进入祖籍地投资，他们的投资多为长期投资，集中在基础产业和设施建设等大型项目上，所涉及的投资金额数量也较为庞大。如李文正的力宝集团属下的香港大地集团控股华阳公司，组建福建华阳湄洲开发有限公司，于1992年获得投资开发福建湄洲岛的资格，计划用20年的时间投资19亿美元兴建包括基础设施、旅游度假区、工业区等项目。但就投资企业的数量来看，海外闽商中小企业的投资依然占据多数，其特点是资本额有限，企业盈利稳定。

为保证香港回归后港资依然能够享受以往的权益，福建省人民政府于1997年7月颁布《福建省人民政府关于批转香港居民在福建省申办个体工商户、设立私营企业登记管理试行办法的通知》（闽政［1997］24号）。同年，福建省人民政府颁发《福建省进一步鼓励外商投资的若干规定》（闽政［1997］15号），制定了进一步鼓励外商投资的政策规定。为使政策落实到位，1998年，又颁发了《福建省人民政府关于〈福建省进一步鼓励外商投资的若干规定〉的补充规定》，同年，福建省九届人大四次会议通过《福建省保护华侨投资权益若干规定》（2002年修订），对华商在福建投资的合法权益作出相关规定。投资环境的持续优化，加上华商投资权益得以保障，海外闽商在福建投资的积极性明显增强，投资额度呈现稳中有升之势。其间，1997年开始的亚洲金融危机，虽然对海外闽商投资福建产生一定的冲击，但影响不大，基本保持往年的投资额度。东南亚海外闽商在经历1997年亚洲金融危机之后，其中部分闽商着手对原有企业进行资产重组，调整产业结构。

从2002年起，海外闽商对福建的投资再次呈现连续增长的态势。改革开放以来至2016年，福建省累计实际利用侨资918.44亿美元，占实际利用外资总额的79.57%。[①] 与浙江相比，投入福建的侨资在外资中的比例相对更高，占到外资在闽投资的七成以上。

---

① 裴质斌：《李德金到省侨办调研　肯定福建侨务工作》，《福建侨报》2017年2月17日。

二 海外闽商在祖籍地投资的特点

（一）以工业制造业为主，第三产业增势明显

改革开放初期，海外闽商对祖籍地的投资环境并不了解，基于对投资形势的观望，他们投资祖籍地以"三来一补"为主要形式，从事来料加工、来样加工、来件装配和补偿贸易。由于这些产业属于劳动密集型产业，技术要求低，入行门槛低，因而获得较为快速的发展。在侨乡晋江，仅1979年就有40家海外闽商与当地签订27份协议，加工项目14个，有针织毛衣、渔网、玩具、服装、五金机械、电子制品装配、皮革制品、制衣、珠宝等，① 多为轻工业，且投资额度非常小。

20世纪80年代中期以来，随着投资环境和基础设施建设的逐步改善，海外闽商投资祖籍地的大中型项目增加，并倾向于在经济技术开发区展开集中投资，资本较多地投入工业领域，主要集中于鞋类、服装、玩具、食品、塑胶制品等技术含量低的劳动密集型产业。90年代以来，增加对第三产业资本的投入，其中房地产业和批发及零售贸易业、餐饮业的增长较快，尤其是房地产业，成为海外闽商在祖籍地投资规模最大的行业之一。

海外闽商在祖籍地的投资与其在住在国的行业分布的特点相一致，即以劳动密集型的工业制造业为主，且占据总投资的大半份额。海外闽商在住在国有着丰富的经营第三产业的经验，在投资祖籍地时，他们也将在这方面投资擅长经营的房地产业、金融业、零售商业、酒店服务业等行业发展至祖籍地。

（二）多以香港为其投资祖籍地的基地

香港作为国际自由贸易港，在历史上就有作为中国海外"移民、贸易、金融的中途站"的传统，② 加上地理及种族等方面的因素，长期以来就是东南亚海外闽商展开投资贸易的重要地方和规避资本风险的良港，也是东南亚华商与中国大陆进行商贸往来的中介与桥梁。中国改革开放之后，香港作为国际金融、贸易、航运和商业中心之一，更是成为海外闽商

---

① 陈苗主编：《晋江市志》，上册，生活·读书·新知三联书店1994年版，第610页。
② ［日］滨下武志：《香港大视野：亚洲网络中心》，马宋芝译，香港商务印书馆1997年版，第56页。

投资祖籍地的重要基地，海外闽商资本尤其是海外闽商企业集团，很多并不是直接投资祖籍地，而是通过其设在香港的子公司来展开对祖籍地的投资。一方面，20世纪以来，东南亚海外闽商在住在国的经济发展，不时地会受到住在国政局动荡及当局排华政策和势力影响，致使他们在住在国的发展并不平稳，为保护自身的经济安全，分散经济风险，他们往往将资本投向海外。而东南亚华商在香港的贸易传统及香港自身的优势地位，使得香港一直以来都是东南亚华商也包括东南亚海外闽商投资的重中之重。另一方面，改革开放初期，东南亚各国原住民对华商资本投向中国存有疑虑和戒心，加上部分国家延续至今的排华政策和势力，使得东南亚海外闽商不得不谨慎面对。为防范风险，他们往往先将资本投向香港，海外闽商企业集团自70年代开始就陆续在香港设立海外投资控股机构，之后通过这些控股机构以港资的名义对祖籍地展开投资。和浙江一样，福建利用的外资也以香港资本为主，但福建利用的港资中相当部分来自东南亚海外闽商在香港注册投资的资本。虽然难以统计投入福建的港资中属于东南亚华资的数额，但菲律宾和印尼闽商通过香港对福建的投入远大于以其本国商人名义对福建的投资。

（三）投资建立各类经济开发区，吸引外资推动祖籍地经济的发展

东南亚海外闽商企业集团发展至20世纪80年代，多已成长为多元化经营的跨国企业集团，不仅在住在国经济中占有重要的地位，而且在东南亚乃至整个亚太地区都具备一定的实力。实力异常雄厚的海外闽商，在投资祖籍地时希望能够最大限度地发挥他们的经济优势，带领祖籍地民众脱贫致富，走上快速发展之路。其中部分海外闽商选择在祖籍地投资建立各类经济开发区，吸引更多的海外资本在开发区内集中投资，以帮助家乡摆脱经济布局分散的困境，增强经济的竞争力。海外闽商在祖籍地最早建立的经济开发区，是1987年由印尼福清籍闽商林文镜和林绍良牵头建立的融侨开发区。1987年，印尼福清籍闽商林子金响应林绍良和林文镜的号召，在开发区内创办了第一家外资公司——冠源鞋业公司。此后，外资陆续投入开发区，其中大多为福清籍海外闽商。到1992年，融侨工业区发展已初具规模，经国务院批准成为国家级经济技术开发区。在海外闽商投资开发区的示范作用下，台资和外资企业也纷纷入驻融侨开发区。发展至

今，融侨经济技术开发区已形成以电子信息产业、食品制造业、塑胶业、机电制造业、玻璃加工等行业为主的产业链。90年代初期，林文镜又在福清投资创办元洪投资区和元载工业村。

类似的由海外闽商投资设立的工业区和开发区在福建各地纷纷出现。在晋江，有新加坡闽商黄加种投资的安平工业综合开发区、菲律宾闽商陈文栋投资的东海埯开发区、施至成投资的福埔开发区等；在南安，有香港闽商吕振万投资创办的蟠龙工业综合开发区等。资本实力雄厚的海外闽商，以在祖籍地投资的工业经济区为基地和依托展开招商引资，从而最大限度地调动起优势力量来推动祖籍地经济的发展。

三 海外闽商在祖籍地经济发展中的地位和作用

（一）有利于促进当地产业结构的优化升级

20世纪90年代之前，海外闽商在祖籍地的投资基本上集中在以制造业为主的第二产业上。经济发展，对于产业结构的优化升级势在必行。90年代以来，为进一步推动经济的发展，中共中央和国务院决定加快第三产业的发展，这就为拥有丰富的第三产业发展经验的东南亚海外闽商在祖籍地发展第三产业，提供了大量的机会和良好的发展前景。在国家鼓励第三产业发展政策的导向下，海外闽商将其在祖籍地的投资领域扩大至金融、房地产业、商业贸易业、酒店服务业等服务行业，这些产业本就是东南亚海外闽商在住在国经营的优势产业。在近代，房地产业一直都是海外闽商投资的重点行业之一。90年代初期，海外闽商对祖籍地房地产业的投资更是达到一个新的高峰，之后，在国家宏观政策的调控下，走向较为平稳的发展水平。他们以其在房地产业运营多年的经验和在国际投融资及国际商业网络方面的优势，将祖籍地的地产资源与国际资本、商业网络紧密结合，引入先进的地产运营理念，为房地产业走向国际化和专业化起到很大的助推作用。

在金融业领域，海外闽商凭借他们多年以来成功的发展经验，在投资祖籍地金融行业方面可谓驾轻就熟，具备娴熟的投资运作和管理技能。他们有的在祖籍地设立分支银行，如陈嘉庚创办的集友银行、李成伟的华侨银行、黄祖耀的大华银行、陈永栽的首都银行等都在厦门等地设有分行。

有的直接在祖籍地创设银行,如陈永栽于1993年在厦门投资成立新联商业银行,由陈永栽的菲律宾联盟银行控股,为外商独资银行;2012年郑少坚的首都银行在泉州设立分行,成为当地第一家外资银行。也有海外闽商与其他企业合资成立银行,如1992年三林集团与中国银行福建信托咨询公司在福州成立的福建亚洲银行。

整体来看,海外闽商在祖籍地的投资,多结合其在住在国的发展特点和优势行业,将其所擅尤其是在祖籍地第三产业的发展和推进上,发挥其独有的优势,助推福建的产业结构趋向更为合理的方向转型和升级。

(二)海外闽商在祖籍地的投资是福建省建设资金中外资的主要来源

改革开放之前,福建经济基础薄弱,又处于"海防前线",中央和地方的投资都十分有限,重点大型工程项目与福建几乎无缘,经济发展也相对落后。1953—1978年,福建省基本建设投资总额仅为全国的1.4%。1978年,福建人均GDP 270.6元,仅相当于全国平均水平374.5元的72%。[①] 正是由于投入资金的不足,使得福建经济发展水平长期以来低于全国的平均水平。改革开放以来,拥有丰富侨力资源的福建发挥侨务优势,通过制定各类鼓励华侨华人回乡投资建设的政策法规,努力改善基础交通设施等措施,吸引众多海外闽商回乡投资。改革开放初期,福建省的外资来源基本上为港澳、日本、美国、菲律宾、印尼、新加坡、马来西亚等少数几个国家和地区,其中海外闽商的投资占到相当高的比例。海外闽商资本的进入,为福建经济建设和公共基础设施的改善开辟了新的资本投入来源。在兴建码头、港口、高速公路、机场、工业园区、经济技术开发区、城市的旧城改造方面,海外闽商无不投入巨资参与其中,由此有效地保证了充足的建设资金,还大大加快了福建改善基础设施建设的步伐。从2013年至2017年的五年中,福建实际利用侨资323.8亿美元,占福建全省实际利用外资的80%以上。[②] 可见海外闽商资本在福建经济建设中所占分量之重。

海外闽商在祖籍地的投资主要集中在泉州、厦门、福州、漳州、莆田、龙岩等海外侨胞较多的地区,数以万计的以出口为导向的侨资企业的

---

① 林金枝:《华侨华人与中国的关系》,第411页。
② 《福建五年利用侨资323.8亿美元》,《人民日报·海外版》2018年1月11日。

创办,将当地的企业和市场逐步带向国际化,地方经济也获得了飞速的发展。以泉州为例,在改革开放之前,泉州仅是一个人均生产总值为 171 元的以农业为主的小县。改革开放以来,泉州大力吸引海外闽商前来家乡投资兴业,从起初的"三来一补""订单生产"等形式,从事外销产品的生产加工,获取的盈利解决了众多民营企业创办初期面临的资金不足问题。在成功发展"三来一补"的基础上,海外闽商资本大胆投资祖籍地,发展侨资企业。在侨资企业的带动和引领下,民营经济迅速崛起,与以海外闽商为主的外向型经济相互促进,形成纺织鞋服、玩具、食品等一批特色产业。得益于海外闽商资本对当地经济的带动,泉州经济增速迅猛,1985 年国务院批准撤销晋江地区,泉州市升格为地级市。2007 年,泉州地区生产总值、人均地区生产总值分别为 2289 亿元、29664 元,与 1978 年相比,分别以年均 17.7%、15.6%的速度增长,[①] 2018 年,泉州市完成地区生产总值 8467.98 亿元,经济总量连续 20 年位居福建省首位。[②] 目前在泉州的 1 万多家外资企业中,侨资企业的比例就占了七成以上。[③]

(三) 在"以侨引侨""以侨引台""以侨引外"中起着中介作用

海外闽商在住在国经历多年的发展,其中许多人与住在国的企业家及政府上层人士关系密切,也是长期以来西方企业投资东南亚的重要合作方。香港和台湾也是东南亚海外闽商企业集团长期投资的重要地区,因而,他们与港台地区企业有着较为频繁的贸易合作关系。对于熟悉祖籍地传统商业文化和先行投资的海外闽商而言,他们往往在祖籍地的"以侨引侨""以侨引台""以侨引外"中起着重要的中介和带动作用。1983 年,厦门经济特区开始基础建设,外资的引进成为当时紧急要务。已在厦门投资的香港晋江籍闽商陈金烈,竭力说服有意到大陆投资电子产业的香港闽商柯俊文到厦门投资办厂。为促成投资,陈金烈数度自费专程陪同柯俊文前往内地考察,最终成功说服柯俊文。1985 年,柯俊文的康力公司在厦门成立厦门华侨电子企业有限公司,为当时全国规模最大的三资电子企业。

[①] 中国特色发展之路课题赴福建省泉州市调研组:《利用侨资带动经济起飞——福建省泉州市经济社会发展调查》,《人民日报》2008 年 10 月 30 日。

[②] 王雄:《2018 年泉州经济运行情况 GDP 连续 20 年位领跑全省》,2019 年 1 月 27 日,闽南网,http://www.mnw.cn/quanzhou/news/2120603.html。

[③] 《泉州举行侨商会一届四次会》,《人民日报·海外版》2017 年 5 月 18 日。

海外闽商在祖籍地的成功发展，也成为吸引外资的活"招牌"。由林文镜和林绍良牵头投资的福清融侨经济技术开发区最初入区投资的多为东南亚海外闽商，在他们的带动下，引入台资和港资。1990年，林绍良投资福清时，引入台湾杭州籍浙商潘方仁的潘氏集团，和他的林氏集团共同出资组建冠捷电子（福建）有限公司，在其创立的福清融侨经济技术开发区建设生产基地。冠捷电子成为改革开放以来台商到大陆建厂生产的先驱，此后，融侨经济技术开发区吸引了大量的台资进入。开发区中的洪宽工业村，成立于1990年，经过二十多年的建设，已成为福建省著名的"台湾村"，截至2012年4月，工业村落地企业136家，其中台资98家，总投资19亿美元。① 随着这些企业自身持续快速地成长和发展，吸引了韩国、日本、美国、德国等十几个国家和地区的投资者入驻。目前，融侨经济技术开发区已形成以电子信息、汽车玻璃、机电制造等为主的现代产业群。2014年，开发区实际利用外资6301万美元，完成工业总产值756.28亿元。②

在很多大型项目中，海外闽商更是利用其非凡的国际融资能力，牵头引领侨、港、台、外资一并加入。正如李文正在开发福建湄洲湾忠门半岛时所言："仅我个人力量只能拿出1亿美元，但我是搞金融的，和日本、美国、英国、法国、德国、瑞士等国家的银行、财团有合作，可以把他们的资金吸引进来。"③

第三节　改革开放以来海外闽商与祖籍地的公益福利事业

改革开放以来，海外闽商再次掀起捐资祖籍地的热潮。他们在先辈捐资修建项目的基础上，再度捐资扩建，追加捐赠；或直接捐资新项目。还有部分海外闽商的捐助跨越大半个世纪，在中断了与祖籍地多年的联系后，改革开放之后再次捐资祖籍地的公益福利事业。与海外闽商经济实力

---

① 《洪宽工业村概况》，2012年11月7日，福清融侨经济技术开发区网，http://www.fredz.gov.cn/news_view.asp? NewsID =434。

② 《福清融侨经济技术开发区（2015卷）》，2015年12月8日，福清融侨经济技术开发区网，http://www.fredz.gov.cn/news_view.asp? NewsID =1045。

③ 国务院侨办政研室：《当前华人大企业家来华投资的特点》，《侨务工作研究》1992年第6期。

相对应，他们的捐资额度和项目数均超出以往任何时期，在一定程度上既弥补了政府在公益福利事业方面经费的不足，又推动着祖籍地教育、文体及公益福利事业的发展。据统计，截至2017年，闽籍侨胞在福建捐赠达280.9亿元。① 具体到福建地方，截至2014年，福州市海外侨胞捐赠公益事业总额折合人民币达55亿元；② 截至2016年，泉州市接受海外侨胞捐资兴办公益事业款项超过113亿元③。在泉州南安，2017年，南安市海外华侨华人、港澳同胞在该市内捐资兴办公益事业总额达15541万元，项目220个，成为全国唯一一个连续24年侨捐超亿元县（市）。截至2017年，南安接受海外侨胞捐资兴办公益事业达28亿多元。④

一 改革开放以来海外闽商在祖籍地的捐资办学事业

（一）捐资兴建、助建各类学校

1. 捐资兴建、助建高校

近代以来，陈嘉庚创办厦门大学，开海外华商在国内创办高等院校之先河，在陈嘉庚的示范作用下，李光前、陈六使等众多海外闽商纷纷捐资助建厦门大学，为厦门大学的快速成长提供了充裕的物资后备条件。改革开放以来，海外闽商追寻先辈的足迹，继续捐资厦门大学，从厦门大学校园中竖立起来的一栋栋由众多海外闽商捐资修建的建筑便知其投入之多。20世纪80年代以来，海外闽商在厦门大学捐建的项目有菲律宾晋江籍闽商佘明培捐建的明培体育馆、香港的晋江籍闽商桂华山捐建的电镜楼、菲律宾晋江籍闽商许自钦捐建的自钦楼、菲律宾晋江籍闽商蔡清洁捐建的蔡清洁楼、香港的泉州籍闽商黄克立捐建的克立楼、香港的惠安籍闽商黄保欣捐建的保欣丽英楼、林国泰捐资兴建的林梧桐楼等。为改善教学科研条件，海外闽商还捐赠先进的教学仪器设备、图书、标本等物。当厦门大学到马来西亚设立分校时，海外闽商也一如既往地予以大力的支持。2014年，马来西亚闽商李深静捐资3000万元，助力厦门大学马来西亚校区主

---

① 严瑜：《侨这四十年，与国共奋进》，《人民日报·海外版》2018年12月14日。
② 李晖：《华侨累计捐55亿元助福州办公益事业》，《福州晚报》2015年10月28日。
③ 林璐、陈芝：《打造侨务工作泉州品牌——记全国侨办系统先进集体泉州市外侨办》，《福建侨报》2017年7月7日。
④ 兰乔生：《全国唯一 南安侨捐连续24年超亿元》，《福建侨报》2018年2月14日。

楼群一号楼建设。

海外闽商除了继续捐资厦门大学之外，对于在20世纪60年代初曾经捐资助建过的华侨大学（1970年被撤销停办，直到1978年国务院批准复办）也一如既往地捐资。据统计，从1963年接受第一笔华侨捐赠起，截至2018年，华侨大学共接受华侨捐赠数百项，捐资总额近5亿元。① 其中部分海外闽商多次进行捐资助建。早在80年代初期，华侨大学复办时急需仪器设备，菲华教学楼和华文学院新大门的兴建，都由陈永栽捐资促成，2011年他更是捐资5000万元，建设华侨大学华文教育培训中心——"陈延奎大楼"②。

在老一辈海外闽商捐资兴办教育的影响下，20世纪80年代初回到家乡的缅甸泉州籍闽商吴庆星，有感于家乡的贫困和落后，决定在家乡兴建"仰恩工程"。这项工程包括教育培训中心、科技示范中心和新技术开发基地。其中兴办教育培训中心即创办"仰恩学院"，通过创办高校培养急需的技术人才来带动当地经济的发展。1986年，吴庆星捐资3000万元创建"仰恩学院"。1987年3月开始全面动工兴建，至1988年9月，学校的教学大楼、礼堂、教职工和学生宿舍、体育馆等教学主体设施先后建成，并在这年正式在全国范围内招生。所设专业与当地经济发展建设紧密相连。学校起初由福建省教委和华侨大学共同管理，挂靠华侨大学，次年脱离华侨大学成为一所独立的全日制普通高等院校。1994年，经国务院批准，仰恩学院由吴庆星家族组建的仰恩基金会独立承办，学校更名为"私立仰恩大学"，赋予学校高度的办学自主权。

在独立创办高校外，海外闽商还捐资福建省内其他多所高校，为高校的发展捐资助力。1998年，泉州师范高等专科学校、泉州教育学院、泉州师范学校三校合并，2000年教育部批准正式升格为泉州师范学院。三校合并以来，在泉州市政府提出"办好泉州师院，建设泉州大学"后，泉州籍海外闽商便在物质上给予最大的资助，助建师院的各项工程。截至2006年年初，为建设泉州师院，泉州籍海外闽商捐建的工程共有

---

① 孙虹：《华侨大学一批侨捐工程分别在泉州和厦门校区落成》，2018年12月8日，中国新闻网，https：//m.chinanews.com/wap/detail/zw/hr/2018/12-08/8695937.shtml。

② 灵一、杨家灿：《侨领捐5000万元建华文培训中心》，《石狮日报》2011年12月23日。

20栋,认捐款项达1亿多元。① 2014年8月,陈永栽向泉州师范学院捐资2700万元人民币,用于建设"陈延奎大楼",为菲律宾华裔学生学中文夏令营和汉语国际推广工作提供教学及住宿场所。② 福建莆田学院至2011年累计接受社会各界捐赠资金近1亿元,其中以海外闽商为主的侨胞捐赠即达80%以上。③ 2017年,菲律宾石狮籍闽商许明良捐资2000万美元,支持学校组建福建师范大学索莱达学院,面向菲律宾开展高层次人才培养培训工作。④

福建省内其他高校如福建音乐学院、龙岩学院、黎明职业大学、福州大学、集美大学、福建农林大学、闽江学院等也都得到海外闽商的捐助。

2. 捐资兴建、扩建及资助基础教育

近代以来,海外闽商在祖籍地捐资兴建的中小学校和幼儿园就达千余所,其中以创办的小学最多。改革开放以来,海外闽商对以幼儿园和中小学校为主的基础教育的捐资更是不遗余力,扩建和兴建了知名的学村。李光前于20世纪30年代投入巨资创办的南安光前学村,在其去世后,其子李成义、李成智、李成伟秉承父亲兴学育才的遗志,先后捐资1亿多元用以改建和扩建光前学村。至2005年,光前学村已成为拥有从幼儿园到中小学、中专在内的包括医院、图书馆和美术馆等教学配套设施齐全的现代化学村,学村内共有学校13所,师生人数达12000多人,成为海外闽商捐资兴学的一个经典榜样。1985年,印尼安溪籍闽商李尚大和李陆大,共同捐资6000多万元兴建了包括幼儿园、中小学、农业学校和财经学校在内的安溪慈山学村,成为继集美学村和光前学村之后配套最齐全的现代化教育学村。自1995年开始,黄奕聪陆续捐资8000多万元兴建奕聪学园,建成包括幼儿园、小学、初中、高中在内的奕聪学园。其他如南安的蓝园学村、泉州的仰恩学村等都是改革开放以来由海外闽商兴建的学村。

在扩建和兴建学村之外,海外闽商更多的是捐资助建中小学校。以福

---

① 林志鸿:《港商捐建泉州师院九工程》,《香港文汇报》2006年3月15日。
② 陈丽娟:《旅菲侨胞陈永栽 获授泉州捐赠公益事业功勋奖》,2014年12月5日,东南网,http://qz.fjsen.com/2014-12/05/content_15343566.htm。
③ 陈鸿鹏、朱秀兰:《捐资8000多万元力挺莆田学院》,《福建侨报》2011年11月11日。
④ 陈芝:《校友宾朋捐资2亿多元》,《福建侨报》2017年11月24日。

建安溪为例，自改革开放以来，海外闽商就大力捐助教育事业，截至2014年，捐建校舍金额超5000万元的就有慈山学园、梧桐中学、培文学校；超1000万元的有陈利职专、安溪一中、蓝溪中学、安溪八中、铭选中学、金火中学、江水学校和培文霭华幼儿园；捐赠百万元以上的有13所中学、7所小学、5所幼儿园。另捐资设立75个教育基金。全县由海外闽商捐资兴学的有45所中学、202所小学和18所幼儿园，办学总金额的投入达5亿多元。① 据统计，泉州80%以上的学校多得到过海外闽商的捐助，② 由此可见海外闽商对祖籍地教育事业的投入之多。这从他们捐资助建的部分学校也可窥见一二，参见表4—4。

表4—4　改革开放以来部分海外闽商捐资助建基础教育一览表

国别或地区	籍贯	姓名	项目或用途	年份	金额或实物
菲律宾	南安	李玉树、陈秀琼夫妇	南安新营中学	1981—2011	1120万元人民币
马来西亚	安溪	林梧桐	梧桐中学	1983—2007	5300万元人民币
印尼	晋江	郭文梯	季延中学	1989	3000多万元人民币
新加坡	安溪	钟江海	铭选中学	1990	1000万元港币
新加坡	南安	陈水俊	南安鹏峰中学	1994	860万元人民币
新加坡	南安	陈水俊	福建南安师范学校	1995	100万元人民币
新加坡	南安	陈水俊	福建南安师范学校	2010	350万元人民币
香港	晋江	陈永建	晋江养正中学新校区	2012	2000万元人民币
新加坡	永春	郑仓满	仓满幼儿园	1995	285万元人民币
新加坡	永春	郑仓满	仓满幼儿园	2012	80万元人民币
印尼	泉州	黄奕聪	泉州市奕聪学园	1995—2004	2464万元人民币
印尼	泉州	黄奕聪	奕聪中学高中部	2005	5000万元人民币
美国	连江	林尚德	连江尚德中学	1998—2007年年底	8100万元人民币
泰国	南安	李引桐	南安蓝园高级中学	2000	2000万元人民币

---

① 陈克振：《安溪侨捐公益超10亿元》，《福建侨报》2015年3月27日。
② 陈小芬：《全市超8成学校受到侨捐资助》，《东南早报》2011年11月11日。

续表

国别或地区	籍贯	姓名	项目或用途	年份	金额或实物
新加坡	云霄	陈东平	陈岱中心幼儿园	2001—2012	238万元人民币
新加坡	永春	颜彣桦	永春五中颜林瑶琴大楼和运动场	2005	410万元人民币
新加坡	永春	颜彣桦	永春一中颜诚光艺术馆	2012	300万元人民币
印尼	福清	林绍良	福清元载中学	1994	1230万元人民币
印尼	福清	林绍良	元洪师范学校	1983—1996	1000万元人民币
菲律宾	晋江	王孝岁 王孝等 王孝琼	晋江沙塘中心小学教学楼、大礼堂、科技楼	2008	350万元人民币
美国	福州	林清华 林清武 林良顺 林存举	福州琅岐吴庄华侨小学	2010	512万元人民币
印尼	闽清	黄双安	闽清一中图书馆	2009	500万元人民币
意大利	将乐	胡永步 杨兰芳夫妇	将乐县泽坊永步小学教学综合楼	2010年	90万元人民币
香港	泉州	陈守仁	泉州一中综合教学楼	2012	400万元人民币
印尼	安溪	施金城	安溪培文小学、培文师范学校、培文实验高中、培文丽馨幼儿园、培文蒇华实验幼儿园、培文颜明幼儿园	1982年至今	1亿多元人民币
菲律宾	晋江	王国阔 王国益家族	晋江市玉溪实验小学	2018	1550万元人民币
加拿大	晋江	王国标	晋江新塘街道杏田中心幼儿园	2018	1000万元人民币

资料来源：福建省侨办、《福建侨报》、安溪新闻网、《晋江经济报》、中国新闻网、洛江教育信息网、连江新闻网、东南网、永春教育信息网、闽清县教育局网、将乐教育信息网等。

（二）创办教育基金会，设立各种教育研究基金、奖教金及奖学金

海外闽商在祖籍地捐资助学的历史悠久，且参与人数众多，投入资金更是巨大，因而，在 20 世纪 70 年代之前，他们就已积累了丰富的捐资办学经验。早在三四十年代，陈嘉庚、李光前等在祖籍地兴办教育事业，考虑到教育事业的长足发展，选择通过设立基金的形式来保证学校有充裕的后续办学经费和良好的发展前景。改革开放以来，海外闽商在进一步提升祖籍地教育事业基础设施建设的基础上，多以创办教育基金会的形式来资助教育。以泉州为例，1983 年，泉州的教育基金会有 50 个，基金总额 146 万余元，其中由海外侨胞创办的教育基金会 27 个，基金数额 130 万元。至 2002 年，教育基金会发展至 843 个，基金总额 4.32 亿元。[①] 海外闽商设立的教育基金会涵盖校级、县市级和省级等多个层面，捐资形式既有个人独资也有团体或数人集资。所捐资金或存于中国大陆、港澳台和外国银行取以利息，或从其投资企业获利以专门用于教育投入，以基金会的形式助建学校、设立奖教金等。1982 年，马来西亚晋江籍闽商蔡松火捐资 11 万元港币创立了"朱幼娟教育基金会"[②]，这是海外闽商在祖籍地设立较早的基金会。捐资金额巨大的要数印尼南安籍闽商黄仲咸，他从 50 年代开始捐资南安的教育事业，1990 年设立福建省黄仲咸教育基金会，之后兴建南安必利达大厦和厦门必利达大厦，以这两座大厦的收益作为基金会持续运作的资金来源，并不断投入资金充实基金会。至 2014 年，黄仲咸教育基金会在福建省已出资 5000 多万元，奖助 85050 人次。在其家乡南安，奖教 1 万多人，助学近 2 万人。[③] 晚年更是将几乎全部的家产捐赠给基金会，可谓倾其所有来资助祖籍地的教育事业。

海外闽商设立的教育基金会以奖励和资助大中小学生、助建和捐赠学校硬件设施、奖励教师教学科研、高校学科发展等为其主要内容，在

[①]《在泉州市教育基金会第三届理事会成立大会上的讲话（郑建树）》，2003 年 3 月 27 日，泉州市教育局网，http://www.qzedu.cn/content.aspx?uni=7298143e-6acc-427d-b534-55ac47abadc6。

[②]《侨心呵护 侨校腾飞》，《晋江经济报》2009 年 10 月 7 日。

[③] 黄耿煌：《黄仲咸教育基金会 每年捐赠千万元 热心公益不止步》，2015 年 6 月 19 日，泉州网，http://www.qzwb.com/gb/content/2015-06/19/content_5130562.htm。

基金会的运作下，学校的长足发展得到了有效的经费保证，教学整体质量得以提升，有力地推动了当地教育事业的发展。因海外闽商在祖籍地设立的教育基金会数目众多，仅晋江侨声中学，就设有 10 个教育基金，[①] 其中 5 个教育基金由海外闽商设立。在此只能列举部分代表，具体参见表 4—5。

表 4—5 　　部分海外闽商在祖籍地成立的教育基金（会）一览表

捐资人	籍贯	所在国家或地区	基金会名称	捐资年份	原始基金额
李玉树	南安	菲律宾	新营中学玉树教育基金会	1982 年以来	1120 多万元人民币
郑文尧	永春	马来西亚	郑信顺夫人基金会	1984	100 万新加坡币
王文斗子女	安溪	中国香港	厦门市王淑景、王文斗基金会	1988	200 万元港币
施子清	晋江	中国香港	施子清家族教育基金会	1987	283 万元港币
			施子清家族—厦门大学中青年教师培养基金会	1997	100 万元人民币
香港集友银行股东	厦门	中国香港	集友陈嘉庚教育基金会	1989	560 万元港币
李成义、李成智、李成伟	南安	新加坡	南安市芙蓉基金会	1991 年以来	1.7 亿元人民币
林绍良 林文镜	福清	印尼	福清市元洪教育基金会	1994	每年 54 万元人民币
李贤义	石狮	中国香港	石狮银江李施红娘家族教育基金会	2001 年以来	200 多万元人民币
郭文梯	晋江	印尼	福建省郭文梯教育基金会	2004	212.44 万元人民币
卢祖荫	石狮	菲律宾	卢祖荫教育基金会	2008	500 万元人民币
林世哲	永春	中国台湾	林世哲教育基金会	2008	400 万元人民币

---

① 《侨声中学：捐资兴学和侨校文化的缩影———旅菲东石镇联乡会、侨声中学校友会换届"双庆"大典侧记》，《晋江经济报》2009 年 5 月 19 日。

续表

捐资人	籍贯	所在国家或地区	基金会名称	捐资年份	原始基金额
蔡明泼	晋江	法国	泉州市凯辉教育基金会	2003	100 万元人民币
			蔡文初、郭红柑伉俪教育基金会	2011	100 万元人民币
朱伟平	武平	加拿大	武平朱金堂教育文化基金会	2015	160 万元人民币
庄炳生	晋江	菲律宾	庄材涂教育基金	2016	300 万元人民币
傅港生	南安	澳大利亚	南安市侨光中学傅港生基金会	2016	600 万元人民币

资料来源：福建省侨办、《福建侨报》、泉州市教育局网、厦门网、福建省侨情资料库、厦门市人民政府网、《福清侨乡报》、中国侨网、晋江市季延中学网、福建省人民政府网、新华网、福建省教育厅网等。

海外闽商除设立专门针对教育的基金会和教育基金之外，还不断扩展基金会的外延，但其资助项目仍以教育为主。如新加坡泉州籍闽商何瑶煌于 1986 年设立的泉州贤銮福利基金会，便是以捐资教育为主，并于 1988 年设立"贤銮奖"，成立至 2018 年，共有 13954 名优秀学子获得"贤銮奖"，共发放奖学金、助学金 2071.85 万元。[①] 印尼南安籍闽商黄正泉于 1984 年创办的黄欲水基金会也以捐资教育为主，成立以来，鼎力支持南安诗山中学、南安中学，至 2011 年，已捐资诗山中学近 1000 万元。[②]

海外闽商还以其在住在国设立的基金会，对祖籍地展开捐助。最著名的便是由李光前和李成义父子于 1952 年创立的新加坡李氏基金会，自 80 年代以来先后捐巨资于厦门大学、集美大学、光前学村和华侨大学，大力资助家乡的教育事业。在厦门大学，李氏基金会从 1995 年起陆续捐资

[①] 曾聪红：《泉州侨胞设贤銮奖 31 年资助学 累计捐资逾 2000 万》，2018 年 8 月 16 日，国务院侨务办公室网，http：//www. gqb. gov. cn/news/2018/0816/45274. shtml。

[②] 《爱国侨亲情系诗中，百万巨资助学子成才》，2011 年 9 月 18 日，南安教育信息网，http：//www. najyw. net/tougao/go. asp? id = 42425。

1600多万元翻修了20世纪50年代初由李光前捐资修建的建南楼群;① 2007年,捐资1000万新加坡币用于资助厦门大学医学院和护理学院的建设和发展;② 2011年,再次捐资3500万新加坡元建设厦门大学翔安校区;③ 其对祖籍地教育事业的捐资力度可见一斑。海外闽商在捐资建立基金会,以基金会的形式推动教育事业之外,还在各校设立各类奖教学和助学基金,与教育基金会共同助力祖籍地的教育事业。如澳大利亚闽商李明治的"福建福光基金会",从1995年起,在福建省高校设立"福光奖教奖学金""福光奖学金""福光博士生奖""福光博士生助学金"等多个奖项,奖励高校师生的学习和教学科研工作。因此类奖励基金数量众多,在此不一一列举。

二 改革开放以来海外闽商在祖籍地兴办的公共事业和公益事业

(一)捐资医疗卫生事业

海外闽商自近代以来就在祖籍地捐资兴办医疗卫生事业,尤其是20世纪30年代之后,捐资兴建和扩建的医院、卫生院等医疗机构的人数逐渐增多,范围涉及福建十几个县市地区。改革开放以来,海外闽商加大力度捐资助建祖籍地的医疗卫生事业,一方面他们通过捐资赠物为之前兴建的医院充实力量。如李光前于1951年在家乡南安创办的国专医院,由其子李成义于1994年择址建立新院,捐资2294万元港币建立泉州市光前医院,建成后再次捐资1170万元,用于购置先进医疗和制药器械。如今已发展成为一所集医疗、急救、预防、保健、康复、教学和科研于一体的二级甲等综合医院,极大地改善了当地民众的就医条件。海外闽商于1928年捐资创建的厦门中山医院在1988年成立中山医院基金会时,再次获得他们捐赠的大量善款和先进的医疗设施、药品及医学资料的支持。1998年,菲律宾石狮籍闽商黄光坦、王爱友共捐资1700万元兴建的石狮华侨

---

① 杨伏山:《厦大建成一批跨世纪标志性建筑群》,2011年4月7日,中国新闻网,http://www.chinanews.com/2001-04-07/26/83875.html。
② 王逸凡:《陈嘉庚家族的爱国兴学情结》,《华人世界》2007年第11期。
③ 陈悦:《厦门大学90周年校庆 各界捐赠近7亿兴学》,2011年4月5日,中国新闻网,http://www.chinanews.com/edu/2011/04-05/2952366.shtml。

医院落成，目前已发展为二级甲等医院。① 福建省内其他如南安中医院、晋江罗山医院、闽侯良浩医院、莆田市第一医院、石狮泉州中医院、惠安县医院、福清市虞阳医院、福清海口医院、福州苍山医院、厦门眼科中心、石狮市医院等诸多医院都得到海外闽商的捐资。捐资大多用于助建医疗门诊及住院大楼等基础建设，并捐赠救护车、CT、心电图等相关医疗设备。

另一方面，海外闽商还直接捐建医院和卫生院。1991 年，香港的安溪籍闽商钟江海、钟明辉、钟琼林联合捐资 1000 万元港币兴建安溪"铭选医院"，建成后有综合大楼、住院部及传染病房等主体大楼 10 栋，附属配套工程 14 项。1993 年铭选医院与安溪县医院合并，钟江海及家人捐资 110 万元用于购买医疗仪器设备。钟江海的儿子钟棋伟、钟仁伟和钟英伟兄弟继承父亲捐助医疗的慈善精神，于 2007 年捐资 200 万元兴建铭选医院"钟江海科研教学楼"②。医院的规模和技术实力在海外闽商的捐资助建中不断地获得提升，目前已经发展成为福建省规模较大的县级综合性医院。海外闽商在捐建医院方面还进行细分，建立儿童医院、妇幼保健院等针对专门人群的医疗机构。如菲律宾晋江籍闽商林志中于 1990 年独资捐建泉州市儿童医院，先后投入 1200 多万元，兴建了一所现代化的儿童医院，成为当时福建省规模最大的全民所有制儿童综合性医院，极大地缓解了当地儿童就医难的问题。在村镇一级，就医问题相对突出，海外闽商更是不遗余力地捐建卫生院和医院，方便百姓就医。1999 年，新加坡安溪籍闽商李陆大捐资 20 万元，用于湖头医院购置 120 急救车辆和医疗设备。2006 年又在湖头镇捐资 900 万元兴建安溪陆大医院，③ 解决当地村镇众多百姓就医难的问题，医院在 2011 年建成并投入使用。2004 年，新加坡云霄籍闽商陈东平回乡时目睹村民就医困难，于是捐资 210 万元兴建陈岱镇中心卫生院，④ 以改善家乡的医疗环境。2013 年，南安金淘镇卫生院综合

---

① 许长财：《华侨医院举行成立十周年庆典》，《石狮日报》2008 年 4 月 9 日。
② 吴清远、倪晓东、林永传：《祖孙三代一门侨贤 一脉相承泽被故园》，《福建侨报》2012 年 8 月 24 日。
③ 郭冰德、章财根：《李陆大捐建的湖头医院落成》，《海峡导报》2012 年 7 月 30 日。
④ 林琳、王一雄：《悠悠桑梓情——新加坡侨胞陈东平 13 年热心公益事业》，《闽南日报》2013 年 9 月 13 日。

楼建设资金短缺，澳大利亚南安籍闽商傅港生当即捐资 110 万元，[①] 从而保证综合楼的如期完工。

（二）捐资基础设施建设

海外闽商在捐建基础设施建设方面仍以修路筑桥、自来水工程、机场建设、水利工程、修建电站、架设电线等为主。20 世纪 80 年代以来，海外闽商捐资修建的道路包括村道、街道及标准化公路。其修路筑桥参与人数之多难以详尽地罗列，在晋江、石狮、南安等侨乡，大部分的乡村道路和重要桥梁，都是由海外闽商为主体的侨胞捐资兴建的。在泉州，据相关部门统计，截至 2011 年，全市由海外闽商为主捐资修建的路桥建设投入达数亿元，修建公路和乡村大道数千条，总长一万多千米，并架设桥梁数百座。[②] 在安溪，截至 2014 年，海外闽商捐建的桥梁共有 162 座，捐建的公路和水泥路共有 221 条。[③] 部分海外闽商更是投入巨资建设家乡的基础设施，以期改变家乡的落后面貌。如林绍良和林文镜在 1984 年捐资 150 万元用于拓宽改建融城至宏路的元洪路；1989 年，林绍良与印尼福清籍闽商林国民共同捐资 240 万元修建从融城至海口的元华路；1995 年，又与林国民、王朝亮合捐 540 万美元，拓宽元华路。1991 年，林绍良捐资 1700 万元修建海口镇塔下至青屿之间的元载大桥，[④] 从而极大地改善了当地的交通状况和投资环境。在改善家乡交通基础设施方面，海外闽商甚至捐资修建机场。1993 年，政府批准原为军用的晋江机场可以扩建为军民合用机场，但建设资金完全由地方自筹解决。获悉情况后，洪祖杭、许健康、施至成、郭文梯等晋江籍海外闽商纷纷捐资助建，社会捐资达 1.7 亿多元，其中海外闽商成为社会捐资的主力，为保证工程建设的顺利进行起到了很大的作用。2017 年，为建设连江县琯头镇壶江岛的壶江大桥，海外闽商在短短几个月里捐款 1800 多万元，为工程建设提供了资金保障。

从 20 世纪 80 年代初到 90 年代前期，为使村民喝上安全的饮用水，海外闽商纷纷捐资兴建乡村自来水工程。在水利工程建设方面，海外闽商较

[①] 陈鸿鹏：《傅港生千万元回报母校》，《福建侨报》2016 年 1 月 8 日。
[②] 泉州市外侨办：《泉州市华侨捐赠公益事业硕果累累》，《侨务工作研究》2012 年第 2 期。
[③] 陈克振：《安溪侨捐公益超 10 亿元》，《福建侨报》2015 年 3 月 27 日。
[④] 陈仁杰：《他把毕生的爱献给了家乡——记林绍良先生捐资公益事业之善举》，2012 年 6 月 18 日，福清侨乡报网，http://www.fqqxb.com/Article/cf/201206/9304.html。

多地捐建水渠，保证农田的灌溉。最为引人注目的是福清市的闽江调水建设工程，从1993年动工至2003年竣工通水，总投资4.8亿元。其中仅林绍良、林文镜先生就捐资2亿元，①占到整个工程费用的近半。为了保证工程的顺利推进，切实解决福清的缺水问题，海外闽商可谓群策群力。

可以这样说，祖籍地较大的基础建设工程项目，均有海外闽商的踊跃捐资和参与，浓浓的爱乡之情使他们自然地献出一份力量。从乡村道路到大型的工程建设，海外闽商捐资数额虽有多少，但无不希冀通过自己的力量推动祖籍地的发展。

（三）捐资体育文化休闲设施

自改革开放以来，海外闽商在捐资兴办学校、建立体育运动场馆之外，还注重兴建和扩建面向广大民众的体育运动场所，包括篮球场、排球场、羽毛球馆、网球场、游泳馆、体育馆等诸多形式。据泉州体育运动委员会统计，至1990年，泉州市各地有中小运动场106个，其中50%为华侨、港澳同胞捐建，全市1917个篮球场，237个排球场，大部分也由华侨、港澳同胞捐资修建。②1992年兴建的泉州市体育中心的1场9馆，总投资额为1.5亿元，③其中包括陈永栽捐资1000多万元兴建的陈延奎体育场，印尼泉州籍闽商吴家熊捐建的吴家熊国术馆，香港地区的南安籍闽商吕振万捐建的吕振万游泳馆。其他如安溪梧桐体育馆、南安体育馆、晋江祖昌体育馆、永春县仓满体育场、永春县棣兰体育馆等，都是海外闽商捐资数额较大进行修建和助建的。2000年由林梧桐捐资修建的安溪梧桐体育馆，捐资金额更是达到2500万元，④建筑面积达8000平方米，拥有2150个座位，是一座兼市民锻炼和比赛于一体的现代化体育场馆。同时，海外闽商捐资设立了众多体育基金会，如晋江金井毓英体育基金会、磁灶体育基金会、石狮宽仁华侨体育基金会等，以体育基金会的形式促进祖籍地体育事业的发展。

海外闽商关心家乡民众的文化休闲生活，在祖籍地捐资兴建了许多影

---

① 阮锡桂、任君翔：《高标准·大手笔——县级城市规划建设述评之二》，《福建日报》2010年1月21日。
② 卓正明主编：《泉州市华侨志》，第255页。
③ 泉州市外侨办：《泉州市华侨捐赠公益事业硕果累累》。
④ 牟家和、王国宇：《亚洲华人企业家传奇》，新世界出版社2010年版，第137页。

剧院、图书馆、阅览室、青少年宫、博物馆、文化活动中心等文体休闲场所。海外闽商在祖籍地捐建的影剧院，遍布侨乡各地。1981年，以福清籍海外闽商为主的侨胞捐资200万元，建立拥有1730个座位的福清华侨影剧院，成为当时福建省县一级中规模最大、设备最先进的影剧院。仅在福清，到1992年，由海外闽商为主捐建的影剧院就有20多家。① 泰国平和籍闽商杨棉木于2016年捐资80万元在平和福塘村建设山地公园，辟园供乡亲休闲。②

为丰富家乡民众的精神文化生活，海外闽商捐资兴建图书馆和阅览室。1978年，菲律宾晋江籍闽商重建1919年由菲律宾华侨李连朝等人倡议创办的圳山阅书报社，为村民提供文化休闲活动中心。1985年，福清籍海外闽商合捐90万元，兴建福清县华侨图书馆。1988年，菲律宾晋江籍闽商杨贻瑶捐资500万元兴建厦门图书馆。③ 其他县市一级的如福清市图书馆、石狮图书馆、安溪县图书馆、晋江图书馆等均为海外闽商捐建和助建。在村镇一级，海外闽商也捐建了众多的图书馆和阅览室。1988年，泰国安溪籍闽商陈芳明就在家乡溪榜村兴建大众图书馆，并设专项资金每年取息添置新书和报刊，为村民学习和阅读创设良好条件和环境。1995年，李光前的儿子李成智在南安梅山镇捐资350万元港币兴建李成智公众图书馆，是当时福建省16个国家一级图书馆中唯一设在农村的图书馆，建筑面积达3000余平方米，藏书近12万册，年接待读者超过15万人次，其中农民占了1/3。④ 如今，在福建各侨乡，由海外闽商捐资的乡村图书馆越来越多，阅读已逐渐成为村民业余文化生活重要的组成部分。海外闽商还捐资兴建和助建专门针对青少年活动的场所，如福清元洪青少年宫、泉州青少年宫，都是海外闽商捐资的青少年活动中心。近年来，海外闽商还资助文化事业的发展。2006年，陈江和捐资3000万元助建厦门小白鹭艺术中心，⑤ 成为厦门市一座高品质的现代化专业舞台。

---

① 中共福清市委党史研究室编：《福清华侨史》（2003年印刷稿），第331页。
② 章友和：《平和侨亲回乡捐资助学》，《福建侨报》2016年12月30日。
③ 吴同永主编：《福建省志·华侨志》，第220页。
④ 许雪毅：《闽南侨乡南安：小村庄有个国家一级图书馆》，2011年11月1日，中国新闻网，http://www.chinanews.com/qxcz/2011/11-01/3428096.shtml。
⑤ 胡永时：《新加坡"金鹰"捐建"小白鹭"》，《人民日报·海外版》2006年12月22日。

博物馆也成为海外闽商在祖籍地捐资的重要文化项目之一。1996年建成的泉州华侨历史博物馆，在海外闽商的积极努力下，筹得1000多万元的建设资金，工程得以顺利完工。新加坡闽商郑添文捐资建立泉州华侨文博基金，以用作博物馆征集涉侨文物、开办展览的经费。2005年开建的长乐华侨博物馆，总投资1200万元，其中美国长乐籍闽商捐资达80%，[①] 占据其中的主要份额；2010年开馆的龙岩华侨史博物馆也接收海外闽商的捐资，其中捐资50万元以上的就有8位。[②] 新加坡安溪籍闽商唐裕则捐赠中国第一大茶壶馆——安溪"万壶馆"，展示其毕生收藏的3万件茶壶。

在居民的休闲生活方面，海外闽商大力兴建了诸多的文化活动中心、老年活动中心、公园等休闲活动场所。1987年由晋江籍海外闽商捐资的溜江文化中心，是海外闽商80年代捐资兴建的规模较大的文化中心，建筑面积达1800余平方米，内设有阅览室、藏书室和迎宾厅等。[③] 近年来，海外闽商投资建设文化活动中心的数量更是猛增。在长乐，仅2011年，就有美国的薛良侯捐赠38万元，用于首占镇丰山村孝里自然村怀乡亭建设；黄文海捐赠33万元，用于湖南镇蔡宅村文化娱乐中心建设；美国的石国碧和法国的石忠胜分别捐赠30万元，用于古槐镇中街村南石文化活动中心建设。[④] 2012年落成的长乐南石文化中心集资600万元建成，其中海外闽商捐资200多万，[⑤] 占工程款项的1/3，内集宴席厅、棋牌室、阅览室等多个功能室为一体。为使老年人晚年生活安度充实，海外闽商专门捐资创设大量的老人活动中心。在福清江镜镇，到2011年，全镇几乎所有村居都建有老人活动中心，捐建的金额绝大部分来自海外闽商。[⑥]

在物质生活日益富裕的侨乡，海外闽商的捐资重点更多地转向捐助旨在提升民众精神文化生活和休闲娱乐生活的公益项目，捐资范围也大为拓

[①] 李竑：《福州侨乡纪行：海那边的家》，2012年7月5日，中国新闻网，http://www.chinanews.com/zgqj/2012/07-05/4009540.shtml。

[②] 罗姝、王耀辉：《龙岩华侨历史博物馆正式开馆》，《闽西日报》2010年11月14日。

[③] 吴同永主编：《福建省志·华侨志》，第221页。

[④] 潘星：《情系桑梓 福建长乐籍海外侨胞热心捐资办公益》，2012年3月10日，人民网，http://world.people.com.cn/GB/157278/17261988.html。

[⑤] 潘星、林力：《海内外乡亲捐资600万建成南石文化中心》，《福建侨报》2012年7月13日。

[⑥] 陈仁杰：《江镜侨联分会：引领华侨捐资建村老人活动中心》，2012年7月26日，福清新闻网，http://www.fqxww.cn/news/benbu/2012-07-26/41475.html。

宽，以满足不同人群的业余文体休闲生活。

（四）海外闽商捐资的其他公益慈善事业

20世纪90年代之前，为支持祖籍地民众脱贫致富，海外闽商多以捐资赠物支持家乡的工农业生产建设事业。在农业生产方面，海外闽商主要捐资化肥、拖拉机、柴油机、抽水机、货车等农用物资，或者捐资兴办农业种植及加工生产企业等。在工业生产方面，海外闽商直接捐资兴办工业企业。1980年，由海外闽商捐资720万元兴建福建华侨罐头厂，① 这是改革开放以来福建省第一家由海外闽商捐资兴办的工厂，为全民所有制企业。同年，林文镜的洪宽基金会在家乡福清溪头村筹集200多万元兴办机砖厂，之后又陆续办起米粉厂、养猪场、果林场、拖拉机运输队等村办企业。到1984年，产值比1980年翻三番，1986年人均年纯收入达到750多元，户均存款8000多元，成为闻名遐迩的富裕文明村。②

海外闽商还非常注重推动祖籍地科技事业的发展和中高级人才的培养。早在1990年，印尼福清籍闽商王丹萍就捐资创办"王丹萍科学技术奖金福建省基金会"，基金会设立"福建省王丹萍科学技术奖"。该技术奖旨在对在福建从事自然科学研究活动中取得突出成绩的科技人员予以奖励，以促进福建省科学技术的进步和发展。同年由澳大利亚闽商李明治捐资2000万元港币成立"福建福光基金会"，其宗旨在于为福建培养中高级经济管理人才。

在赈灾方面，海外闽商延续一直以来的传统，历次祖籍地的水灾、台风等自然灾害，都会自发地参与到祖籍地的赈灾事业中。在扶贫帮困方面，海外闽商通过捐资设立慈善扶贫基金和慈善基金会对老弱病残等困难群体开展福利救济工作。1996年，李引桐在南安设立"梅山扶贫专用基金"，扶助全镇的特困户。或直接捐资慈善总会。香港泉州籍闽商丁宗寅于2010年向泉州慈善总会捐资1000万元，③ 由慈善总会直接实施慈善福利事业。也有海外闽商在慈善会中再设立慈善基金。2010年，香港的泉州籍闽商叶建明、叶华雄父子，捐赠300万元港币，设立泉州市鲤城区慈善

---

① 吴同永主编：《福建省志·华侨志》，第211页。
② 吴同永主编：《福建省志·华侨志》，第183页。
③ 王晓、陈玉珍：《斯兰集团捐赠善款1000万元》，《泉州晚报》2010年2月22日。

会叶建明、叶华雄基金，用于扶贫、济困、助老等慈善资助项目。① 在安溪官桥镇，仅上苑村一个村，就设有两个慈善基金会，分别是台胞廖锡嘉于 1998 年捐资 50 万元人民币创设的廖郁德慈善基金会；港胞廖振芳于 2000 年捐资 120 万元人民币创设的廖振芳慈善基金会，他们每年都拿出利息按慈善基金会管理机构议定的金额资助慈善对象。② 也有海外闽商捐资成立专门的福利机构。1993 年，香港南安籍闽商蔡世亮在家乡诗山捐资 800 多万元创办福建省第一家农村乡镇福利院——南安市诗山福利院，免费收养孤儿和赡养鳏寡老人，从衣食住行到上学治病全部包揽，至今已抚养约 400 名孤儿及贫困儿童。③

海外闽商在福建省的"侨爱工程"中，在以自己的财力资助新农村建设、推进地方教育事业、改善民生文体休闲生活、从事慈善福利事业及牵线引资中发挥了巨大的作用。在福州 2008 年首批授牌的"侨爱工程——万侨助万村活动" 16 个项目中，海外闽商捐资近 1 亿元。其中林文镜和陈存明分别捐资 3600 万元和 3000 万元，在福清市阳下镇溪头村、城头镇五龙村建设侨爱新村，林绍良捐资 1000 多万元在海口镇牛宅村修村路建文化中心。④ 投入资金之巨，参与项目之广，极大地改善了村民的生活环境和质量，推动着新农村建设和发展。2012 年，海外闽商还与福建省侨联携手创立福建侨心公益基金，首期募捐 1.63 亿元人民币，支持福建经济、文化、科技、教育、卫生及华侨事业的发展。⑤

三 改革开放以来海外闽商捐赠的特点

（一）捐赠资金来源以东南亚海外闽商为主

海外闽商在祖籍地捐赠的资金来源以东南亚海外闽商为主，这与福建

---

① 《旅港乡贤捐资 300 万元港币设立慈善基金》，2010 年 3 月 5 日，福建侨联网，http：//www.fjql.org/qxgj/b271.htm。
② 廖荣榆：《华侨华人、台港澳同胞与侨乡建设》，福建师范大学硕士学位论文，2009 年，第 35—36 页。
③ 苏勇：《南安诗山福利院——孩子回"娘家"欢聚》，2017 年 2 月 1 日，泉州网，http：//www.qzwb.com/gb/content/2017-02/01/content_5524188.htm。
④ 郭仲仁、闵乔：《福州侨爱工程》，《福建侨报》2008 年 11 月 10 日。
⑤ 陈鸿鹏、陈榆：《福建省侨商联合会绽放正能量 捐资 1.63 亿创立"福建侨心公益基金"》，《福建侨报》2012 年 9 月 7 日。

华侨华人的国别分布有着密切的关系。由于历史的原因，福建华侨华人90%以上集中在以马来西亚、印尼、菲律宾、新加坡为主的东南亚国家。这些国家的闽籍华侨华人在20世纪50年代以后伴随着东南亚各国民族经济的发展而迅速成长，到70年代形成了一批颇具实力的海外闽商企业集团。在改革开放以后，他们纷纷再度捐资祖籍地，截至2016年，泉州市接受海外侨胞捐资兴办公益事业款项超过113亿元，即达到福建省海外侨胞捐资总额的四成以上，而泉州90%的海外侨胞都集中分布在东南亚国家。加上厦门、福州地区东南亚海外侨胞的捐赠，保守估计占据捐赠总额的六成以上。以港资为主的捐赠中，由于诸多海外闽商企业集团都在香港设立投资机构，之后再以港资身份投资祖籍地，其捐赠的金额很大程度上也都表现为港资，因而，很多港资的捐资额中，东南亚海外闽商捐资资本占有相当份额。福建海外闽商捐资的主力无疑为东南亚海外闽商。东南亚海外闽商相对于其他国家的海外闽商而言，具有雄厚的经济实力，这也直接反映在其对祖籍地的捐资额度上。因而，福建省自改革开放以来接受的捐赠资金来源以东南亚海外闽商为主。

（二）捐资金额较大者多为在中国大陆投资规模较大者

海外闽商在祖籍地捐资金额较大者，大多数均在中国大陆有投资事业。其中部分海外闽商在大陆的投资较多地集中在祖籍地福建。海外闽商中在祖籍地投资规模较大的有林绍良、林文镜的三林集团，他们主要以投资福州和福清为主。林文镜的融侨集团很长时间总部设在福州；与此相应的，他们在福建的捐资额均在4亿元以上，且集中在福州和福清两地。① 部分海外闽商在大陆的投资更多的是在福建以外的省份，虽然他们在福建的投资较少，但这并不影响他们对祖籍地的捐赠，如黄奕聪的金光集团，投资浙江、江苏、广西、海南等地，其对福建以外省份的投资远远超过对福建省的投资，但其在福建省的捐资则超过1亿多元。②

---

① 根据林仁杰《记林绍良先生捐资公益事业之善举》，2012年6月19日，福清新闻网，http://www.fqxww.cn/fqg/2012-06-19/40591.html，融侨集团网站统计。
② 《福建省人民政府关于表彰华侨捐赠我省公益事业突出贡献奖的决定》，闽政文〔2010〕156号，2010年5月14日，福建省人民政府网，http://www.fujian.gov.cn/zwgk/zxwj/szfwj/201006/t20100607_253339.htm。

截至 2010 年，福建省捐资超亿元的海外闽商为 13 位。① 从选取的对祖籍地捐资超过 1 亿元的 10 位海外闽商的样本来看，其中只有三位在福建和中国大陆其他省份有很少的投资额度，即黄仲咸、李陆大和李引桐，尤其是黄仲咸，捐资超过 5 亿元，② 但其在福建投资的项目很少，主要是捐资兴建"南安必利达大厦"和"厦门必利达大厦"，以此两座大厦的收益作为其基金会持续运作的资金来源，除此之外，基本没有投资。

（三）海外闽商捐资历史悠久且领域广泛，成熟运用基金会运作模式

海外闽商相对于海外浙商而言，因其在海外悠久的发展历史，早在近代就已形成商帮群体的合力，在对祖籍地的捐资中，不仅历史悠长，而且涉及领域广泛，改革开放前对祖籍地的捐资总额远远超出海外浙商，在长期捐赠资金相对充裕的前提下，他们无论是在住在国还是在祖籍地的慈善福利事业方面，都积累了丰富的经验。在改革开放以后，他们将这些成熟的经验运用于经营祖籍地的公益福利事业中。海外闽商对祖籍地的各项捐资大多以基金会的形式运作，因此，各种公益类型的基金会成为海外闽商在祖籍地捐资的主要模式，其中以教育基金会为捐资最多的项目，其他如慈善基金会、扶贫基金会、科技基金会等名目繁多的基金会，均为海外闽商在祖籍地开展公益福利事业的具体运作模式。基金会是国际上对于捐赠的一种通用做法，以规范化和组织化的运作模式，为具有丰富公益管理经验的海外闽商提供良好的中介服务。相对于政府部门，基金会在处理公益福利事业方面，更具灵活度和专业性，并较少受到政治、经济等外界因素的影响和制约，在公益运作方面具有更高的效率。考虑到基金会对公益慈善事业的持续作用，众多海外闽商在设立基金会的同时，便通过创办专门用于支持基金会运作的企业，以企业获利来支撑；或以基金会存取资金利息等形式，来保证基金会对公益事业的良性运作。

---

① 徐占升、邱秀秀、徐淑梅：《爱国爱乡 拳拳之忱：在外乡亲踊跃投身祖国建设》，《福建日报》2011 年 6 月 22 日。
② 黄育基：《赤子情怀：黄仲咸助学半世纪》，《泉州晚报》2011 年 12 月 19 日。

第四节　海外闽商与祖籍地关系的提升与引导

一　海外闽商在祖籍地投资的提升与引导

（一）海外闽商在祖籍地投资存在的问题

海外闽商在祖籍地投资存在的问题，与海外浙商一样，都有着融资难、投资软环境欠佳等问题，除去这些要素，近年来海外闽商投资祖籍地还存在以下三个方面的问题。

1. 海外闽商投资祖籍地的侨资企业质量不高

海外闽商在祖籍地投资的侨资企业中，传统劳动密集型的制造业企业占据很高的比例，投资高新科技产业的比例不高。近年来，第三产业一直保持较为稳定的增长。虽然海外闽商在第三产业的投资有利于祖籍地产业结构的优化，但其在第三产业领域的投资主要偏重于房地产业和零售商业。尤其是房地产业，投资比例过大，2000年以来，海外闽商在房地产业的投资比例逐年上升，仅次于他们对工业制造业的投资，这种过高比例的投资房地产业，容易滋生经济泡沫，整体经济发展也会变得相对脆弱。第三产业中的零售商业也是海外闽商非常擅长投资的领域，但他们在祖籍地对现代服务业的投资涉及不多，科技含量偏低。

2. 福建侨资企业难以吸引和留住中高级专业技术人才

海外闽商经营投资的历史悠久，在住在国也取得了突出的成就。尤其是海外闽商企业集团，多拥有雄厚的资本实力和大批优秀的企业经营管理人才。福建省海外人才资源也十分丰富，但愿意回到祖籍地服务工作的高层次人才很少。尤其在侨资企业中普遍缺乏高级专业技术人才，这就在很大程度上制约了企业的发展和转型。引进人才又面临诸多现实难题，如多数侨资企业仍停留在劳动密集型产业的加工制造上，技术含量低，缺乏核心竞争力和持续发展的动力，这些因素都导致企业缺乏足够的实力来吸引和留住优秀的科技人才。

3. 海外闽商在祖籍地的投资意愿下降，资金加速流向外省市

在改革开放初期，海外华商回祖籍地投资，很大程度上是出于爱国爱乡之情。但也不可否认，各类投资优惠政策带来的利益驱动也是吸引海外

华商回祖籍地投资的重要因素。他们利用祖籍地低廉的劳动力资源和各项投资优惠政策，在推动祖籍地经济发展的同时自身也获得了很大的发展。2002年以后，海外闽商在祖籍地投资享受的各类优惠措施相继被取消。2002年，福建省废止了《福建省鼓励归侨侨眷兴办企业的若干规定》，并修改了《福建省保护华侨投资权益的若干规定》，其中第七条明确"华侨投资享有本省鼓励外商投资的一切待遇"，即侨资企业的优惠政策参照外资企业执行。2005年，福建省政府颁发的《福建省人民政府关于进一步做好利用外资工作的若干意见》（闽政〔2005〕13号），几乎没有对外资的优惠措施。福建省制定的吸引台资的优惠措施，侨资企业也无法享用。而浙江省政府于1992年颁布《浙江省关于鼓励华侨和香港澳门同胞投资的规定》，对华侨华人投资祖籍地的鼓励性政策和措施一直到2008年才废止。2010年浙江省政府颁发的《浙江省人民政府关于进一步做好利用外资工作的若干意见》（浙政发〔2010〕65号），对包括华资在内的外资依然保留了部分的优惠政策，如在税费政策方面，对国家服务外包示范城市符合条件的技术先进性外资服务企业，从事离岸服务外包收入免征营业税，减按15%的税率征收企业所得税。正是由于福建省在吸引华商投资方面相对于其他省份而言，政策优惠力度小，海外闽商在祖籍地的投资意愿明显下降，资金加速流向中西部地区优惠政策措施较多的省份。部分在祖籍地投资多年的海外闽商企业集团也将大笔资金转投外省。

海外闽商经历了百余年的发展历程，特别是进入21世纪，企业集团多已由第二代、第三代接班，他们中的大多数人并没有如老一辈海外闽商般浓厚的爱国爱乡的热情，更多的是作为投资者理性的心理。因而，他们在中国大陆投资的区位选择，主要以资本收益为其准则。在中西部地区招商引资优惠政策的引导下，这部分资本就很容易流入。

（二）海外闽商在祖籍地投资的提升与引导

1. 合理引导产业结构调整，以产业升级为导向进行招商引资

针对海外闽商在祖籍地投资中存在的产业结构问题，如果不进行合理的引导，将不利于产业结构的升级。以往传统的招商引资模式，如以优惠政策、基础环境和产业环境为主导的招商模式，使得大量的资本投向传统工业制造业。受困于各种内外因素的影响，在祖籍地发展多年的海外闽商

所投资的行业并未有多大改变,这也制约着他们进一步发展的空间。在优惠政策日趋减少的情况下,海外闽商选择更多的是将产业转移至有较多优惠政策的中西部地区。事实上,在1997年亚洲金融危机之后,东南亚海外闽商已经有意识地在调整和优化产业结构。在这样的背景下,福建省要努力完善针对侨资企业发展的鼓励措施,可以借鉴浙江、江苏等利用侨外资较好的省份的做法。对于国家和地方鼓励投资的高新技术产业,对原有企业进行技术升级改造的侨资企业,给予减免所得税、营业税等方面的优惠政策,以有利于产业升级的项目为导向展开招商引资。推动侨资企业与当地科研机构合作,设立企业的专项研发机构,政府可出台相关政策扶持企业的技术创新,使企业将生产与研发紧密结合,培养企业的核心竞争力。并充分利用海外闽商的国际商贸网络和雄厚资本,在新能源、信息产业、生物工程和技术等新兴产业领域促进侨企和内企的合作,创造新的经济增长点。海外闽商在祖籍地投资的服务业中,已经初步显示出其在金融业方面的运作优势,在此基础上,除大力扶持地方金融、商贸等配套产业的发展外,可鼓励海外闽商发展包括物流、咨询等行业在内的新兴服务业。

2. 营造良好的人才环境,多渠道引进人才

中高科技人才是一个企业生存和发展最重要的资源要素。当前福建省引进人才更多的是针对个人人才的引进,忽视对人才团队的引进。固然,个体的中高级人才引进相对于人才团队要容易,但现代企业中很多研发项目的进行都是以团队的形式来开展和完成的。因此,在引进中高级科技人才时,可通过项目来吸纳和引进人才团队,努力营造良好的人才环境。营造良好人才环境的关键,一是在于建立完善的人才政策支持体系。对于海外闽籍留学人员回闽创业,政府可以划拨一定的财政资金,作为他们初始创业的部分启动资金,以贴息等形式扶持企业的项目研发。二是建立中高级专项人才的储备机制。加强与海外闽籍侨胞社团和重点海外闽商的联系,积极搭建与海外留学人员及海外闽商企业的中高级人才交流对话的平台,扩大侨资企业在海外的影响,大力宣传人才扶持政策,在海外一定范围内形成一支了解福建、关心福建发展的高层次人才队伍。以项目为依托,积极为他们回国创业或是引荐人才创设良好的环境和条件。在此基础

上建立海外专项人才与项目资源库，定期邀请其中部分人士来福建考察投资环境，了解人才发展政策和环境，形成具有一定辐射面和影响力的人力信息资源网络。同时积极与国内高等院校和科研机构建立合作互动平台，有针对性地培育企业所需专业技术人才。

3. 多方面创设条件，吸引海外闽商资金回流

近年来部分在闽投资多年的海外闽商转而将资金投向福建以外的省份，资金外流趋势十分明显。由此连带产生的影响，即海外闽商以其构建的国际商业网络所形成的"以侨引侨""以侨引台"和"以侨引外"的资金也随之外流，福建省的外资引进额度在全国外资引进总额中比例下降。而在浙江，青田县政府从2003年起开始实行"青田华侨要素回流工程"和2012年浙江省政府实行的"浙商回归工程"，通过搭建华商发展平台，落实侨务政策，取得了显著的成绩。福建地方政府可以参照和借鉴浙江省的部分做法，通过服务引资、项目引资、环境引资、感情引资等多种引资方式的综合运用，吸引东南亚海外闽商之外的其他国家的新闽商回乡投资。对于在祖籍地有较长投资时间的海外闽商，福建省政府可参照浙江、江苏等省对于外资和侨资投资在税费等方面的优惠措施，可考虑出台相关政策法规在某些方面给予海外闽商以优惠政策，鼓励其回乡投资。同时，参照2009年福建省人民政府颁发的《福建省人民政府关于支持台资企业发展的若干意见》（闽政〔2009〕86号）和2012年的《关于进一步促进台资企业发展的若干意见》（闽政〔2012〕7号），实行"台侨结合，台中有侨"的引资模式。既吸引台商大规模投资福建，又促成海外闽商资本的进入，共同推进福建的发展。

二 海外闽商在祖籍地捐赠的提升与引导

（一）海外闽商在祖籍地捐赠存在的问题

改革开放以来，海外闽商对祖籍地的捐赠总额远远超出海外浙商。与海外浙商对祖籍地捐赠以新移民群体为主不同的是，海外闽商对祖籍地捐赠的主体多为福建出生，二战前后前往东南亚各地并加入住在国国籍的海外闽商，这部分海外闽商的捐资占据捐资总额的主要部分。他们与二战前那部分没有加入住在国国籍的老一辈海外闽商捐资多限定在自己所在村

庄、城镇和县域相比，已较好地融入住在国，成为住在国的公民，更多地投入住在国的建设和公益事业中。但因他们大多出生于祖籍地，在幼年或少年时离开前往东南亚各地，对于祖籍地依然有着深厚的感情，回乡捐资也都以祖籍地为其重要的一站，但也逐步扩展地域，由自己所在村庄、城镇和县域扩展至整个福建省市及中国其他省市。无论他们在中国大陆的捐赠范围有多宽广，无疑，祖籍地福建在他们捐赠中具有特殊且关键的地位。进入20世纪末21世纪初，他们相继老去，接棒公益慈善事业的是在住在国出生及成长起来的新生代的海外闽商，他们与先辈相比，对祖籍地的感情较为淡薄，在先辈的影响下，虽然有部分人继续在祖籍地展开捐资，但他们经营的公益慈善事业已渐趋国际化，以促进全人类的福祉为其宗旨和目标，祖籍地仅为其全球慈善事业的组成部分之一。近年来东南亚新生代海外闽商的捐资已呈现下降态势，后继乏人，而海外闽商对福建的捐资额度之所以能够保持一个相当的数量，主要是改革开放以来前往美洲、欧洲等地以新移民为主的海外闽商逐渐发挥出来的捐资力量。

（二）海外闽商在祖籍地捐赠的提升与引导

老一辈海外闽商尤其是东南亚各国的海外闽商，对祖籍地的捐赠事业，受多重内外部要素的影响，他们对祖籍地的深厚感情并没有能够很好地延续下去，因而做好东南亚海外闽商捐资的代际传承工作显得尤为重要。新生代海外闽商基本分为两种类型。第一种类型即在福建及其以外省份很少甚至是完全没有投资企业，他们依然捐资祖籍地的公益慈善事业，除了基于历史渊源之外，已将慈善提升到一个新的高度，眼界远远超出祖籍地的限定性范围，他们在祖籍地的公益慈善事业仅是其庞大慈善事业的一小部分。如李光前和其子李成义在20世纪50年代设立的新加坡李氏基金会，80年代以来在其家乡南安及福建其他地方，进行了以教育和医疗为主要内容的巨额捐资活动。对于这种类型的海外闽商的捐资，政府要大力给予鼓励和宣传，作为榜样以为示范。

第二种类型即继承先辈的经营事业，包括其在福建及其以外省份已有投资企业，他们在祖籍地的公益慈善事业不排除相当部分是秉承着先辈延续下来的爱乡之情，虽然这种乡谊已很淡薄，但也不能否认，其中很大程度上也是一种公共关系，服务于他们在当地的投资战略。对于这部分海外闽商，主要从"情"字入手，加深他们在情感上对祖籍地的认同。当然，要注意方式方法，既不能把他们当作完全的中国公民，也不能把他们等同于纯粹的外国人，要注意照顾他们的民族感情。[①] 这可通过不断地提升华文教育水准，以华文教育为媒介来吸收大批新生代华侨华人回祖籍地学习和培训，深化他们对中国传统文化的认识和了解，进而产生文化的认同。祖籍地政府可通过海外闽商在国内的宗族关系，大力支持同乡宗族人员以海外探亲的形式加强与他们的情感联系和沟通，及时传达乡情以产生共鸣。

[①] 程远显：《研究新侨情 开拓新华侨华人工作》，《侨务工作研究》2003 年第 5 期。

第五章 海外浙商与浙江经济发展展望

第一节 透视闽商：海外浙商的路径选择和发展目标

一 海外浙商和海外闽商呈现不同发展路径的原因分析

海外浙商和海外闽商作为活跃于国际商业领域的两支重要的海外华商商帮群体，在其悠久的海外发展历程中，呈现出迥然不同的发展路径。之所以会出现差异化的发展路径，主要是受到两支商帮不同的历史渊源、住在国环境政策及商业文化等因素的影响。

（一）海外浙商和海外闽商的历史溯源

早在17世纪中期，以浙商为主的"三江帮"就在中日贸易中占重要地位，在中国与东南亚贸易中也据有一席之地。18世纪以后，随着闽商在海外日益强大，浙商逐渐淡出海外贸易和海外移民。近代以来有史可考的是19世纪末永嘉人田合通的父亲前往德国经商，此后，浙南地区的温州人和青田人陆续前往欧洲谋生。到了20世纪二三十年代，浙江赴欧谋生的小商小贩达数千人，他们居留于当地，或开设皮革小工厂，或从事餐饮业等行业。早期海外浙商人数不多，企业生产和经营规模也相对有限。真正意义上的海外浙商主体是1978年改革开放后前往欧洲各国创业的新移民。他们在经营传统产业的基础上，经营领域也扩展至进出口贸易、房地产业、超市业、商业服务业等行业。但由于其海外经商历史普遍较为短暂，整体而言，海外浙商从事的行业，起点较低，资金分散，再加上传统的经营模式，使得企业规模普遍较小，资金很难聚集在一起来实现产业结构的调整和企业的现代化转型，不利于企业的长足发展，其经济实力因而也较为有限。

相对于海外浙商，海外闽商在海外经商侨居的历史要悠久许多。在宋元时期，随着闽南海贸的繁荣，很多人因经商、受雇乃至仕禄而留居南洋，有"住蕃虽十年不归"而成为华侨者。① 明清时期已有大量福建人因贸易而移居海外。鸦片战争以后，虽然闽南商人独步中国海外贸易的局面不复存在，但闽南籍海外华商，仍一直是东南亚举足轻重的商贸力量。早年海外闽商多以从事小型贸易和种植业为主，其后涉足制造业，一般多为家族独资或合伙经营，规模甚小。二战后，东南亚华商资本逐渐向产业资本和金融资本转化，经济实力日渐强大，到 20 世纪 70 年代以后，涌现出像马来西亚郭氏兄弟集团、印尼三林集团这样的大型跨国企业集团，在住在国经济中有着举足轻重的地位。在中国大陆实行改革开放之后，海外闽商又抓住大陆经济所蕴含的巨大商机，与港商、台商合作共同推进经济整合，进一步壮大资本实力。20 世纪 90 年代印尼福清籍闽商林文镜便与台湾潘氏集团联手在福清成立冠捷电子（福建）有限公司，1999 年冠捷在香港证交所成功上市，2004 年冠捷电子收购荷兰飞利浦的显示器业务成为全世界最大的计算机显示器生产厂商。②

纵观二者的发展历史，海外闽商的历史相对于海外浙商而言要悠久许多，在长期的海外贸易经营过程中，海外闽商累积了巨额的财富和丰富的商业操作经验，由此奠定了其在东南亚各国崛起的基础，并成就了一批在东南亚市场乃至国际市场中都较为引人瞩目的大型华人跨国企业集团。作为以新移民为构成主体的海外浙商，由于其在海外创业和发展的历史大多源于改革开放以后，时间跨度小，绝大多数企业仍然处于资本原始积累时期，企业经营无论在规模上还是效益上都与海外闽商企业存在较大差距。

（二）海外浙商和海外闽商住在国的环境政策比较

除了历史发展的客观原因之外，海外浙商和海外闽商住在国的环境政策也是影响双方发展路径的不可忽视的原因之一。

海外浙商自宋元以来，在东亚海域的海上贸易中始终占有重要的一席之地，尤其是在清前期的对日贸易中，曾一度主导了东亚海域商贸网络。浙商经营的对日贸易虽然兴盛一时，但始终未能如闽商般，建立起庞大

---

① （宋）朱彧：《萍洲可谈》卷二，中华书局 2007 年版，第 134 页。
② 庄国土：《东亚华人社会的形成和发展：华商网络、移民与一体化趋势》，第 502 页。

的海外贸易网络，这就使得 20 世纪初期出现的浙江海外移民，由于没有历史上积淀下来的贸易网络根基，呈现出与闽商以东南亚为中心截然不同的地域特征：以欧洲为中心。① 在市场经济发展历史悠久的欧洲大多数国家，其财政、税收、法律、宏观市场调控等方面都具有较为完备的体制，且执法严格，这就使得在此创业的海外浙商必须严格遵循当地的各项规章制度来进行操作。近年来，海外浙商充分利用"中国制造""浙江制造"的优势，在把握住在国国情、民情的基础上，在当地一些人口密集、区位优势明显的地区，设立专营中国商品和浙江商品的专业市场。如旅欧侨商建立的西班牙"拉瓦匹斯市场"、匈牙利"四虎市场"等都是知名度颇高的海外浙商专营的市场。② 虽然海外浙商的经济在近几十年中获得了很大发展，但受住在国环境政策因素的制约，其发展速度不可能像二战后的东南亚闽商那样，受益于住在国有利的环境政策而实现经济的腾飞。迄今为止，与住在国当地的中小企业相比较，海外浙商企业的规模、效益、产业结构、管理等都有待进一步的提升，其经济实力仅是住在国经济的有益补充。

海外闽商自宋元至 19 世纪中叶，一直主导中国海外贸易，其移民社区遍布东南亚各贸易港。早在 17 世纪前期，海外闽商即建立各类同乡社团，以促进同乡之间的商业合作。③ 20 世纪初，东南亚地区已出现了华人银行和华人商会，大多是闽商主导。二战后，东南亚国家纷纷独立，为发展民族经济，开始实施较为宽松的入籍政策，很多闽籍华侨纷纷入籍，闽商资本由原先的华侨资本演变为华人资本，成为当地民族经济的有机组成部分。虽然这期间出现了东南亚国家对华侨实施的限制排挤政策，但 20 世纪 60 年代以后，这些国家对华侨、华人的政策有了较大的改变，逐步把加入本国国籍的华人视同本国公民平等对待，这就促使他们在经济地位和政治认同上发生了根本性的变化。④ 因而，在东南亚各国大力发展本国民族经济的过程中，海外闽商也获得了前所未有的发展良机，主动投入住

---

① 徐淑华：《17—18 世纪中国海贸中浙商和闽商的角色比较》，《思想战线》2012 年第 3 期。
② 吕福新等：《浙商论——当今世界之中国第一民商》，中国发展出版社 2009 年版，第 307 页。
③ 庄国土：《论早期东亚华人社团形成的主要纽带》，《南洋问题研究》2010 年第 3 期。
④ 杨力、叶小敦：《东南亚的福建人》，第 50 页。

在国的经济建设中去，至 70 年代，已形成一批颇具实力的海外闽商企业集团。80 年代以来，东盟各国的经济格局通过全面调整，进一步开放，加强了各国之间以及与西方发达国家的联系，海外闽商资本也不断突破所在国的界限，开始成为国际资本的一个组成部分。由此发展并壮大起来的大型企业集团拥有数十家乃至上百家企业或子公司，形成较强的规模经济效应，对住在国经济发展发挥了重要的作用。

可见，海外华商资产总量的累积与住在国的环境政策是息息相关的。海外闽商在住在国的历史悠久，其成长和发展在很大程度上是伴随着东南亚各国经济的起步和腾飞来展开的。改革开放以后前往欧洲的海外浙商主体的发展环境，从一开始就是在一个市场经济相对成熟、各种规章制度较为完善的环境中起步，他们能够利用的有利环境和政策可谓相当有限，这也在很大程度上制约了他们的发展空间，再加上发展时间短暂，其资产实力远远逊于海外闽商也在情理之中。

（三）海外浙商和海外闽商的商业文化比较

海外浙商深受浙东传统文化精神的影响，强调经世致用和务实。但从文化的根源上来说，则存在目光短浅，过于功利等问题。多数是通过老乡带老乡的方式去到海外，做生意和过日子都喜欢集群式、抱团化、排外化，热衷于在自己的同族、同乡中构建商业网络。最初小老板的起步资金几乎不需要很久的积累，有人要开店，亲戚朋友都会解囊相助。[①] 这种互助行为对于初在海外创业者有较大的实效性，但商业活动的范围仅限于自身群体之内。企业多为家族式经营，雇佣的员工基本上以华人为主，除了生意上与其他族群有往来外，人际关系多局限在狭小的以浙江人为中心的华人的社交圈中，在外人眼中是一个极为封闭的小圈子。在意大利普拉托，在当地工作和生活的浙江人只要会说浙江温州、丽水方言，不懂一句意大利语，也能经营一定规模的事业。由此可见，海外浙商所处经营和生存环境的高度封闭性和保守型。这并不利于海外浙商在住在国的发展、保护自身的权益及融入当地社会。在海外浙商相对集中的南欧、西欧及东欧国家，虽然据有贸易、服装、餐饮等行业领域的优势，但因他们不自觉地

---

① 陈东：《中国浙商在巴黎》，《大陆桥视野》2006 年第 10 期。

将自己放置于主流社会之外，单纯地沉浸于经营事业之中，以固有的观念从事经营活动，而不顾及住在国的法律法规，并缺少与住在国政府的有效沟通，导致当地执法机构与海外浙商之间的贸易摩擦事件频发，最终使自己的事业受到不同程度的损失，这也在根本上影响到海外浙商的发展和成长。

历史上，海外闽商主要沿着海上丝绸之路下南洋谋生，具有以海洋文化为基础的冒险精神和崇商意识，有吃苦耐劳的品质和强烈的老板意识，是典型的客家商业文化。此外，他们善观时变、因势制胜，注重商业信誉。海外闽商的迅速崛起和取得骄人的成绩，除了得益于上述提及的优点之外，还有一个特点也显得尤为重要，那便是他们具有较强的环境适应能力，能够较好地融入住在国。为方便海上贸易的开展，海外闽商早就有侨居海外的历史传统，至鸦片战争前夕，已形成了由海外闽商主导的东亚海域商贸网络。二战后，东南亚海外闽商相继入籍，成为住在国的合法公民，在政治上认同住在国，将其作为自己的祖国及效忠对象。随着海外闽商经济在住在国的发展和深入，已成为当地经济发展一个不可分割的组成部分，海外闽商尤其是他们的第二代、第三代等新生代，在政治认同之外，进而在文化、语言及生活习俗等方面，也完全与住在国民众融合在一起，以住在国公民的身份和地位，为住在国各项事业的发展贡献自己的力量。在企业经营中，海外闽商不像海外浙商般，仅将自己的企业局限在雇佣华人的狭小范围，而是与住在国民众共同经营发展企业。因而在东南亚海外闽商企业中，不仅雇佣的员工不分族裔，就是企业的经营管理也是相互贯通，在与华商展开合作外，与住在国的企业开展合作也是习以为常的事情。

二 透视闽商：海外浙商的路径选择和发展目标

（一）以积极的姿态融入住在国主流社会

东南亚海外闽商在20世纪50年代后相继入籍，在成为住在国公民后，从政治、经济、文化等各个领域主动地融入住在国主流社会。在政治领域，海外闽商凭借其巨大的经济实力，在住在国已形成一定的社会地位，并具备相当的社会影响力。他们往往利用自身的经济优势，与当地政府要员、军方人员及社会知名人士等上层人员建立密切关系，并非常善于利用这些资源为自身的经济发展服务。在东南亚的海外闽商中，有的本身就是当地政府成员，有些则是政府的决策顾问，或是政府领导人的私人朋友，有些是国会议员或地方议会议员，因此华商影响政府决策的资源很多，手段与方式也非常多元化。① 海外浙商在住在国经济中据有一定的地位，为谋求其在当地的长足发展，应以"主人翁"的姿态参与到当地的政治生活中，争取表达自己的权利和利益诉求，增加与政府的对话交流，加深彼此的相互了解，推动海外浙商在当地的规范经营。

在经济领域，海外闽商将自己的经济事业视为住在国民族经济的重要一环，做好企业的本土化发展，与住在国其他族裔展开良性合作互动，将企业做大做强。通常在海外闽商企业中，有大量住在国土著及其他族裔的股份，他们不仅被吸纳进来从事生产活动，还参与企业的经营和管理工作。相对应的，以住在国土著为主的企业也会吸收海外闽商资本来共同经营管理。相对于海外闽商，海外浙商仅仅是为自我而发展，虽然企业经营活动在住在国，但无视当地的政策、法律等环境要素，经营、管理及雇员全部是"中国式"的方式方法。海外浙商在住在国的这种"中国式"的经济活动，在住在国民众看来，只是有利于他们自身经济力量的增长，对于当地的经济并没有太多实质性的益处，更不利于他们融入当地。因而，海外浙商在经历初期原始积累阶段后，经济实力增强的条件下，可以考虑在企业中雇佣一些住在国民众，解决部分就业问题，改善海外浙商在住在国的形象，努力地融入当地社会。在意大利普拉托从事服装业的海外浙商徐秋林的吉佩尔公司中，雇佣的员工中绝大部分是意大利人，在他看来，"在国外想把企业办好就必须和当地人合作，要融入当地社会"。②

在文化领域，海外闽商在保持祖籍地传统文化的基础上，在语言、习俗等方面也逐渐融入当地。此外，海外闽商在不忘捐资祖籍地公益慈善事业的同时，其公益慈善事业的最大笔投入主要集中在住在国。他们在住在国的经济事业获得成功后，不忘回报当地社会，主动地参与到当地的公益慈善事业中来。如菲律宾晋江籍闽商吴奕辉于 2006 年庆祝其 80 岁大寿

---

① 王望波：《中国—东盟自由贸易区中的东南亚华商》，《南洋问题研究》2007 年第 3 期。
② 王恒昀：《海外华商 走出特色经营道路》，《人民日报·海外版》2012 年 5 月 16 日。

时，宣布将捐出约 102.5 亿比索，用于资助菲律宾的教育和其他慈善活动，这笔捐款成为菲律宾历史上最大笔的慈善捐款。[①] 李文正自 20 世纪 90 年代以来，在印尼陆续捐资教育事业，努力回报当地社会，包括独资创办印尼希望之光大学和玛中大学，并且陆续捐建了上百所小学，扶助印尼贫困偏远地区的基础教育等，以实际行动来回报当地社会。如吴奕辉、李文正这样大手笔地回馈住在国的海外闽商并非个案，捐资住在国的公益慈善事业已成为他们社会公益事业的重要组成部分。绝大多数海外浙商在住在国，更多的是一种在原始积累时期为追逐利润而只顾眼前利益的急功近利的心态，如此这般表现出来的商业文化，与欧洲百余年来形成的相对完善的市场经济规则，自然会产生经济上的摩擦和冲突。而且，海外浙商往往游离于住在国的社会公益事业之外，即使入籍住在国，却依然是"过客"的心态，将自己孤立于住在国的社会体系之外，并不具有回馈住在国的心态和意识。事实上，海外浙商在住在国通过合法经营和发展获取利润、享受相应权利的同时，应当主动自觉地承担起应有的社会责任，参与公共事务。回报当地社会能够大大推动海外浙商的融入，帮助他们的事业稳步扎根。因此，在条件许可的情况下，海外浙商应通过多种方式，积极主动地参与到当地的社会文化和慈善公益活动中，使民众充分了解到他们对当地社会所做的努力和贡献，以增强他们在当地的认可度，同时也为自己营造一个良好的可持续发展的经营环境。

（二）加强政府与海外浙商之间的交流和互动

福建省政府高度重视海外闽商对福建乃至中国经济发展的作用。从 20 世纪 90 年代以来，不断通过官方和非官方的渠道和海外闽商保持密切的联系，如通过定期举办"世界闽商大会"、各种"世界宗亲大会""世界客家大会"、各县市的同乡大会（如：世界晋江同乡总会、世界福州十邑同乡大会、世界安溪乡亲联谊大会、世界惠安泉港同乡联谊大会、世界石狮同乡联谊会、世界南安同乡联谊会）等，来联络海外乡亲，共襄支持家乡的盛举。同时，协助海外闽商搭建相互联络的平台，推动海外闽商之间及其和福建本省的经济合作。改革开放以来，福建外资 70% 以上是海外闽

---

① 《菲华商捐一百多亿比索资助慈善活动 为菲国之最》，2006 年 8 月 15 日，国务院侨务办公室网站，http://www.gqb.gov.cn/news/2006/0815/1/2938.shtml。

商的资本。同时，海外闽商也在政府的协调下增强凝聚力，通过闽商之间共同投资或相互持股方式，增强各自的企业实力。浙江省可以借鉴海外闽商在引资方面的经验，充分挖掘海外浙商的商业价值，通过各种畅通渠道来加强与他们之间的联系，出台相应的激励措施，积极鼓励他们回祖籍地开展投资合作业务。2000 年以来，浙江地方政府在加强海外浙商彼此间的相互联系与合作、反哺家乡、促进发展方面已经迈出了步伐。2003 年创办的"世界温州人大会"，每五年举办一次，大会将中国大陆地区及港澳台、海外的温州籍工商界人士、在各领域有崇高威望和影响力的温州籍人士聚集在一起，为他们的联谊交流搭建平台，共谋温州的经济社会发展。2011 年，由浙江省工商联合会、浙江海外联谊会等 12 家单位共同发起主办的"世界浙商大会"，则将海内外浙商聚集在一起，共商浙江和浙商发展大计。截至 2017 年，已举办四届"世界浙商大会"。其他如"世界青田人大会""世界温商大会""世界宁波帮大会"也都相继召开，不仅为浙江地方政府加强与海外浙商的交流与互动，而且也为海外浙商之间加强联系与合作、推动海外浙商自身的发展和祖籍地的发展搭建了良好的互动平台。

此外，浙江省地方政府可以尝试聘请相关领域的海内外学者，协助海外浙商了解住在国的文化、历史、商业环境、政治生态以及住在国居民的价值取向等切实与海外浙商成长发展息息相关的信息，以期从纵深方向拓宽和丰富海外浙商的国际化视野，更好地融入住在国的经济文化生活中去。

（三）搭建更为系统和完善的海外浙商网络

海外闽商在东亚地区的跨国发展，很大程度上依托庞大的华人商会、同业社团、宗亲会和同乡会等各种网络平台，"网络充当了信息桥，把不同的界限和等级的人联系起来，个体通过社会关系网络可以获得许多有价值的信息"[1]。通过华商网络，海外华商的信息、资本、技术及其他的要素资源得以跨越国家的边界，实现最佳的配置。[2] 海外闽商通过完善的商业网络，能够对市场信号作出及时且高效的反应，参与到相关产业的生产销

---

[1] Nan Lin, *Social Capital: A Theory of Social Structure and Action*. Cambridge: Cambridge University Press, 2001, p. 22.

[2] 庄国土：《东亚华人社会的形成和发展：华商网络、移民与一体化趋势》，第 497 页。

售中去，从而有效地拓展了企业发展可以利用的资源优势，在国际市场上取得了良好的经济收益。凭借庞大的海外华商网络，海外闽商在改革开放以来不仅直接投资中国大陆，而且还发挥"桥梁作用"，以合作等形式将其他外资引入中国，包括港澳台的华资、设立在其住在国的外国资本及住在国以外的其他国家的资本。依托有效的商业网络，海外闽商企业在推动东亚区域经济一体化中扮演着重要的角色，已经成为东亚地区和国际市场沟通联系的媒介之一。

海外浙商的联系平台则相对单一（如同乡商会）或狭隘（通常仅限于地区），缺乏多元和跨地区乃至跨国界的联系网络。海外浙商可以参考海外闽商网络平台的构建形式，在海外搭建系统的、全方位的、组合更多元、覆盖面更广的海外浙商网络。在已构建的区域性的海外浙商网络的基础上，成立世界性的联谊组织，与区域性的海外浙商网络互为犄角，相互贯穿融通。海外浙商在意大利普拉托的发展和壮大，很大程度上便取决于"他们具有跨国的经济社会网络，从而能够从全球经济提供的新的机遇中获利"。[1] 海外浙商企业可借鉴海外闽商企业与其他资本合作的开放姿态，积极拓展与住在国资本及其他外资合作发展的空间，吸收外资的投资管理经验，实现彼此发展的共赢。

海外浙商也可利用他们在海外的商业网络，以其所具有的市场营销网络、信息资源、对住在国环境政策的熟悉等要素资源，来推动国内浙商及其企业走出国门，选择合适的项目展开投资。也可以项目为导向，促成国内浙商企业与海外浙商企业展开双向互动和合作，在不断的交流和合作中提升企业的竞争力。

（四）以合力来发展具有自身优势的主导行业

海外闽商雄厚的资产实力，与其产业结构中的多元化经营战略息息相关。在所从事的各种行业中，海外闽商在金融业、服务业等第三产业领域具有较为明显的优势地位，从事这些行业的利润较制造业等第二产业而言更为丰厚。1997年亚洲金融危机之后，海外闽商调整和升级原有产业结构，将经营重点放在主营业务方面，并培育企业的核心竞争力。

---

[1] ［意］Gabi Dei Ottati：《意大利工业区与华人的双重挑战》，张铭译，《华侨华人历史研究》2011年第2期。

海外浙商由于发展历史较为短暂，同时受全球经济不景气的影响，大多数海外浙商的产业结构依然集中于餐饮业、制衣业、进出口贸易行业等技术含量低、缺乏竞争力的劳动密集型行业。虽有涉足高新科技、高附加值领域，但数量较为有限，并未能够成为海外浙商企业发展的主流。因此，在发展模式上，已完成原始积累的海外浙商应积极研究住在国的经济发展和运作模式，顺应住在国的经济发展模式，促进企业转型升级，增强企业的核心竞争力，并通过构建的华商网络，加强协作，以合力来发展具有自身优势的主导行业，形成规模经济效应，促进企业的集团化、国际化发展。

于海外浙商而言，切实可行的道路，一是与祖籍地在产业、资本方面展开互动，充分发挥住在国和祖籍地各自拥有的资源优势，如在祖籍地设立加工企业，在住在国寻求人才，提升研发水平，铺设商品营销网络，将各自的资源优势最大限度地发挥出来。

二是走并购发展之路，通过并购相关产业的海外优势企业，在当地设厂加工，缓解就业问题，在使企业技术、企业文化和经营理念等企业整体实力获得提升的同时，成功地拓展了国际市场，获得了对海外资源的掌控力，加速推进企业的国际化进程，且与当地企业结成了利益共同体。以餐饮业为例，在海外浙商资本高度集中的餐饮业，通常经营规模都不大，发展前景也较为局限，因此，如何突破发展瓶颈，是众多海外浙商都面临的现实难题。近年来，已有部分海外浙商尝试通过并购住在国知名品牌走集团化道路，实现企业的转型升级。由法国温州籍浙商林鑫、吴成权、张杨等人组建的凯博国际集团，旨在通过收购法国高档西餐厅，走餐饮的高端精品发展路线。2013年，林鑫、吴成权、张杨三人联手投资2000万欧元收购了法国巴黎香榭丽舍大街25号的"拿破仑"（Bistro Chic Napoleone）西餐厅，这是温州籍海外浙商首次进军法国高端餐饮业。① 截至2014年，凯博国际集团已在巴黎收购了10家高档餐厅。餐厅都位于巴黎15区、16区等消费层次较高的区域，并都保留原有的全部法国员工和高级厨师。凯博国际未来依然走收购当地高档餐厅的路线，争取形成一个高档餐饮产业

---

① 王木正：《三温商人主巴黎高端餐厅"拿破仑"》，《温州商报》2013年11月13日。

链条。在服装零售业领域，2018年，温州籍浙商陈文旭的意大利欧卖集团整体并购意大利著名的奢侈品和品牌服装零售业知名企业：CARNEVALI，这是意大利华商首次整体并购意大利大型企业集团，此次并购将有力地推动欧卖集团往高端产业发展，提升集团的核心竞争力。

三是对于以"中国制造"为其发展的重要推力的海外浙商，在保持商品价格优势的同时，遵守住在国的经营规范，保持应有的商业道德操守，同时在成长过程中，注意培育品牌意识，走品牌发展之路。近年来，部分浙商开始注重品牌经营意识，走品牌发展之路。如青田人徐月娟，1990年前往意大利学习服装设计，凭借自己所学知识和在意大利服装企业工作的经历，于1995年创办了属于自己的服装企业，以多年来在服装领域的市场敏感和经验，选择和专门定做高档皮衣服装的"BRIONI"公司合作，于2008年推出DELVES—JK高档服装品牌。品牌面向高端市场，主打高档、时尚和手工制造，每款服装都是知名设计师的作品。品牌一经推出，即获得业内人士的认可，多次出现在世界知名时装展上。目前，DELVES—JK已成为意大利顶级服装的代表，并跻身欧洲知名奢侈品品牌行列。徐月娟将企业品牌与意大利知名设计师作品有机结合在一起，打造了自主的知名品牌。其成功经验可供众多已完成资本原始积累、谋求企业转型升级发展的海外浙商借鉴。走品牌发展之路，在有限价值之外赋予商品品牌无形价值，这无形价值是影响企业长足发展关键性的因素。

第二节　海外浙商与浙江经济发展的前景展望

一　海外浙商网络将发挥着日益重要的作用

海外浙商与祖籍地浙江有着天然的联系，同时他们又是住在国中重要的一员，熟悉所在国家的投资环境、资源要素、商业法规、风俗习惯等诸多与投资相关的因素，具有相对成熟的商业贸易网络和营销渠道，因而承担着联结浙江企业与海外国家的纽带作用。从这个角度来看，由海外浙商构建起来的商业网络对于有意走向国际化的浙江企业，是一种典型的"社会资本"。通过他们，浙江企业可以获得有效的商业信息和资讯，在选择投资合作项目时更具针对性和实效性，大大提高成功的概率。可以预见，海外浙商网络将越来越多地成为国内浙江企业的合作伙伴或有关联的企业的重要源头资源。

具体而言，首先，海外浙商网络在浙商企业"走出去"之前，可为其在海外的发展规划提供投资政策及环境方面的咨询和参考意见。华商资本在向世界扩张的过程中，利用华商网络，能够规避风险，寻求最佳市场，拓展营销网络，甚至减缓经济危机的冲击。[①] 海外浙商以其在住在国投资发展多年的经验，对当地社会的投资环境、政策、文化风俗、意识形态、消费心理、投资行业的市场结构及营销模式等方面有着较为深入的了解和认识，同时也熟悉祖籍地的经营投资环境、市场和企业运作规则等。在浙商企业开展海外投资与合作之前，通过海外浙商提供的经营投资类相关信息，可以减少投资风险，更有针对性地规划和开展投资项目，提高企业投资经营的成功概率。

其次，浙商企业在海外的投资经营，因国内有关部门对企业的境外投资融资把关很严，企业获得中长期的资金贷款因远离本土及投资环境上的巨大差异，通常会面临融资困难的问题。近年来，受住在国经济不景气因素的影响，海外浙商资本出现明显的回流迹象。仅浙江温州的侨资回流就在上百亿元。在此背景下，浙商企业在"走出去"的过程中，可选择与海外浙商资本展开合作关系，利用海外浙商积累的资本、信息渠道和销售网络及长期以来应对复杂多变的国际市场的经验等多项优势资源，既可以解决其在海外融资难的问题，又有利于提高其海外投资企业的经营管理质量和经济效益。

再次，海外浙商网络在助推国内浙商企业"走出去"的过程中发挥了巨大的作用。近年来，浙江民营企业境外投资已从传统的东南亚及欧美国家向非洲、南美洲等新兴市场拓展，经营领域"已经从以境外营销网络建设为主向境外投资设厂、资源能源开发、收购国际知名品牌等多领域拓展"。[②] 截至 2017 年，浙江省经审批核准或备案的境外企业和机构共计

---

① 王辉耀、康荣平主编：《世界华商发展报告（2017）》，中国华侨出版社 2017 年版，第 10 页。
② 李建华：《2015 浙商发展报告：国家战略与社会责任》，浙江工商大学出版社 2016 年版，第 54 页。

9188家，累计中方投资备案额707.1亿美元，① 海外投资数量及总量都位居全国前列。在海外浙商最多的温州，"走出去"的企业和机构，截至2014年年底，共计520余家，投资额接近8亿美元。2015年，投资总额更是接近10亿美元，超过历年投资总和，投资区域遍布亚洲、欧洲、非洲和美洲的70多个国家和地区。② 欧洲是温州企业最重视的地区，截至2013年，包括公司、分公司、办事处和商城、市场在内，共有172家温州企业在欧洲投资。③ 其中相当部分浙江企业"走出去"都借助了海外浙商网络的优势。制鞋业作为温州的支柱产业之一，在将温州鞋业出口到欧洲的过程中，温州籍海外浙商功不可没。欧盟是目前温州鞋业最大的出口市场，年出口额超过10亿美元。2009年，意大利温州籍浙商项进光创立意大利（中国）鞋业商会，吸收商会会员300多位。这些会员均为分布在意大利各地的华商鞋业贸易公司，90%以上人员为温州籍海外浙商。他们为温州鞋业出口到意大利乃至欧洲做出了重大贡献。20世纪末，温州制鞋业中的龙头企业：浙江温州康奈集团在面对国内鞋业市场竞争日渐激烈的背景下，决定开拓海外市场，其借助的力量即为遍布世界各地的以海外浙商为主的华商力量。2001年1月15日，在法国巴黎第19区繁华地段开业的首家康奈海外专卖店，便由温州籍海外浙商经销，也是中国制鞋企业在海外开设的首家品牌专营店。依靠海外华商在住在国的资源优势，康奈集团在美国、法国、意大利、英国、越南等十几个国家开设了100多家专卖店（柜）。康奈在海外开设品牌专营店，基本上都是与海外浙商签订合同展开合作。利用海外浙商网络构建起其在海外各国庞大的"康奈"品牌的专门网络，康奈集团的鞋类产品成功地打入国际市场，进而推动企业的生产研发也进一步国际化。为更好地适应国际市场的需求，康奈集团专门在意大利建立了研发中心，并在俄罗斯建立生产企业。

伴随电子商务发展起来的快递业务，本就在国内快递业务中占据相当份额的浙商，相继拓展业务区域，走出国门，而这其中很大部分借助海外

---

① 刘乐平：《浙企布局"一带一路"工业园》，《浙江日报》2017年6月21日。
② 赵琛璋：《温企布局"一带一路"今年境外投资额超历年总和》，2015年12月9日，温州网，http://news.66wz.com/system/2015/12/09/104657343.shtml。
③ 王木正：《温企最青睐到欧洲投资》，2014年3月7日，温州日报瓯网，http://www.wzrb.com.cn/article533666show.html。

浙商的力量。2015年开始，申通速递采取和海外华商合资设立海外分公司的经营模式，借助海外华商的资本、网络、资源等优势，选择与所在国家的物流业龙头企业合作，发展国际业务，凭借这种运作模式，申通速递已在美国、法国、德国、比利时、俄罗斯、澳大利亚、阿联酋等国设立分公司。2017年，申通速递董事长陈德军与阿联酋温州籍浙商陈志远展开合作，借助陈志远在当地的优势资源和商业网络，国内浙商又一次成功地进军阿联酋市场。

由此可见，海外浙商网络在助推浙商企业在海外的发展中发挥着显著的作用。在诸多国内浙江企业利用海外浙商网络成功的范例下，将会有更多的国内浙江企业意识到海外浙商网络在企业"走出去"的过程中发挥出来的巨大效益。

二 海外浙商企业将加速产业结构调整的步伐

海外浙商在经历了40余年的发展之后，已初步形成了在餐饮业、纺织服装业、国际贸易业等行业的优势地位，并在20世纪90年代以后，涉足科技、文化、旅游、保险、房地产、电子、信息技术等众多产业，经营的企业也多逐渐形成一定的规模，可以说，已经基本上完成了资本的原始积累。在此基础上，海外浙商企业面临着企业在产业结构、优势资源整合及规模发展等战略方向问题。

海外浙商虽然已形成在一定行业领域中的优势地位，但从其经营的行业结构来看，基本上是以劳动密集型和低技术为主要特征，缺乏技术创新及竞争力，多以价格和数量来取胜。长此以往，导致彼此之间存在价格方面的恶性竞争，利润也不断下降，而且也容易构成与当地民众的竞争，从而引发经济冲突。海外浙商创业初期的投资经营模式及较为普遍存在的灰色经营、同质竞争和扎堆经营等要素都已成为其进一步发展的桎梏。2008年国际金融危机发生以来，海外浙商经营的国际贸易、批发零售业、纺织服装业等都面临着住在国空前的严查，加上国际市场需求的下降和彼此间激烈的价格竞争，使得企业的生存空间大为缩减。实行劳动密集型与资本、技术密集型产业共同发展，进行产业结构的转型升级问题已是迫在眉睫。

海外浙商企业在住在国要稳步扎根，必须实现多方面的转变。在经历20世纪80年代的快速发展之后，到90年代，海外浙商企业的投资资金由分散走向集中，集中力量投向优势产业领域，形成规模效应，提升竞争优势。在海外浙商传统的优势产业领域，已形成了一些产业集群，比较典型的就是意大利普拉托的服装产业集群。但这种产业集群，是"中国制造"模式在当地的复制，是低端的海外华人产业集群。[①] 因而，在企业的经营发展方向上，经历种种贸易摩擦及与住在国的经济冲突之后，已积累相当资金的部分海外浙商也开始朝着规范化、连锁化和集团化经营之路发展。如在海外浙商传统的餐饮业领域，自90年代开始，就有意地走集团化之路，有效地整合餐饮资源，推动餐饮业的连锁化、国际化、集团化和现代化经营，并将美食与购物、娱乐等要素结合在一起，改善传统的中餐业单一的经营模式。近年来，海外浙商更是谋划企业的上市经营。2010年2月2日，温州籍浙商黄学胜的欧华集团在纽约欧交所巴黎创业板挂牌上市，成为海外华商在欧洲上市的首家企业。这位海外浙商所走的路代表着大多数海外浙商的发展历程。黄学胜自1978年前往法国担任送货工做起，到之后开办经营制衣厂，积累资金后进入零售业和进出口贸易领域，看准时机后又介入房地产业，并逐渐发展成为法国最大的华人地产企业，下辖8家子公司，集仓库、商铺、办公大楼及酒店经营于一体，总资产超过6500万欧元，[②] 最终成功入主欧交所。作为在欧交所首个吃螃蟹的海外浙商来说，海外浙商企业正通过企业上市的形式，规范企业的发展道路，以资本市场的运作方式推动企业向集团化、国际化方向发展。在黄学胜的欧华集团成功上市的示范作用下，已有更多的海外浙商进一步明确企业未来的走向，即整合有效资源，发展海外浙商企业集团，将企业做大做强，保持高度的竞争力和发展力。

随着海外浙商朝着多元化、集团化的方向发展，其在祖籍地的投资企业数量和规模也呈现不断增长的趋势，并且在产业结构方面，较之以往，有更多的资本投向资本密集型和技术密集型企业。这也正适应海外浙商对

---

① 周欢怀、朱沛：《为何非精英群体能在海外成功创业？——基于对佛罗伦萨温商的实证研究》，《管理世界》2014年第2期。

② 黄松光：《华人企业首登欧交所》，《钱江晚报》2010年2月9日。

产业结构优化升级的迫切要求。

三 海外浙商与祖籍地浙江的合作将更为紧密

老一辈海外浙商经历二战后的发展和崛起，在积累一定资本后，抓住中国大陆改革开放带来的机遇，投资祖籍地，与海外闽商相比，海外浙商囿于有限的资本力量，除少数投资额度和规模较大者，绝大多数的投资额度均相对有限。进入20世纪90年代中后期，已积累相当资本的海外浙商开始转变原有的发展方式，企业的经营朝着跨国化、多元化和集团化的方向发展。伴随着"中国制造"在世界的崛起，海外浙商充分利用中国大陆有利的商品资源，开展跨国的流动性的国际贸易事业，往返投资和贸易于中国大陆与住在国为主的多个国家之间。

部分海外浙商早就看好中国大陆经济发展的前景，在海外的经营事业发展到一定规模后，便主动在中国大陆寻找投资发展机会。如巴西青田籍浙商尹霄敏，20世纪80年代中期前往巴西发展的他，凭借敏锐的商业洞察力，走品牌发展之路，1995年创立"Yin's"品牌，并将其发展成为巴西各个大中型城市商品市场集散地的知名品牌。在巴西创业获得成功后，尹霄敏在浙江宁波成立浙江嘉信投资有限公司，从事贸易业、制造业、房地产等行业的多元化经营。另一荷兰青田籍浙商吴洪刚于80年代建立的荷兰你好集团，是一家拥有十余家控股企业的欧洲最具实力的华人跨国企业集团。2001年，在青田设立浙江你好电器有限公司，作为荷兰你好集团在中国的产业总部，专业从事闭门器的研发、设计、生产及销售业务。除此之外，吴洪刚还在国内先后独资创办杭州你好园林园艺有限公司，你好工艺品进出口有限公司，杭州你好塑料制品有限公司，青田新世纪房地产有限公司，与浙江省建工集团合资建立了浙江伊麦克基础工程有限公司，温州瓯宝五金制品有限公司等诸多企业。

浙江侨乡各级地方政府，一直以来都较为重视引导海外浙商资本的回乡投资，纷纷出台众多优惠政策措施来吸引资本的回流。其中取得较大成效的是2003年以来青田县政府实施的"华侨要素回流工程"，出台多项针对侨商回乡投资的优惠便利政策和措施，并积极主动地在侨乡搭建各类平台，引导侨资企业在当地设立集研发、营销、投资于一体的"华侨经济总部"，通过对资源配置的整合优化，打造特色华侨总部产业集群和更高平台上的海外侨商经济。此项工程实施以来，青田籍海外浙商资本回流显著，截至2015年，青田侨资企业已达500多家。① 随着海外浙商资本实力的增强，越来越多的多元化、跨国化、科技化和资本密集型的企业集团出现，在经济日益全球化的背景下，即使没有欧债危机、金融危机之类因素的影响，在中国大陆及各级地方政府不断改善的投资环境影响下及资本逐利本性的导向下，未来海外浙商资本的回流投资中国仍是发展之潮流和趋势。

四 海外浙商将逐步融入主流社会，实现互利共赢

当前海外浙商的主体为20世纪80年代以来的新移民，他们出国之前在国内的身份可谓多样，绝大多数出身"草根"，除少数人前往海外可通过"遗产继承""家庭团聚"等方式直接经营经济事业之外，多数人多从工厂做工或小商贩起家，在手头稍有资本积累后，便开始自主创业。因此，对于其中的绝大多数人而言，他们都处于资本原始积累时期，埋头于独立创业的艰辛历程中。在发展自身的同时，往往将社会人际关系网络局限在华人的狭小圈子内，却忽视了与住在国主流社会的互动往来。在经营事业中，原有的一些经营陋习也不时出现在住在国，与当地社会的法律规范、商业习俗等相违背，引起当地社会民众的反感，也受到当地法律的制裁，不仅造成经济上的巨大损失，而且也损害了自身的商业信誉。从2016年下半年到2017年6月底，普拉托涉嫌犯罪被诉的企业法人共计1364家，其中华人企业达到1125家。② 浙商在住在国也很少参与当地的社会公益事业，加上文化背景差异等诸种内外因素的影响，使得海外浙商融入当地社会的进程显得较为缓慢。针对华人在欧洲社会的融入，西班牙温州籍浙商黄志坚曾给出自己的观点："海外浙商经商安全的含义是非常广泛的。以财务安全为例，华商要懂得相关税法知识，不能游离于法律边缘，否则会给当地人一种感觉：华商有恃无恐、随心所欲。若这种印象在当地社会变

---

① 陈俊：《青田深耕生态经济 结出累累硕果》，《浙江日报》2016年3月14日。
② 徐菁菁：《意大利普拉托华人企业被诉案骤增 1年达1125家》，2018年1月29日，中国新闻网，http://auto.chinanews.com/hr/2018/01-29/8435578.shtml。

得根深蒂固，就会引发抵触，而其反馈效应就是有人针对华商寻衅滋事。因此，要适时回馈当地社会，去做慈善公益事业。"① 虽然经历了在住在国的多年发展，但他们依然游离于当地主流社会之外，似乎一直沉浸于自己的小圈子中。实际上，这种游离于当地主流社会之外的发展模式，也极大地制约了海外浙商的进一步发展。

在海外浙商经济实力十分有限的情况下，面对其住在国尤其是欧美发达国家的经济状态，他们很难参与其已具成熟发展模式的经济事业中，只能从事当地民众不愿从事的行业，以获得生存和发展的机会。以低价取胜的优势往往在不经意间损害到当地民众的利益，较易引发彼此之间的经济矛盾和冲突。随着越来越多接受高等教育的新生代海外浙商的加入，并且在老一辈海外浙商完成资本原始积累的基础上，他们已具备产业升级优化的资本和条件。新生代海外浙商在经营管理理念和商业发展眼光方面，相对于老一辈浙商，更接近于国际化和长远化的思维模式，对国际商业信息和环境也更为熟悉。体现在住在国中，他们熟悉住在国的法律法规、商业习俗、经营管理规则等，在已有资本实力的基础上，在原有从事的行业结构之外，开始在其他行业领域寻找新的商机，其中部分从劳动密集型、科技含量低及附加价值小的传统产业中脱离出来，转而将资本投向高新科技产业领域，或者将资本用于提高传统产业的技术含量，改进经营管理方式，这是作为海外浙商新生代未来行业转型优化发展的新方向。这些知识化背景程度提高的新生代海外浙商，正逐渐改变着原有的以宗族、血缘和地缘为纽带的移民方式带来的传统家族企业经营方式的弊端，将企业发展必需的智力资源和社会网络资源与住在国民众和环境资源紧密联系在一起，尽力实现企业的本土化发展。这是海外浙商实现跨越发展的必然方向，同时也有利于自己在这个过程中不断地接触和融入当地主流社会，从而实现自身发展与住在国经济发展的"共赢"局面。可以预见，海外浙商要真正融入主流社会将是一个极其漫长且复杂的过程，新生代的海外浙商将是其中发挥作用的关键角色。

---

① 一鸣：《华人应怎样保护自己？》，《人民日报·海外版》2014 年 4 月 2 日。

参考文献

古籍文献

[朝]郑麟趾:《高丽史》,朝鲜科学院1957—1958年版。

(东汉)班固:《汉书》,中华书局1964年版。

(宋)范成大:《桂海虞衡志校注》,广西人民出版社1986年版。

(南朝宋)范晔:《后汉书》,中华书局1965年版。

(宋)洪迈:《夷坚志》,中华书局1981年版。

(宋)胡矩修、方万里、罗浚等纂:《宝庆四明志》,北京故宫博物院影印本1950年版。

(宋)乐史:《太平寰宇记》,中华书局2000年版。

(宋)李焘:《续资治通鉴长编》,中华书局1986年版。

(宋)李心传:《建年以来系年要录》,中华书局1956年版。

(宋)刘克庄:《后村先生大全集》,四川大学出版社2008年版。

(宋)欧阳修、宋祁:《新唐书》,中华书局1975年版。

(宋)苏轼:《东坡奏议》,重刊明成化本东坡七集,宝华庵刻。

(宋)吴自牧:《梦粱录》,王云五主编:丛书集成初编,商务印书馆1939年版。

(宋)叶适:《习学记言序目》,中华书局1977年版。

(宋)俞文豹:《吹剑录外集》,《景印文渊阁四库全书》,子部,一七一,杂家类,第865册,商务印书馆1986年版。

(宋)周密:《癸辛杂识》,中华书局1988年版。

(宋)朱彧:《萍洲可谈》,中华书局2007年版。

（元）陈旅：《安雅堂集》，《景印擒藻堂四库全书荟要》，集部，别集类，第407册，世界书局1988年版。

（元）方回：《桐江集》，宛委别藏本，江苏古籍出版社1988年版。

（元）黄溍：《金华黄先生文集》，顾廷龙主编：《续修四库全书》，集部，别集类，第1323册，上海古籍出版社1995年版。

（元）脱脱等撰：《宋史》，中华书局1977年版。

（元）汪大渊：《岛夷志略》，学生书局1985年版。

（元）姚桐寿：《乐郊私语》，《景印文渊阁四库全书》，子部，三四六，小说家类，第1040册，商务印书馆1984年版。

（明）陈子龙等选辑：《明经世文编》，中华书局1962年版。

（明）丁元荐：《西山日记》，（民国）孙毓修等辑：《涵芬楼秘笈》，商务印书馆影印本1916年版。

（明）董应举：《崇相集》，《四库禁毁书丛刊》，集部，第102册，北京出版社2000年版。

（明）何乔远编撰：《闽书》，福建人民出版社1994年版。

（明）何乔远：《名山藏》，北京大学出版社1993年版。

（明）黄淮、杨士奇编：《历代名臣奏议》，上海古籍出版社1989年版。

（明）李言恭、郝杰编辑：《日本考》，中华书局1983年版。

（明）林时对：《荷牐丛谈》，大通书局1987年版。

（明）宋濂等撰：《元史》，中华书局1976年版。

（明）田汝成：《西湖游览志余》，浙江人民出版社1980年版。

（明）万表：《玩鹿亭稿》，民国二十七年四明张氏约园刊本。

（明）王彝：《王常宗集》，《景印文渊阁四库全书》，集部，一六八，别集类，第1229册，台湾商务印书馆1986年版。

（明）王在晋：《越镌》，《四库禁毁书丛刊》，集部，第104册，北京出版社2000年版。

（明）谢杰：《虔台倭纂》，《玄览堂丛书续集》，"国立中央"图书馆影印本1947年版。

（明）杨逢春修、方鹏纂：嘉靖《昆山县志》，上海古籍书店影印本1963年版。

（明）叶权：《贤博编》，元明史料笔记丛刊，中华书局1987年版。

（明）伊耕修、李正儒纂：（嘉靖）《藁城县志》，成文出版社1968年版。

（明）张廷玉：《明史》，中华书局1974年版。

（明）张燮：《东西洋考》，中华书局1981年版。

（明）郑若曾：《筹海图编》，《中国兵书集成》，解放军出版社、辽沈书社联合出版1990年版。

（明）朱纨：《甓余杂集》，《四库全书存目丛书》，集部，齐鲁书社1997年版。

（清）陈伦炯：《海国闻见录》，《海滨大事记 海国闻见录 裨海纪游》（合订本），台湾文献史料丛刊，大通书局1987年版。

（清）郝玉麟编：《朱批谕旨》，上海点石斋，清光绪十三年（1887）。

（清）顾炎武：《天下郡国利病书》，《续修四库全书》，史部，地理类，第597册，上海古籍出版社1996年版。

（清）顾祖禹：《读史方舆纪要》，中华书局2005年版。

（清）郭嵩焘：《伦敦与巴黎日记》，岳麓书社1984年版。

（清）郝玉麟等修、谢道承、刘敬与纂：（乾隆）《福建通志》，清乾隆二年（1737）。

（清）计六奇：《明季北略》，中华书局1984年版。

（清）江日升：《台湾外记》，福建人民出版社1983年版。

（清）金安清：《东倭考》，中国历史研究资料丛书：《倭变事略》，上海书店出版社1982年版。

（清）李筱圃：《日本纪游》，罗森等：《早期日本游记五种》，湖南人民出版社1983年版。

（清）梁廷楠：《海国四说》，中华书局1993年版。

（清）穆彰阿、潘锡恩等纂修：《大清一统志》，上海商务印书馆1934年版。

（清）彭润章修：（光绪）《平湖县志》，光绪十二年（1886）。

（清）《清实录》，中华书局1985年版。

（清）释大汕：《海外纪事》，中华书局2000年版。

（清）孙尔准等修、陈寿祺等纂：《重纂福建通志》，同治七至十年

（1868—1871）刻本。
（清）王锡祺：《小方壶斋舆地丛钞再补编》，上海著易堂印行，1897年。
（清）徐建寅：《欧游杂录》，岳麓书社1985年版。
（清）张廷玉等撰：《清朝文献通考》，上海商务印书馆1936年版。
（清）周凯：《厦门志》，成文出版社1967年版。
中国科学院编：《明清史料》，丁编，北京图书馆出版社2008年版。

中文专著、论文集、学位论文

陈嘉庚：《南侨回忆录》，岳麓书社1998年版。
陈苗主编：《晋江市志》，生活·读书·新知三联书店1994年版。
陈尚胜：《"怀夷"与"抑商"：明代海洋力量兴衰研究》，山东人民出版社1997年版。
陈守义主编：《宁波帮与中国近现代服装业》，中国文史出版社2005年版。
陈守义主编：《吴锦堂研究》，中国文史出版社2005年版。
陈守义主编：《鄞县籍宁波帮人士》，中国文史出版社2006年版。
陈希育：《中国帆船与海外贸易》，厦门大学出版社1990年版。
陈学文主编：《浙江省华侨历史研究论丛》，1991年。
池步洲：《日本华侨经济史话》，上海社会科学院出版社1993年版。
池贤仁主编：《近代福州及闽东地区社会经济概况》，华艺出版社1992年版。
戴望舒、邹韬奋：《烟水行程萍踪寄语》，凤凰出版社2009年版。
邓小平：《邓小平文选》，人民出版社1994年版。
冯先铭等编：《中国陶瓷史》，文物出版社1982年版。
福建华侨历史学会筹备组：《福建华侨史话》，1983年。
傅衣凌：《明清时代商人及商业资本　明代江南市民经济试探》，中华书局2007年版。
耿素丽、张军选编：《民国华侨史料丛编》，国家图书馆出版社2011年版。
郭秉强主编：《巴西青田籍华侨纪实》，2005年。
郭梁：《东南亚华侨华人经济简史》，经济科学出版社1998年版。
胡珠生主编：《宋恕集》，中华书局1993年版。

黄昆章、张应龙主编：《华侨华人与中国侨乡的现代化》，中国华侨出版社 2003 年版。

黄明德：《菲律宾华侨经济》，海外出版社 1956 年版。

黄滋生，何思兵：《菲律宾华侨史》，广东高等教育出版社 1987 年版。

季学源、陈万丰主编：《洪帮服装史》，宁波出版社 2003 年版。

江曙霞主编：《厦门市志》，方志出版社 2004 年版。

姜敏达：《侨缘》，浙江人民出版社 2011 年版。

乐承耀：《近代宁波商人与社会经济》，人民出版社 2007 年版。

李长傅：《中国殖民史》，上海书店出版社 1984 年版。

李恩涵：《东南亚华人史》，五南图书出版公司 2003 年版。

李国梁、林金枝、蔡仁龙：《华侨华人与中国革命和建设》，福建人民出版社 1993 年版。

李厚基等修、沈瑜庆、陈衍纂：《福建通志》，1938 年。

李珹等主编：《创业上海滩》，上海科学技术文献出版社 2003 年版。

李建华：《2015 浙商发展报告：国家战略与社会责任》，浙江工商大学出版社 2016 年版。

李明欢：《福建侨乡调查：侨乡认同、侨乡网络与侨乡文化》，厦门大学出版社 2005 年版。

李明欢：《欧洲华侨华人史》，中国华侨出版社 2002 年版。

廖大珂：《福建海外交通史》，福建人民出版社 2002 年版。

廖荣榆：《华侨华人、台港澳同胞与侨乡建设》，福建师范大学硕士学位论文，2009 年。

林国平、邱季端主编：《福建移民史》，方志出版社 2005 年版。

林金水主编：《福建对外文化交流史》，福建教育出版社 1997 年版。

林金枝：《近代华侨投资国内企业概论》，厦门大学出版社 1988 年版。

林金枝：《近代华侨投资国内企业史研究》，福建人民出版社 1983 年版。

林金枝、庄为玑：《近代华侨投资国内企业史资料选辑（福建卷）》，福建人民出版社 1985 年版。

林仁川：《福建对外贸易与海关史》，鹭江出版社 1991 年版。

林学增、吴锡璜：《同安县志》，1929 年。

龙登高：《跨越市场的障碍：海外华商在国家、制度与文化之间》，科学出版社2007年版。

龙登高、张洵君主编：《海外华商在中国：2014中国侨资企业发展报告》，中国工商联合出版社2014年版。

吕福新等：《浙商论——当今世界之中国第一民商》，中国发展出版社2009年版。

吕伟雄主编：《海外华人社会新观察》，岭南美术出版社2004年版。

吕伟雄主编：《海外华人社会新透视》，岭南美术出版社2005年版。

罗晃潮：《日本华侨史》，广东高等教育出版社1994年版。

麦子编：《美国华人群英录》，中山大学出版社2009年版。

倪德西、叶品波主编：《乐清华侨志》，中国文史出版社2007年版。

聂宝璋编：《中国近代航运史资料》，上海人民出版社1983年版。

宁波市政协港澳台侨委员会编：《宁波籍港澳台和海外人物录》，2002年。

丘汉平：《华侨问题》，上海商务印书馆1936年版。

泉州市地方志编纂委员会编：《泉州市志》，中国社会科学出版社2000年版。

沈雨梧：《走向世界的宁波帮企业家》，生活·读书·新知三联书店1990年版。

汪慕恒主编：《东南亚华人企业集团研究》，厦门大学出版社1995年版。

王国伟主编：《瑞安市华侨志》，中华书局2011年版。

王辉耀、康荣平主编：《世界华商发展报告（2017）》，中国华侨出版社2017年版。

王勤：《东盟国际竞争力研究》，中国经济出版社2007年版。

王勇进主编：《宁波市对外经济贸易志》，宁波出版社1997年版。

魏桥主编：《浙江省人物志》，浙江人民出版社2005年版。

温州市政协文史资料委员会，浙江省政协文史资料委员会编：《浙江文史资料》，第五十七辑，浙江人民出版社1995年版。

吴凤斌主编：《东南亚华侨通史》，福建人民出版社1993年版。

吴鸿鸣主编：《温州市金融志》，上海科学技术文献出版社1995年版。

吴同永主编：《福建省志·华侨志》，福建人民出版社1992年版。

吴晓波、陈凌、李建华等:《2014 全球浙商发展报告:国际化发展的浙商》,浙江大学出版社 2014 年版。

吴翊麟:《暹南别录》,台湾商务印书馆 1985 年版。

夏秀瑞、孙玉琴编:《中国对外贸易史》,对外经济贸易大学出版社 2001 年版。

徐斌:《欧洲华侨经济》,海外出版社 1956 年版。

徐晓望:《妈祖的子民:闽台海洋文化研究》,学林出版社 1999 年版。

杨建成主编:《三十年代菲律宾华侨商人》,中华学术院南洋研究所,1984 年。

杨力、叶小敦:《东南亚的福建人》,福建人民出版社 1993 年版。

杨昭全、孙玉梅:《朝鲜华侨史》,中国华侨出版公司 1991 年版。

叶瀚、杨振骥编撰:《续刻杜白两湖全书》,1917 年。

张存武、王国璋:《菲华商联总会之兴衰与演变:1954—1998》,"中央研究院"近代史研究所,2002 年。

张传保、汪焕章:《鄞县通志》,1935—1951 年。

张梁:《福建省志·对外经贸志》,中国社会科学出版社 1999 年版。

章志诚主编:《温州华侨史》,今日中国出版社 1999 年版。

浙江省归国华侨联合会侨史研究室编:《浙江华侨史料》,第五辑,1991 年。

浙江省政协文史资料研究委员会编:《浙江籍海外和港澳人物录》,1990 年。

郑立於主编:《平阳县志》,汉语大辞典出版社 1993 年版。

中共福清市委党史研究室编:《福清华侨史》(2003 年印刷稿)。

中国人民政治协商会议浙江省青田县委员会文史资料委员会编:《青田文史资料》,第六辑,1995 年。

钟叔河主编:《漫游随录·环游地球新录·西洋杂志·欧游杂录》,岳麓书社 1985 年版。

周南京主编:《华侨华人百科全书·总论卷》,中国华侨出版社 2002 年版。

周千军主编:《百年辉煌》,宁波出版社 2005 年版。

周望森、陈孟林主编:《青田华侨史》,浙江人民出版社 2011 年版。

周望森：《浙江华侨史》，中国华侨出版社2010年版。

周望森主编：《浙江省华侨志》，浙江古籍出版社2010年版。

朱礼主编：《文成华侨志》，中国华侨出版社2002年版。

朱礼主编：《文成县志》，中华书局1996年版。

庄国土：《东亚华人社会的形成和发展：华商网络、移民与一体化趋势》，厦门大学出版社2009年版。

庄国土：《华侨华人与中国的关系》，广东高等教育出版社2001年版。

卓正明主编：《泉州市华侨志》，中国社会出版社1996年版。

外文原著

Edgar Wickberg, *The Chinese in Philippine Life*, *1850 – 1898*, Quezon city: Ateneo De Manila University Press, 2000.

Francis Fukuyama, *Trust*: *The Social Virtues and the Creation of Prosperity*, New York : Free Press, 1995.

Gregor Benton and Frank N. Pieke, *The Chinese in Europe*, New York: St. Martin's Press, INC., 1998.

Herbert Warington Smyth, *Five Years in Siam*, *From 1891 to 1896*, Vol.1, New York: Charles Scribner's Sons, 1898.

Ian Rae and Morgen Witzel, *The Overseas Chinese of South East Asia*: *History*, *Culture*, *Business*, Houndmills, Basingstoke, Hampshire: Palgrave Macmillan, 2008.

Nan Lin, *Social Capital*: *A Theory of Social Structure and Action*, Cambridge: Cambridge University Press, 2001.

Yoshihara Kunio, *Philippine Industrialization*: *Foreign and Domestic Capital*, Manila: Ateneo de Manila University Press, 1985.

［日］大庭修编：《唐船进港回棹录·岛原本唐人风说书·割符留帐——近世日中交涉史料集》，关西大学东西学术研究所，1974年。

［日］经济杂志社编：《国史大系》，经济杂志社1898年版。

［日］林春胜、林信笃编：《华夷变态》，东方书店1981年版。

［日］永积洋子编：《唐船输出入品数量一览（1637—1833年）》，东京创

文社 1987 年版。

外文译著

［美］孔飞力：《他者中的华人》，李明欢译，江苏人民出版社 2016 年版。

［日］滨下武志：《香港大视野：亚洲网络中心》，马宋芝译，商务印书馆（香港）有限公司 1997 年版。

［日］大庭修：《江户时代日中秘话》，徐世虹译，中华书局 1997 年版。

［日］井上隆一郎编：《亚洲的财阀和企业》，宋金义等译，生活·读书·新知三联书店 1997 年版。

［日］李国卿：《华侨资本的形成和发展》，郭梁等译，福建人民出版社 1984 年版。

［日］木宫泰彦：《日中文化交流史》，胡锡年译，商务印书馆 1980 年版。

［日］木宫泰彦：《中日交通史》，陈捷译，上海商务印书馆 1931 年版。

［日］松浦章：《清代帆船东亚航运与中国海商海盗研究》，王力等译，上海辞书出版社 2009 年版。

姚楠主编：《中外关系史译丛》，第 4 辑，上海译文出版社 1988 年版。

［意］拉菲尔·欧利阿尼、李卡多·斯达亚诺：《不死的中国人》，邓京红译，社会科学文献出版社 2011 年版。

［英］马士：《东印度公司对华贸易编年史（1635—1834 年）》，区宗华译，中山大学出版社 1991 年版。

中文期刊和论文

陈东：《中国浙商在巴黎》，《大陆桥视野》2006 年第 10 期。

程远显：《研究新侨情 开拓新华侨华人工作》，《侨务工作研究》2003 年第 5 期。

仲云：《日本大震灾中的暴行》，《东方杂志》1923 年第 21 期。

国务院侨办政研室：《当前华人大企业家来华投资的特点》，《侨务工作研究》1992 年第 6 期。

何一天、朱兴德：《多渠道筹集资金加快乡镇卫生院建设步伐》，《中国初级卫生保健》1999 年第 2 期。

黄滋生：《七十年代至现阶段的菲律宾华人经济》，《八桂侨史》1996年第1期。

建农：《四十万温州人闯世界》，《侨园》2004年第3期。

李明欢、钱海芬：《法国新总统萨科奇的移民政策与法国华人社会》，《侨务工作研究》2007年第4期。

李培德：《香港的福建商会和福建商人网络》，《中国社会经济史研究》2009年第1期。

李萍：《非洲的华侨华人》，《今日中国》2005年第1期。

林金枝：《福建华侨旅居日本史略》，《南洋问题》1984年第4期。

林金枝：《海外华人在中国大陆投资的现状及其今后发展趋势》，《华侨大学学报》1993年第1期。

林金枝：《近代福建华侨投资企业的历史及其特点》，《中国社会经济史研究》1983年第3期。

林金枝：《近代华侨投资国内企业的几个问题》，《近代史研究》1980年第1期。

林梅：《金融危机与印尼的华人企业集团》，《南洋问题研究》2000年第2期。

鲁涛：《中国第一家中外合资银行厦门国际银行开幕》，《中国金融》1986年第4期。

罗金友：《印尼华人经济发展的特点浅析》，《广西社会科学》1987年第1期。

聂德宁：《郑成功与郑氏集团的海外贸易》，《南洋问题研究》1993年第2期。

泉州市外侨办：《泉州市华侨捐赠公益事业硕果累累》，《侨务工作研究》2012年第2期。

施晓慧：《英伦福建人生存实录》，《环球人物》2006年第15期。

唐礼智、黄如良：《海外华商网络分析及启示》，《宁夏社会科学》2007年第5期。

王春光：《流动中的社会网络：温州人在巴黎和北京的行动方式》，《社会学研究》2000年第3期。

王望波:《中国—东盟自由贸易区中的东南亚华商》,《南洋问题研究》2007年第3期。

王逸凡:《陈嘉庚家族的爱国兴学情结》,《华人世界》2007年第11期。

吴云:《旅法华人近五十年之奋斗生活》,《东方杂志》1928年第8期。

徐安定:《尼日利亚华人企业家李关弟》,《上海商业》2016年第2期。

徐华炳:《意大利普拉托的中国移民社会调查》,《八桂侨刊》2009年第2期。

徐华炳、张东平:《侨胞捐助温州高等教育》,《八桂侨刊》2010年第2期。

徐淑华:《17—18世纪中国海贸中浙商和闽商的角色比较》,《思想战线》2012年第3期。

杨彦杰:《一六五〇年——一六六二年郑成功海外贸易的贸易额和利润额估算》,《福建论坛》(社科教育版)1982年第4期。

杨昭全:《北宋与高丽的贸易往来和文化交流》,《中朝关系史论文集》,世界知识出版社1988年版。

张劲松:《从〈长崎荷兰商馆日记〉看江户锁国初期日郑、日荷贸易》,《外国问题研究》1994年第1期。

周欢怀、张一力:《海外温商的群体特征及未来走向分析——以佛罗伦萨制包企业中的温商为例》,《温州大学学报·社会科学版》2014年第1期。

周欢怀、朱沛:《为何非精英群体能在海外成功创业?——基于对佛罗伦萨温商的实证研究》,《管理世界》2014年第2期。

周倩:《二战后东南亚华人企业集团迅速发展的原因及特点》,《云南社会科学》2006年第5期。

庄国土:《论早期东亚华人社团形成的主要纽带》,《南洋问题研究》2010第3期。

庄国土:《论早期海外华商经贸网络的形成——海外华商网络系列研究之一》,《厦门大学学报》(哲学社会科学版)1999年第3期。

庄国土、王望波:《东南亚华商资产的初步估算》,《南洋问题研究》2015年第2期。

［美］赵小建：《从纽约到罗马——海外温州人经商理念、创业模式和运作特点探析》，《华侨华人历史研究》2016年第1期。

［墨］维·罗·加西亚：《马尼拉帆船（1739—1745年）》，《中外关系史译丛》，第1辑，上海人民出版社1984年版。

［日］原不二夫：《新经济政策下的马来西亚华人企业》，乔云译，《南洋资料译丛》1991年第3期。

［意］Gabi Dei Ottati：《意大利工业区与华人的双重挑战》，张铭译，《华侨华人历史研究》2011年第2期。

［英］W. J. 卡德：《中国人在荷属东印度的经济地位》，黄文端等译，《南洋问题资料译丛》1963年第3期。

［英］布赛尔（V. Purcell）：《东南亚的中国人》（连载之二），王陆译，《南洋资料译丛》1958年第1期。

外文期刊和论文

Gordon Redding, *Overseas Chinese Networks: Understanding the Enigma*, Long Range Planning, Vol. 28, No. 1, 1995.

Iwao Seiichi, "Japanese Foreign Trade in the 16th and 17th Centuries", *Acta Asiatica*, No. 30, Tokyo, 1976.

James F. Warren, "Sino-sulu Trade in the Late Eighteenth and Nineteenth Centuries", *Philippine Studies*, Vol. 25, No. 1, 1977.

后　　记

关于浙商的研究，一直以来都是国内学术界研究和关注的热点问题，但较多的是专注于国内浙商本身发展及与其他国内商帮的比较研究，将海外浙商做一专门研究，并将其与其他海外华商商帮展开比较研究似不多见。因此，在2010年，我选取海外华商商帮中极具发展特色的海外浙商与海外闽商作为研究对象，以海外浙商与海外闽商的比较研究为题，申报教育部人文社会科学研究青年基金项目。课题获得立项之后，便着手收集与课题相关的资料，开展相关调研活动。历经三年，完成20余万字的研究报告。本书初稿即源自2013年完成的这份研究报告。之后，因为诸多原因，搁置了许久。虽然其间每年都会在已有成果中增添新的内容，但自感仍有诸多领域有待更为深入地去探讨和分析，视野也可更为宽广。带着这种遗憾，2016年，在已完成的关于《海外浙商与海外闽商的比较研究》报告的基础上，我再次进行了修改、资料补充以及最新研究成果的吸纳，形成今日之作。此次将其出版，也是对自己前期在海外浙商领域的系列研究做一阶段性小结。

本书从大的框架梳理了海外浙商与海外闽商自开展海上贸易以来的发展历史、行业结构、经营特色、发展特点及其与祖籍地关系。这两支海外华商商帮虽然发展的历史悠久，但就取得的成就而言，似乎两者并不处在同一地位和平台上，尤其是近代以来，海外闽商的资本实力远在海外浙商之上，但这并不影响对二者展开比较研究。海外闽商作为一支活跃的海外华商商帮，至鸦片战争前夕，已构建了一个遍及东亚海域的海外华商网络，由此奠定的基础，为其日后在东南亚各国的崛起铺下了坚实的基石，成就了当前活跃于东南亚各国的海外闽商巨头。在此过程中，海外闽商积累了诸多成功的经验，这对于作为"后起之秀"的海外浙商无疑具有重大的借鉴和参考价值。海外浙商虽然自近代以来，就陆续前往欧洲经营经济事业，受多重内外因素的影响和制约，直到20世纪70年代才在某些行业领域显示出自身的优势。欧洲之外的海外浙商，基本都是在改革开放政策实行以后新移民中产生的，但这并不影响他们在世界各地的崛起，其资产总量亦不容小觑。因此，海外浙商作为一支后起的海外华商商帮，对于历史悠久的海外闽商来说，也能为其发展提供某些方面的参照。

本书能够得以顺利地完成出版，得益于一直支持我、关爱我的家人和朋友们。首先要感谢我的父母，多年以来对我学业和工作的全力支持，让我可以全身心地投入学习和工作中去。感谢我的先生王满荣，总是在我迷惘的时候帮我明晰方向，明白心中所想。感谢我的导师李金明教授，在我人生求学路上，给予我学业上莫大的帮助和指导。厦门大学庄国土教授、廖大珂教授、陈衍德教授，复旦大学朱荫贵教授，杭州师范大学余清良副教授等诸多老师和朋友在研究中都给予我莫大的支持和帮助。此外，在我人生历程中关心过我的朋友们，在此一并感谢！

本书为2010年度教育部人文社会科学研究青年基金项目：海外浙商与海外闽商的比较研究（10YJC770105）的研究成果。

徐淑华
2019年11月26日